事业单位执行政府会计制度实务操作指南

政府会计制度编审委员会　编著

人民邮电出版社
北京

图书在版编目（CIP）数据

事业单位执行政府会计制度实务操作指南 / 政府会计制度编审委员会编著. -- 北京 : 人民邮电出版社, 2022.9（2024.1重印）
ISBN 978-7-115-59611-6

Ⅰ. ①事… Ⅱ. ①政… Ⅲ. ①行政事业单位－预算会计－会计制度－中国－指南 Ⅳ. ①F812.3-62

中国版本图书馆CIP数据核字(2022)第123096号

内 容 提 要

在政府会计改革的背景下，本书以政府会计准则和政府会计制度为指南，在总结理论知识和实务经验的基础上，全面系统地阐述了政府会计的基本理论，并结合实际案例对科目进行了详细讲解。本书结构清晰，内容翔实，深入分析了政府会计制度下事业单位会计核算“一笔业务、两种分录”的新业务模式。本书能够帮助广大事业单位会计工作者快速、准确掌握政府会计制度，提升业务能力。

◆ 编　　著　政府会计制度编审委员会
责任编辑　李士振
责任印制　周昇亮
◆ 人民邮电出版社出版发行　　北京市丰台区成寿寺路 11 号
邮编　100164　　电子邮件　315@ptpress.com.cn
网址　https://www.ptpress.com.cn
北京七彩京通数码快印有限公司印刷
◆ 开本：700×1000　1/16
印张：27　　2022 年 9 月第 1 版
字数：498 千字　　2024 年 1 月北京第 3 次印刷

定价：128.00 元

读者服务热线：(010)81055296　印装质量热线：(010)81055316
反盗版热线：(010)81055315
广告经营许可证：京东市监广登字 20170147 号

前言
PREFACE

财务会计规章制度，例如会计准则及会计制度，都严格规范和约束着事业单位的业务活动，从而避免产生不利影响。从我国财政部历年颁布的相关规定可以看出，财政管理体系随着经济的发展和时代的变革也发生了重大变革。《政府会计制度——行政事业单位会计科目和报表》（以下简称《政府会计制度》）顺应新形势下的经济发展，完善了政府财务信息化平台建设，增加了政府会计信息的可比性和相关性，并约束着财务资金的使用。

2019—2022 年，《政府会计制度》从全面铺开进入实际应用阶段，并解决了新旧会计制度之间的衔接问题。会计人员也需要完成从了解基本制度到初步调整应用政府会计制度，再到熟练使用政府会计制度的转变。为了帮助各类事业单位会计人员更好地完成这一转变，编者在充分了解和解读制度的基础上，结合实际工作经验编写了本书。

本书主要内容可以分为两部分：第一部分介绍了政府会计的基础理论知识，主要包括政府会计概述等内容，并在此基础上对事业单位会计的目标、假设、核算基础、主客体、确认与计量、信息质量要求、要素、科目以及报告等内容进行梳理介绍，旨在使读者对会计理论与实务知识有一定的认知框架；第二部分以政府会计准则、政府会计制度为指南，以财务会计和预算会计为主线，按照会计要素和会计科目编排教学单元，由浅入深、循序渐进，系统地论述了事业单位会计的主要内容与核算方法等，并结合实际业务与案例分析讲解了事业单位会计核算的重点、要点、难点，从而增强实务感和操作性。

本书的优势主要体现在以下几个方面。

1. 紧扣新政府会计准则、制度等理论知识。本书的内容严格依据新的政府会计准则和政府会计制度，对其进行细致、深入的解读，展现政府会计改革的重点，目的在于使读者能够获取政府会计中财务会计与预算会计新的核算方法，进而为读者提升业务实操能力提供帮助。

2. 紧密联系实际工作。本书除第 1 章外，其他各章中均涉及相关案例，立足于会计职业的能力本位，兼顾事业单位会计的理论讲解、技能训练和能力培养，具有应用性和操作性。本书案例针对性强，能够帮助读者提升分析问题、解决问题的能力。

在编写本书的过程中，编者参考了相关的教材和资料以及有关专家的观点，并加以借鉴，在此谨向他们致以诚挚的谢意！

由于编者水平有限，书中难免存在疏漏，希望广大读者提出宝贵的意见和建议。

编者
2022 年 8 月

目录
CONTENTS

第3章 负债

第 6 章　费用与预算支出

第 1 章
政府会计总论

新颁布的《政府会计制度——行政事业单位会计科目和报表》（以下简称《政府会计制度》）规定，自 2019 年 1 月 1 日起，行政事业单位应当严格按照政府会计准则和政府会计制度的规定进行会计核算、编制财务报表和预算会计报表。事业单位需要依据《政府会计制度》进行会计核算，同时在进行具体的会计明细科目设置和账务处理时又具有自身的特点，因此，本章将介绍政府会计的基本理论，并针对各类事业单位的会计科目与账户设置及决算报告和财务报告做出说明。

1.1　政府会计概述

1.1.1　政府会计的发展历程

1997 年我国启动社会主义市场经济下的预算会计改革，中华人民共和国财政部（以下简称财政部）于 1997 年发布了《财政总预算会计制度》《行政单位会计制度》《事业单位会计制度》；2013 年起实施修订后的《财政总预算会计制度》《行政单位会计制度》《事业单位会计准则》《事业单位会计制度》，以及医院、基层医疗卫生机构、高等学校、中小学校、科学事业单位、彩票机构等行业事业单位会计制度和有关基金会计制度等。由此形成两个层面的预算会计体系：一是政府层面的财政总预算会计，包括中央、省（自治区、直辖市）、市（地、州）、县、乡（镇）等；二是单位层面的预算会计，包括行政单位会计和事业单位会计。

政府会计改革是一个持续优化、螺旋式上升的渐进过程。目前，政府会计改革要求执行统一规范的政府会计准则、政府会计制度、政府财务报告制度，全面系统地反映财政预算执行、单位财务活动及财务状况，综合披露政府及政府单位的资产、负债和净资产的真实信息；要求提供科学有效的政府会计信息。

这有利于监督政府的科学民主决策，有利于强化政府的会计责任，推进宏观经济管理。

1.1.2 政府会计的概念与特征

1. 政府会计的概念

会计是以货币为主要计量单位，运用专门的方法，对企事业、机关单位或其他经济组织的经济活动进行连续、系统、全面的反映和监督的一项经济管理活动。社会组织按照是否以营利为目的可以分成营利性组织和非营利性组织两大类。营利性组织运行的目的是取得利润并使利润最大化，比如为社会提供私人产品期望获取投资收益的企业或公司。非营利性组织不以营利为目的，不求经济回报地为社会提供公共物品或准公共物品，包括政府和非营利组织两类。由此，我国的会计就被划分为企业会计、政府会计和民间非营利组织会计。

政府会计，也称“公共部门会计”，是会计学的一般原理在政府及政府单位中的运用，是一项以货币作为主要计量单位对政府及政府单位的经济活动或会计事项进行记录、核算、反映和监督的管理活动。政府及政府单位包括但不限于：各级政府、与政府财政部门直接或间接发生预算拨款关系的国家机关、军队、政党组织、社会团体、事业单位和其他单位。

2. 政府会计的特征

政府会计主要有以下三个特征。

一是，政府单位执行统一规范的政府会计准则和会计制度。这就是说，无论是政府的行政部门、非行政部门，还是其构成实体等，执行的准则和制度是统一的，不是分类的。另外，所有政府单位使用的政府性资金和管理的政府性资产，所有的政府活动形成的财政资源和财政责任，都要纳入财政资源的核算和管理。

二是，政府会计实行政府财务报告制度。政府财务报告制度全面、系统地反映财政预算执行和政府单位的财务活动及财务状况，综合披露政府及政府单位的资产、负债和净资产的真实信息。

三是，政府会计提供科学有效的政府会计信息。政府会计全面、系统、准确地反映政府资产负债状况、政府预算执行情况及政府的各种经济活动状况。这些科学有效的信息有利于执法机关对政府进行监督，有利于强化政府的会计责任，有利于政府自身的科学民主政策，有利于推进宏观经济管理。

1.1.3　政府会计的组成体系

政府会计由财政总预算会计和行政事业单位会计组成。其中，按独立法人单位区分，行政事业单位会计可以分为行政单位会计和事业单位会计。在我国，财政总预算会计、行政事业单位会计分别执行相应的会计制度，成为单独的会计种类。财政总预算会计和行政事业单位会计还执行统一的政府会计准则，形成政府会计种类。预算会计制度体系如图 1-1 所示。

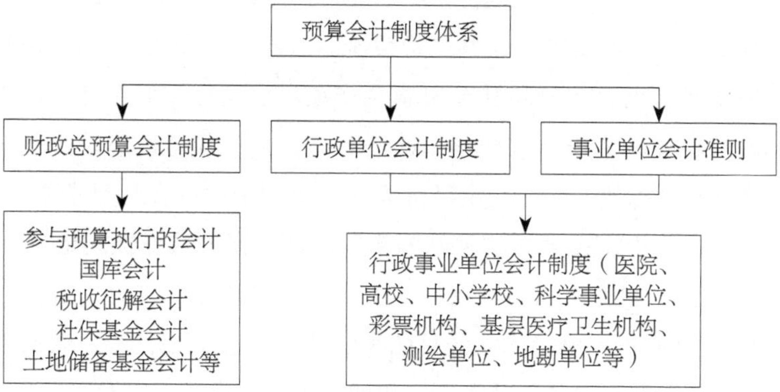

图 1-1　预算会计制度体系

按照我国《政府会计准则——基本准则》的规定，政府会计由预算会计和财务会计构成。由此，在政府会计的组成体系中，还可以按照政府会计的特定功能将其分为政府预算会计和政府财务会计。其中，政府预算会计具体可以分为政府财政总预算会计和行政事业单位预算会计。政府财务会计主要是指行政事业单位财务会计。这样，行政事业单位会计具体还可以分为行政事业单位财务会计和行政事业单位预算会计。

在政府会计各组成部分中，财政总预算会计和行政事业单位预算会计之间存在密切的关系。例如，财政部门向行政事业单位拨款时，财政总预算会计形成预算支出，行政事业单位会计形成预算收入。财政总预算会计、行政事业单位预算会计共同构筑了政府预算会计信息系统。行政事业单位财务会计相对独立，但与行政事业单位预算会计又相互衔接，两者在信息反映上需要调节相符。

1.1.4　政府会计准则、制度体系及财务报告制度

政府会计包括三部分，概括起来可称为“一项制度，两个体系”，即政府会计准则体系、政府会计制度体系和政府财务报告制度。

1. 政府会计准则体系

政府会计准则体系主要包括政府会计基本准则、具体准则以及应用指南。2015 年 10 月，财政部制定发布了《政府会计准则——基本准则》（以下简称《基本准则》）。政府会计基本准则用于规范政府会计目标、政府会计主体、政府会计信息质量要求、政府会计核算基础，以及政府会计要素定义、确认和计量原则、列报要求等原则事项。基本准则指导具体准则和制度的制定，并为解决政府会计实务问题提供处理原则。2016 年以来，财政部相继出台了存货、投资、固定资产、无形资产、公共基础设施、政府储备物资、会计调整、负债、财务报表编制和列报、政府和社会资本合作项目合同等政府会计具体准则和应用指南。政府会计具体准则依据基本准则制定，用于规范政府发生的经济业务或事项的会计处理原则，详细规定经济业务或事项引起的会计要素变动的确认、计量和报告。应用指南是对具体准则的实际应用做出的操作性规定。

《基本准则》由正文和附则组成，其中，正文包括 5 部分内容。

第一部分为总则，规定了立法目的和制定依据、适用范围、政府会计体系与核算基础、基本准则定位、报告目标和使用者、会计基本假设和记账方法（借贷记账法）等内容。

第二部分为政府会计信息质量要求，主要明确了政府会计信息应当满足的 7 个方面质量要求，即可靠性、全面性、相关性、及时性、可比性、可理解性和实质重于形式。

第三部分为政府预算会计要素，规定了预算收入、预算支出和预算结余 3 个预算会计要素的定义、确认和计量标准，以及列示要求。

第四部分是政府财务会计要素，规定了资产、负债、净资产、收入和费用 5 个财务会计要素的定义、确认标准、计量属性和列示要求。

第五部分为政府决算报告和财务报告，主要规定了决算报告、财务报告和财务报表的定义、主要内容。

附则规定了会计核算、预算会计、财务会计、收付实现制、权责发生制等的相关基本概念，明确了本准则的实施日期。

具体会计准则包括《政府会计准则第 1 号——存货》《政府会计准则第 2 号——投资》《政府会计准则第 3 号——固定资产》《政府会计准则第 4 号——无形资产》《政府会计准则第 5 号——公共基础设施》《政府会计准则第 6 号——政府储备物资》《政府会计准则第 7 号——会计调整》《政府会计准则第 8 号——

负债》《政府会计准则第 9 号——财务报表编制与列报》《政府会计准则第 10 号——政府和社会资本合作项目合同》等准则，对这 10 类业务的财务处理规则做出了解释。应用指南是指《〈政府会计准则第 3 号——固定资产〉应用指南》等。

2. 政府会计制度体系

2017 年财政部依据基本准则制定并发布了《政府会计制度》，主要规定政府会计科目及账务处理、报表格式及编制说明等。按照政府会计主体不同，政府会计制度主要分为政府财政会计制度和政府单位会计制度。2018 年，财政部又印发了 10 项新旧制度衔接规定和 7 类特殊行业单位执行《政府会计制度》的补充规定，新旧制度衔接规定和补充规定也是政府会计制度的组成部分。

此外，为了及时回应和解决政府会计制度执行中的问题，财政部于 2019 年印发了《政府会计准则制度解释第 1 号》和《政府会计准则制度解释第 2 号》，2020 年印发了《政府会计准则制度解释第 3 号》，2021 年印发了《政府会计准则制度解释第 4 号》进一步补充和完善了政府会计标准体系。

政府会计主体应当根据政府会计准则（包括基本准则和具体准则）规定的原则和政府会计制度及解释的要求，对其发生的各项经济业务或事项进行会计核算。

《政府会计制度》由正文和附录组成，其中，正文包括五部分内容。

第一部分为总说明，主要规范《政府会计制度》的制定依据、适用范围、会计核算模式和会计要素、会计科目设置要求、报表编制要求、会计信息化工作要求和施行日期等内容。

第二部分为会计科目名称和编号，主要列出了财务会计和预算会计两类科目表，共计 103 个一级科目，其中包括：财务会计下的资产、负债、净资产、收入和费用 5 个要素，共计 77 个一级科目；预算会计下的预算收入、预算支出、预算结余 3 个要素，共 26 个一级科目。

第三部分为会计科目使用说明，主要对 103 个一级会计科目的核算内容、明细核算要求、主要账务处理等进行详细规定。这是《政府会计制度》的核心内容。

第四部分是报表格式，主要规定财务报表和预算会计报表的格式。其中，财务报表包括资产负债表、收入费用表、净资产变动表、现金流量表及报表附注，预算会计报表包括预算收入支出表、预算结转结余变动表和财政拨款预算收入支出表。

第五部分为报表编制说明，主要包括第四部分列出的7张报表的编制说明，以及报表附注应披露的内容。

附录为主要业务和事项账务处理举例。本部分采用列表形式，以《政府会计制度》第三部分规定的会计科目使用说明为依据，按照会计科目顺序对单位通用业务或共性业务和事项的账务处理进行举例说明。

3. 政府财务报告制度

政府财务报告制度是以财务报表为主要形式，全面系统地反映政府财务状况、运行成果和受托责任履行情况的综合性报告。政府财务报告通常包括政府资产负债表、收入费用表、现金流量表等。建立政府财务报告制度，提高政府财政透明度，有利于社会公众更好地了解政府资产、负债、收入、费用情况，进一步加强和规范政府资产、债务和预算管理，合理配置政府资源，科学安排财政收支，实现经济社会的可持续发展。

1.1.5 政府会计核算新模式

在政府会计模式中，预算会计和财务会计是两个既相互联系又相互区别的子体系，有各自的核算要素与报表体系，应当适度分离，从而能够适度分离政府预算会计和财务会计功能、决算报告和财务报告功能；同时，平行记账的相互衔接与互相关联，使决算报告和财务报告相互补充，共同反映政府会计主体的预算执行信息和财务信息。这种“双轨制”的核算模式是我国政府会计改革的主要特色、重大变化和创新发展所在。

1. 适度分离的典型表现

（1）建立核算“双体系”。

政府会计由预算会计和财务会计构成。预算会计为政府预算管理服务，财务会计为政府财务管理服务。在完善预算会计功能的基础上，强化财务会计功能，能更加完整地反映政府会计信息。

（2）确定核算“双基础”。

财务会计实行权责发生制，预算会计实行收付实现制。以权责发生制作为政府财务会计的核算基础，重新解释收入、费用等会计要素的定义、确认和计量标准，对于规范政府财务报告的内容、口径和信息质量等起到重要的导向作用，为最终建立权责发生制的政府综合财务报告制度奠定可靠基础。考虑到目前预算管理的实际需要，在预算会计中仍然采用收付实现制，有利于准确核算预算收支信息、加强预算管理和监督。

（3）核算结果“双报告”。

单位至少应当按照年度同时编制决算报告和财务报告。决算报告以收付实现制为核算基础，以单位预算会计核算生成的数据为准，侧重于预算资金层面，以政府当年预算资金的实际收支情况与当年预算数据的比较为报告重点。财务报告以权责发生制为核算基础，以单位财务会计核算生成的数据为准，以全部资金状况为报告内容，范围更广泛：不仅包括政府预算资金收支，而且包括非预算资金收支；不仅反映当年的资金运动，而且反映以往年度经济业务对当年资金运动的影响，甚至反映当前经济业务对未来资金运动的影响等。

（4）会计作用“双功能”。

通过对资产、负债、净资产、收入、费用五个要素的系统核算，形成财务管理基础，具备财务会计功能；通过对预算收入、预算支出和预算结余三个要素的系统核算，形成预算管理基础，具备预算会计功能；实现财务会计与预算会计既适度分离又相互衔接，从而全面、清晰地反映单位财务信息和预算执行信息。

2. 平行记账的核算特征

为了在一个会计信息系统中同时满足以权责发生制和收付实现制为基础的核算需要，单位应当平行记账，即对于纳入部门预算管理的现金收支业务，在采用财务会计核算的同时应当进行预算会计核算。

通过平行记账处理经济业务，可以同时生成财务会计和预算会计两类信息，这种既适度分离又相互衔接的政府会计模式有助于使公共资金管理中预算管理、财务管理和绩效管理相互联结、融合，并在融合业务、财务、信息的过程中体现“算为管用、算管结合”的管理会计思想。

综上所述，我国政府会计核算新模式的框架结构与主要特点如图 1-2 所示。“双轨制”政府会计改革引发了政府预算管理与财务管理理论和实践的重构，提高了业财融合中政府会计信息的透明度。

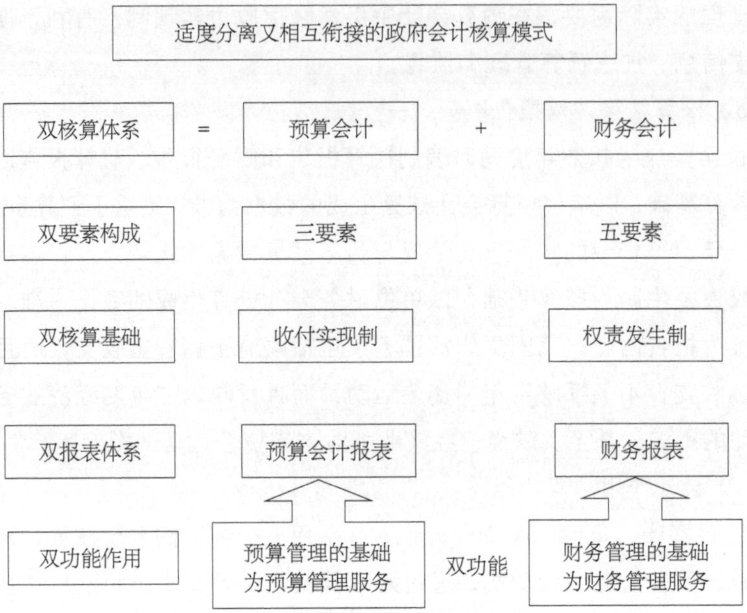

图 1-2　政府会计核算新模式

1.2　事业单位会计的基本理论

事业单位会计由预算会计和财务会计组成。

财政部于 2017 年 10 月 24 日印发了《政府会计制度》（财会〔2017〕25 号）。《政府会计制度》自 2019 年 1 月 1 日起施行。财政部鼓励事业单位提前执行该制度。

也就是说，原来执行《事业单位会计准则》《事业单位会计制度》《医院会计制度》《基层医疗卫生机构会计制度》《高等学校会计制度》《中小学校会计制度》《科学事业单位会计制度》《彩票机构会计制度》《地质勘查单位会计制度》《测绘事业单位会计制度》《国有林场与苗圃会计制度（暂行）》《国有建设单位会计制度》等制度的事业单位，自 2019 年 1 月 1 日起，均要执行《政府会计制度》。

1.2.1　事业单位的概念

1. 事业单位的概念

事业单位是指出于社会公益目的，由国家机关举办或其他组织利用国有资产举办的，从事教育、科技、文化、卫生等活动的社会服务组织。事业单位接受政府领导，是表现形式为组织或机构的法人实体。

事业单位一般是国家设置的带有一定公益性质的机构，但不属于政府机构。根据《中共中央 国务院关于分类推进事业单位改革的指导意见》的规定，事业单位不再分为全额拨款事业单位、差额拨款事业单位，而是分为公益一类事业单位、公益二类事业单位。

2. 事业单位与行政单位的区别

行政事业单位会计分为行政单位会计与事业单位会计两大体系，是各级行政机关、事业单位和其他类似组织核算、反映和监督单位预算执行及各项业务活动的专业会计，是预算会计的组成部分。行政单位会计与事业单位会计虽然是两个不同的体系，但都是预算会计的组成部分，两者的会计要素分类和主要账务处理方法相同，会计报表种类及主要项目也相同。

事业单位和行政单位存在很大的不同，具体如下。

（1）内涵不同。

行政单位是国家机关，而事业单位是实施政府某项公共服务的部门，是社会服务组织。

（2）担负的职责不同。

行政单位负责对国家各项行政事务进行组织、管理和指挥，而事业单位出于社会公益目的从事教育、文化、卫生、科技等活动。

（3）编制和工资待遇的来源不同。

行政单位使用行政编制，相关经费由国家行政经费负担。事业单位使用事业编制，相关经费由国家事业经费负担。行政单位工作人员的工资按《中华人民共和国公务员法》的规定由国家负担，事业单位则根据不同的管理模式对其工作人员实行不同的待遇。

1.2.2　政府会计核算的目标

政府会计目标是指政府会计所提供的会计信息期望达到的最终效果。政府会计目标在政府会计理论体系中占据重要位置，是建立政府会计规范体系的基点，是政府会计实务工作中的高层次指导思想。

关于政府会计目标，主要有两大观点：受托责任观和决策有用观。政府会计目标主要涉及政府会计信息的使用者及其信息需求，以及政府会计应当提供哪些信息以满足信息使用者的信息需求等方面。

1. 政府会计信息的使用者及其信息需求

政府会计信息的使用者包括人民代表大会、政府及其有关部门和其他使用者。在现代国家治理中，政府预算作为区别于企业预算的社会公共预算，是对一个国家公共财政收入、公共财政支出的全面预估、统筹和择优抉择，是受民众之托、代民众理财的公共选择行为，是服务于社会公共需要的公共预算。政府预算的最终目的是保障广大纳税人或人民群众财政利益的最大化。广大纳税人既是公共财政收入的来源者，也是公共财政支出的受益者。为确保政府预算最终目的的实现，人民群众需要对政府预算进行全方位的监督。

《中华人民共和国预算法》（以下简称《预算法》）规定，各部门预算由本部门及其所属各单位预算组成；各部门编制本部门预算、决算草案，组织和监督本部门预算的执行，定期向本级政府财政部门报告预算的执行情况；各单位编制本单位预算、决算草案，按照国家规定上缴预算收入、安排预算支出，并接受国家有关部门的监督。政府各部门，包括教育部门、卫生部门、文化部门、公安部门、工商行政管理部门、税务部门、住房和城乡建设部门、民政部门、农业部门、交通运输部门等；政府各单位，包括教育局及其所属的学校、卫生健康委员会及其所属的医院、文化局及其所属的文化馆等。部门预算执行情况需要向政府财政部门报告，并接受诸如政府审计部门等的监督。政府及其有关部门是政府或行政事业单位会计信息的重要使用者。

政府会计信息的其他使用者范围十分广泛，如政府债券的投资者、相关信用评级机构、政府公共产品的受益人、国际货币基金组织、世界银行、政府会计研究人员等。这些会计信息使用者从各自的角度出发使用政府会计信息。例如，政府债券的投资者需要使用政府债券发行与偿还的预算、决算信息，政府财务状况的信息等，以决定是否需要购买或持有政府债券；相关信用评级机构需要使用政府收入，支出的预算、决算信息，政府财务状况的信息等，以对政府债券信用进行评级或对其他相关信用情况做出评价；国际货币基金组织、世界银行等国际组织，需要使用政府会计信息对我国政府的绩效进行评价等。

2. 政府会计应当提供的信息

（1）政府预算执行情况的信息。

政府会计提供的信息应当以满足信息使用者的信息需求作为指导思想。由于政府会计信息的各种使用者都需要政府预算执行情况的信息，因此，政府会计应当从各个角度提供有关政府预算执行情况的信息。

在一级政府层面，政府会计应当提供本级政府预算执行情况的信息，以及本级政府和所属下级政府汇总的预算执行情况的信息。其中，预算执行情况的信息包括收入预算执行情况的信息和支出预算执行情况的信息。由于一级政府的预算包括一般公共预算、政府性基金预算、国有资本经营预算和社会保险基金预算，而且各类政府预算应当保持完整、独立，因此，政府会计应当为各类政府预算提供预算执行情况的信息。又由于一般公共预算的支出既需要按照功能分类，分为一般公共服务支出、外交支出、公共安全支出、教育支出、文化体育支出、医疗卫生支出、环境保护支出等，又需要按照经济性质分类，分为工资福利支出、商品和服务支出、资本性支出等，因此，一般公共预算的支出预算执行情况还应当分别按照功能分类要求和经济性质分类要求进行反映。《预算法》规定，国家实行财政转移支付制度。财政转移支付包括中央对地方的转移支付和地方上级政府对下级政府的转移支付。因此，对一级政府而言，政府会计在提供预算收入执行情况的信息时，需要分别反映地方政府本级收入、上级政府对本级政府的转移支付收入。政府会计在提供预算支出执行情况的信息时，同样需要分别反映地方政府本级支出、对下级政府的转移支付支出。一级政府层面预算执行情况的信息应当按照《预算法》的要求，全面满足人民代表大会等信息使用者的信息需求。

在政府部门层面，政府会计应当提供部门本级预算执行情况的信息，以及部门本级与所属各预算单位汇总的部门预算执行情况的信息。政府部门层面与一级政府层面在收入的来源渠道上有所不同。政府部门层面的收入主要来源于财政拨款，一级政府层面的收入主要来源于税收。尽管如此，政府会计应当提供预算收入执行情况信息的要求是一样的。政府会计提供预算收入执行情况信息的基本方法，是提供预算收入实际执行结果的信息，以及预算收入实际执行结果与经批准的预算收入要求相比较的信息。预算实际执行结果与经批准的预算要求相比较的信息通常采用预算完成百分比表示，它是反映预算执行情况的简单而又重要的指标。政府部门层面的预算支出也需要同时按照功能和经济性质进行分类。尽管具体类别与一级政府层面略有不同，但政府会计应当提供预算支出执行情况信息的要求是一样的。《预算法》规定，地方各级一般公共预算包括本级各部门的预算和税收返还、转移支付预算。这是一级政府层面的一般公共预算与政府部门层面的部门预算之间的基本关系。

在政府单位层面，政府会计应当提供政府单位预算执行情况的信息，其中，政府单位包括行政单位和事业单位。政府单位是政府部门的组成单位。政府单位预算执行情况的信息是政府部门预算执行情况信息的基本来源，即政府部门预算执行情况的信息是通过汇总存在预算管理关系的政府单位预算执行情况的信息形成的。政府单位预算执行情况信息的具体内容如政府部门预算执行情况信息的具体内容。

一级政府层面预算执行情况的信息与政府部门层面、政府单位层面预算执行情况的信息，在信息的覆盖范围上并不完全相同。例如，一级政府对国有企业、民间非营利组织等的财政补助支出信息属于一级政府层面预算执行情况的信息，但可能并不属于相关政府单位层面预算执行情况的信息。除此之外，行政事业单位尤其是事业单位，还可能会有一些非财政拨款预算收支。这些预算收支的信息属于政府部门层面预算执行情况的信息，但并不属于一级政府层面预算执行情况的信息。

（2）政府运行成本和财务状况的信息。

政府会计除了应当全面提供政府预算执行情况的信息外，还应当全面提供有关政府运行成本和财务状况的信息。《预算法》规定，各级政府财政部门应当按年度编制以权责发生制为核算基础的政府综合财务报告，报告政府整体财务状况、运行情况和财政中长期可持续性，报本级人民代表大会常务委员会备案。政府预算执行情况的信息、政府运行成本和财务状况的信息各有侧重点，可以实现各自的会计目标。其中，政府预算执行情况的信息主要反映政府年度预算收支情况；政府运行成本和财务状况的信息主要反映政府的运行效率和政府财政的中长期可持续性。

如同政府预算执行情况的信息可以区分为一级政府层面、政府部门层面和政府单位层面三个层面的信息，政府运行成本和财务状况的信息也可以区分为一级政府层面、政府部门层面和政府单位层面三个层面的信息。其中，一级政府层面的运行成本和财务状况也可称为一级政府整体的运行成本和财务状况，如某省政府的运行成本和财务状况、某市政府的运行成本和财务状况。政府部门层面的运行成本和财务状况如某市政府教育部门的运行成本和财务状况、卫生部门的运行成本和财务状况。政府单位层面的运行成本和财务状况如某市政府教育局的行政运行成本和财务状况、教育局所属某公立学校的事业运行成本和财务状况等。政府的运行成本通常以收入、费用来衡量，财务状况通常以资产、负债和净资产来衡量。其中，收入、费用、资产、负债和净资产都以权责发生制为核算基础进行确认和计量。

如同政府单位预算执行情况的信息是政府部门预算执行情况信息的基本来源，政府单位层面运行成本和财务状况的信息也是政府部门层面运行成本和财务状况信息的基本来源，同时，也是一级政府层面运行成本和财务状况信息的重要来源。

一般可以认为，一级政府提供的本级政府预算执行情况的信息，以及一级政府中各行政事业单位提供的单位预算执行情况的信息和单位运行成本和财务状况的信息，是政府会计中基本的信息来源。

3. 提供信息的目的

我国政府会计目标融合了受托责任观和决策有用观。依照《基本准则》，政府会计主体应当实现以下相应的目标。

决算报告的目标是向决算报告使用者提供与政府预算执行情况有关的信息，综合反映政府会计主体预算收支的年度执行结果，有助于决算报告使用者进行监督和管理，并为编制后续年度预算提供参考和依据。

财务报告的目标是向财务报告使用者提供与政府的财务状况、运行情况（含运行成本）和现金流量等有关的信息，反映政府会计主体公共受托责任的履行情况，有助于财务报告使用者做出决策或者进行监督和管理。

1.2.3　政府会计假设

会计假设也称会计核算前提，是组织会计核算工作所必须具备的前提条件。事业单位会计核算的基本前提包括会计主体、持续经营、会计分期和货币计量，四者之间的关系是：会计主体确立了会计核算的空间范围，持续经营与会计分期确立了会计核算的时间长度，货币计量为会计核算提供了必要的手段。任何单位的会计核算首先要确立与划分会计主体，然后在考虑持续经营和进行会计分期的前提下，采用货币计量进行会计核算与监督。

（1）会计主体假设。

会计主体是指会计工作服务的特定单位，是会计确认、计量、记录和报告的空间范围。单位首先必须按照会计主体假设进行会计核算。会计主体一般是独立的经济实体，是独立于财产所有者的会计核算单位。单位会计核算应当全面记录和反映本单位发生的各项业务活动，不能遗漏、不能重复。

会计主体假设为会计人员在日常的会计核算中对各项交易或事项做出正确判断、对会计处理方法和会计处理程序做出正确选择提供了依据。

（2）持续经营假设。

持续经营是指在可以预见的将来，单位将会按当前的规模和状态继续经营下去，不会停业，也不会大规模削减业务。

政府会计核算以政府会计主体持续运行为前提，会计确认、计量、记录和报告也应当以持续正常的业务活动为前提，除非有充分的相反证明。

（3）会计分期假设。

会计分期是指将一个单位持续经营的业务活动划分为一个个连续的、长短相同的期间，目的在于通过会计期间的划分，将持续不断的业务活动划分为连续、相等的期间，据以结算盈亏或结余并按期编报，从而提供相关财务状况、业务成果和现金流量等信息。

政府会计核算应当划分会计期间，分期结算账目，按规定编制决算报告和财务报告。会计期间至少分为年度和月度。会计年度、月度等会计期间的起讫日期采用公历日期。

（4）货币计量假设。

货币计量是指会计主体在会计核算过程中采用货币作为计量单位，用以计量、记录和报告会计主体的业务活动。

政府会计核算应当以人民币作为记账本位币。发生外币业务时，应当将有关外币金额折算为人民币金额计量，同时登记外币金额。

记账本位币是指业务活动所处的主要经济环境中的货币。在会计核算过程中，之所以选择货币作为计量单位，是由货币的属性决定的。货币是商品的一般等价物，是衡量一般商品价值的共同尺度，具有价值尺度、流通手段、贮藏手段和支付手段等职能。其他计量单位，如重量、长度、容积、台、件等，只能从一个侧面反映企业的生产经营情况，无法在量上进行汇总和比较，不便于实物管理和会计计量。所以，为全面反映业务收支等情况，会计核算选择了以货币作为计量单位。

1.2.4 政府会计核算基础

政府会计核算基础是指政府会计主体在确认和处理一定会计期间的收入和费用时，选择的处理原则和标准，其目的是对收入和费用进行合理配比，进而作为确认当期损益的依据。政府会计核算基础有两种，即权责发生制和收付实现制。

我国实行适度分离的双体系政府会计，即财务会计采用权责发生制，预算会计采用收付实现制。

1. 权责发生制

权责发生制是指以取得收取款项的权利或发生支付款项的义务作为标志来确定本期收入和费用的会计核算基础。凡是当期已经实现的收入和已经发生的或应当负担的费用，不论款项是否收付，都应当作为当期的收入或费用；凡是不属于当期的收入和费用，即使款项已在当期支付，也不应当作为当期的收入和费用。

2. 收付实现制

收付实现制是指以现金的实际收付为标志来确定本期收入和支出的会计核算基础。凡在当期实际收到的现金和实际支付的现金，均作为当期的收入和支出；凡是不属于当期的现金收入和支出，均不应当作为当期的收入和支出。

根据收付实现制，货币资金的收支在其发生的期间全部计入收入和费用，而不考虑与现金收支行为相关联的经济业务活动是否发生。

1.2.5　政府会计主体和会计客体

1. 政府会计主体

会计主体是指会计工作为其服务的特定单位或组织，是会计人员进行会计核算时在空间范围上的界定。政府会计主体是政府会计核算和监督的特定单位或组织，是政府会计确认、计量和报告的空间范围的划分。明确界定会计主体是开展会计计量、核算和报告工作的重要前提，其目的是在空间上对进入一个会计系统的各种经济业务和事项做出界定。根据会计主体这项基本前提，会计实践只为这一主体服务，只核算和监督该会计主体的各项经济业务和活动事项。换句话说，作为一个会计主体应至少具备两个特征：一是经济上的独立性，即必须与其他主体或个人的经济关系区分开来，以核算和报告会计主体自身的经济活动；二是组织上的统一性，即必须具有统一的组织、目标和权责，以系统地核算和报告主体的业务活动。

根据《基本准则》的规定，政府会计主体包括各级政府、各部门、各单位。各部门、各单位是指与本级政府财政部门直接或间接发生预算拨款关系的国家机关、军队、政党组织、社会团体、事业单位和其他单位。已纳入企业财务管理体系的单位和执行《民间非营利组织会计制度》的社会团体，不适用这一准则。

2. 政府会计客体

会计客体是会计核算和监督的内容。政府会计客体是指政府会计主体实际发生的经济业务或事项。政府会计核算和监督的是预算资金的流动，包括资金的取得、使用和结算。政府会计应当以实际发生的经济业务或者事项为依据进行会计核算，如实反映各项会计要素的情况和结果，保证会计信息的真实性和可靠性。

1.2.6 会计确认与计量

会计确认是指会计数据进入会计系统时确定如何进行记录的过程，即将某一会计事项作为资产、负债、净资产、收入、费用、预算收入、预算支出、预算结余等会计要素正式加以记录和列入报表的过程。会计确认是要明确某一经济业务涉及哪些会计要素的问题。某一会计事项一旦被确认，就要同时以文字和数据加以记录，其金额包括在报表总计中。

会计计量是指在会计确认的基础上，根据一定的计量方法和计量单位记录并在会计报告中对确认的会计要素确定其金额的过程，即对确认的会计要素量化。

会计计量涉及计量单位和计量属性两个方面。计量单位是会计进行计量时所采用的尺度。《基本准则》规定事业单位会计应当以人民币作为记账本位币。计量属性是指被计量的对象所具有的某方面的特征或外在表现形式。一项经济业务或事项可以从多个方面用货币计量，因而具有不同的计量属性。计量属性主要有以下几种。

1. 历史成本

在历史成本计量下，资产按购置时支付的现金或现金等价物的金额，或者资产按照购置时所付出的对价的公允价值计量，负债按照因承担现时义务而实际收到的款项或者资产的金额，或者按照承担现时义务的合同金额，或者按照日常活动中为偿还负债预期需要支付的现金或者现金等价物的金额计量。

以历史成本计量是目前我国会计计量的基本方法，它贯穿财务会计的始终。

2. 重置成本

在重置成本计量下，资产按照现在购买相同或者相似资产所需支付的现金或现金等价物的金额计量，负债按照现在偿还该项债务所需支付的现金或者现金等价物的金额计量。

重置成本计量一般在盘盈固定资产时使用。

3. 现值

在现值计量下，资产按照预计从其持续使用和最终处置中所产生的未来现金净流入量折现的金额计量，负债按照预计期限内需要偿还的未来净现金流出量折现的金额计量。

4. 公允价值

在公允价值计量下，市场参与者在计量日发生的有序交易中，按出售一项资产所能收到的金额或者转移一项负债所需支付的价格进行相关计量。

5. 名义金额

名义金额是指人民币 1 元。在与资产有关的政府补助中，在实际取得资产并办妥相关手续时，公允价值不能可靠计量的，按照名义金额（即 1 元人民币）计量。

1.3　事业单位会计信息质量要求

在事业单位会计实质中，会计信息质量要求是对事业单位会计核算所提供信息的基本要求，是处理具体会计业务的基本依据，是衡量会计信息质量的重要标准。《基本准则》规定，会计信息质量标准要求包括可靠性、及时性、相关性、全面性、可比性、可理解性、实质重于形式。

1.3.1　可靠性

在事业单位会计实质中，可靠性是指事业单位会计主体应当以实际发生的经济业务或者事项为依据进行会计核算，如实反映各项会计要素的情况和结果，保证会计信息真实、可靠。

事业单位会计不能扭曲经济业务的内容，对相应的经济业务做出不真实、不客观的记录和反映；也不能以尚未发生或可能发生的经济业务为依据，根据人为的估计进行会计核算；更不能故意编造经济业务的内容，并以此为依据进行会计记录和反映。有用的会计信息必须以可靠性为基础，才能帮助信息使用者做出正确的评价和决策。不以可靠性为基础的会计信息不仅不能帮助信息使用者做出正确的评价和决策，还会导致信息使用者做出错误的评价和决策，从而影响社会公众的利益，甚至造成损失。对此，《中华人民共和国会计法》做出了禁止性规定："任何单位不得以虚假的经济业务事项或者资料进行会计核算。"以虚假的经济业务事项或资料为依据进行会计核算是严重的违法行为，将受到法律的严厉制裁。

1.3.2 及时性

及时性是指事业单位会计主体对已经发生的经济业务或者事项，应当及时进行会计核算，不得提前或者延后。

会计信息的价值在于帮助使用者做出决策，具有非常强的时效性。信息如果不能及时提供给信息的使用者，就失去了时效性，对使用者的作用就会大大降低，甚至失去实际意义。

在事业单位会计确认、计量和报告过程中贯彻及时性：一是要求及时收集会计信息，即在经济交易或者事项发生后，及时收集整理各种原始单据或者凭证；二是要求及时处理会计信息，即按照会计准则的规定，及时对经济交易或者事项进行确认或者计量，并编制财务报告和决算报告；三是要求及时传递会计信息，即按照国家规定的有关时限，及时地将编制的财务报告和决算报告传递给使用者，便于其及时使用和决策。

1.3.3 相关性

相关性是指事业单位会计主体提供的会计信息，应当与反映事业单位会计主体公共受托责任履行情况以及报告使用者决策或者监督、管理的需要相关，有助于报告使用者对事业单位会计主体过去、现在或者未来的情况做出评价或者预测。

会计信息是否有用、是否具有价值，关键是看其与使用者的决策需要是否相关，是否有助于决策。相关的会计信息应当有助于使用者评价事业单位过去的决策，证实或者修正过去的有关决策，因而具有反馈价值。相关的会计信息还应当有预测价值，有助于使用者预测事业单位未来的情况。

1.3.4　全面性

全面性是指事业单位会计主体应当将发生的各项经济业务或事项统一纳入会计核算，确保会计信息能够全面反映事业单位会计主体的预算执行情况和财务状况、运行情况、现金流量等。

事业单位会计信息的完整性可以分为横向和纵向两个方面的内容：从横向方面看，全面性体现为会计信息的宽度和广度，即事业单位会计主体公开的会计信息应该能够涵盖事业单位全部的经济业务或事项；从纵向方面看，完整性体现为信息的深度，即详细程度，粗略、笼统的会计信息会影响信息使用者对事业单位财务情况的全面了解。

1.3.5　可比性

事业单位会计主体提供的会计信息应当具有可比性，可比性是指会计核算应当按照规定的会计处理方法进行，会计指标应当口径一致、相互可比。

同一事业单位不同时期发生的相同或者相似的经济业务或者事项，应当采用一致的会计政策，不得随意变更；确需变更的，应当将变更的内容、理由及其影响在附注中予以说明。这就是纵向可比的基本要求。

不同事业单位发生的相同或者相似的经济业务或者事项，应当采用一致的会计政策，确保会计信息口径一致、相互可比。这就是横向可比的基本要求。

如果对于相同或者相似的交易或者事项，不同的事业单位或者同一事业单位在不同的会计期间采用不同的会计政策，将不利于财务报告使用者对会计信息的理解，不利于会计信息作用的发挥。可比的事业单位会计信息有利于使用者进行评价和决策。

1.3.6　可理解性

可理解性是指事业单位会计主体提供的会计信息应当清晰明了，便于会计信息使用者理解和使用。

可理解性要求事业单位会计记录应当准确、清晰，填制会计凭证、登记会计账簿必须做到依据合法、账户对应关系清楚、文字摘要完整；在编制财务报告时，必须要做到项目勾稽关系清楚、项目完整、数据准确等。

如果会计核算的结果或编制的财务报告模糊不清或模棱两可，不便于理解和使用，就不符合会计信息质量的要求，就难以满足会计信息使用者的需求。

1.3.7 实质重于形式

实质重于形式是指事业单位会计主体应当按照经济业务或者事项的经济实质进行会计核算，不限于以经济业务或者事项的法律形式为依据。

实质重于形式中的“实质”强调的是经济业务的经济实质，而“形式”强调的是经济业务的法律形式。一般情况下，经济实质与法律形式是一致的。但在实际工作中，交易或事项的外在法律形式或人为形式并不总能完全反映其实质内容，所以，会计信息要想反映其所拟反映的交易或事项，就必须依据交易或事项的实质和经济现实，而不能仅仅根据它们的法律形式进行核算和反映。

实质重于形式的作用在于防止在对经济活动或事项进行会计确认时只停留在事物表面而不深入事物内部，即防止会计信息只反映经济活动或事项的现象而不反映经济活动或事项的本质，防止会计确认行为的非理性。因为会计确认如果仅仅按照交易或事项的法律形式或人为形式进行，一旦法律形式或人为形式没有反映其经济实质，则会计确认的结果将不仅不能帮助会计信息使用者做出最佳决策，甚至会误导其利用相关会计信息所做出的决策。

实质重于形式是对权责发生制基础和可靠性要求的补充。权责发生制是会计核算的基础，但由于各行各业处在纷繁复杂的经济环境中，如何确切地“落实权责”与确认“是否发生或完成”需要以“实质”为依据进行“可靠性”的考量。

实质重于形式还是对一贯性的补充。一贯性要求采用的会计政策在前后各期保持一致，不得随意变更。但当某种会计政策更能反映经济实质，更能恰当地反映财务状况和业务成果时，可以恰当地变更，这正是实质重于形式的体现。例如，原先对固定资产不计提折旧，随着事业单位会计改革以后允许采用直线法计提折旧，又随着科学技术的进步，也许采用加速折旧法更能反映业务成果等，这时就不必拘泥于一贯性的形式，而应看其经济实质等。

归根结底，实施实质重于形式的初衷是为了防止会计人员会计核算时忽视某些实质很重要而形式并未显示其重要性或看重虽然形式很复杂而实质不重要的经济活动。实质重于形式是对会计人员会计确认行为的引导与约束，强调了一种选择，是在形式与实质不统一时，偏重于实质进行修正的规范要求，其指导会计人员进行会计信息处理时应确认“实质”，而不是确认“形式”，或者说指导会计人员在进行会计信息处理时对相应经济活动如何确认、何时确认、何时不应该确认等做出正确选择。不仅如此，实质重于形式的本质在于保证会计信息能够如实反映经济活动或事项的本质，促使会计信息真实可靠。所以，实质重于形式应贯穿会计核算的全过程。

1.4　事业单位会计要素及其确认和计量原则

事业单位会计由财务会计和预算会计构成。事业单位会计主体应当具备财务会计与预算会计的双重功能，财务会计与预算会计适度分离又相互衔接，以便全面、清晰地反映单位的财务信息和预算执行信息。

《基本准则》规定，政府会计由预算会计和财务会计组成。政府预算会计要素包括预算收入、预算支出和预算结余；政府财务会计要素包括资产、负债、净资产、收入和费用。

事业单位作为一种政府会计主体，会计适用上述规定。

1.4.1　财务会计要素及其确认和计量原则

财务会计是指以权责发生制为核算基础对事业单位会计主体发生的各项经济业务或事项进行会计核算，主要反映和监督事业单位会计主体财务状况、运行情况和现金流量等的会计。

财务会计主要是对事业单位会计主体的经济活动进行全面、系统、连续的反映和监督，向报告使用者提供事业单位会计主体的财务状况、运行状况、现金流量等有关信息，反映事业单位会计主体公共受托责任的履行情况，有助于财务报告使用者做出决策或者进行监督和管理。财务会计要素包括资产、负债、净资产、收入和费用。

1．资产

（1）资产的概念。

在事业单位会计实务中，资产是指事业单位会计主体过去的经济业务或者事项形成的，由事业单位会计主体控制的，预期能够产生服务潜力或者带来经济利益流入的经济资源。服务潜力是指事业单位会计主体利用资产提供公共产品和服务以履行事业单位职能的潜在能力。经济利益流入表现为现金及现金等价物的流入，或者现金及现金等价物流出的减少。

事业单位会计主体的资产按照流动性，分为流动资产和非流动资产。

流动资产是指预计在 1 年内（含 1 年）耗用或者可以变现的资产，包括货币资金、短期投资、应收及预付款项、存货等。

非流动资产是指流动资产以外的资产，包括固定资产、在建工程、无形资产、长期投资、公共基础设施、政府储备资产、文物文化资产、保障性住房和自然资源资产等。

（2）资产的确认与计量。

在事业单位会计实务中，符合上述资产定义的经济资源，在同时满足以下条件时确认为资产：一是与该经济资源相关的服务潜力很可能实现或者经济利益很可能流入事业单位会计主体；二是该经济资源的成本或者价值能够可靠地计量。

资产的计量属性主要包括历史成本、重置成本、现值、公允价值和名义金额。

《基本准则》第三十一条规定："政府会计主体在对资产进行计量时，一般应当采用历史成本。采用重置成本、现值、公允价值计量的，应当保证所确定的资产金额能够持续、可靠计量。"

2. 负债

（1）负债的概念。

在事业单位会计实务中，负债是指事业单位会计主体过去的经济业务或者事项形成的，预期会导致经济资源流出事业单位会计主体的现时义务。现时义务是指事业单位会计主体在现行条件下已承担的义务。未来发生的经济业务或者事项形成的义务不属于现时义务，不应确认为负债。

事业单位会计主体的负债按照流动性，分为流动负债和非流动负债。

流动负债是指预计在 1 年内（含 1 年）偿还的负债，包括应付及预收款项、应付职工薪酬、应缴款项等。

非流动负债是指流动负债以外的负债，包括长期应付款项、应付政府债券和政府依法担保形成的债务等。

（2）负债的确认与计量。

符合上述负债定义的义务，在同时满足以下条件时确认为负债：一是履行该义务很可能导致含有服务潜力或者经济利益的经济资源流出政府会计主体；二是该义务的金额能够可靠地计量。

负债的计量属性包括历史成本、现值和公允价值。

事业单位会计主体在对负债进行计量时，一般应当采用历史成本。采用现值、公允价值计量的，应当保证所确定的负债金额能够持续、可靠计量。

3．净资产

（1）净资产的概念。

在事业单位会计实务中，净资产是指事业单位会计主体的资产扣除负债后的净额。

（2）净资产的确认与计量。

净资产金额取决于资产和负债的计量。事业单位会计主体净资产增加时，其表现形式为资产增加或者负债减少；事业单位会计主体净资产减少时，其表现形式为资产减少或者负债增加。

4．收入

（1）收入的概念。

在事业单位会计实务中，收入是指报告期内导致事业单位会计主体净资产增加的、含有服务潜力或者经济利益的经济资源的流入。

（2）收入的确认。

在事业单位会计实务中，收入的确认应当同时满足以下 3 个条件：一是与收入有关的含有服务潜力或者经济利益的经济资源很可能流入事业单位会计主体；二是含有服务潜力或者经济利益的经济资源流入会导致事业单位会计主体资产增加或者负债减少；三是流入金额能够可靠计量。

5．费用

（1）费用的概念。

在事业单位会计实务中，费用是指报告期内导致事业单位会计主体净资产减少的、含有服务潜力或者经济利益的经济资源的流出。

（2）费用的确认。

在事业单位会计实务中，费用的确认应当同时满足以下 3 个条件：一是与费用有关的含有服务潜力或者经济利益的经济资源很可能流出事业单位会计主体；二是含有服务潜力或者经济利益的经济资源流出会导致事业单位会计主体资产减少或者负债增加；三是流出金额能够可靠计量。

1.4.2 预算会计要素及其确认和计量原则

在事业单位会计实务中，预算会计是指以收付实现制为核算基础对事业单位会计主体在预算执行过程中发生的全部收入和全部支出进行会计核算，主要反映和监督预算收支执行情况的会计。

在事业单位会计实务中，预算会计提供事业单位会计主体预算执行情况的有关信息。预算会计要素包括预算收入、预算支出和预算结余。

1. 预算收入

在事业单位会计实务中，预算收入是指事业单位会计主体在预算年度内依法取得的并纳入预算管理的现金流入。

预算收入一般在实际收到时予以确认，以实际收到的金额计量。

2. 预算支出

在事业单位会计实务中，预算支出是指事业单位会计主体在预算年度内依法发生并纳入预算管理的现金流出。

预算支出一般在实际支付时予以确认，以实际支付的金额计量。

3. 预算结余

在事业单位会计实务中，预算结余是指事业单位会计主体预算年度内预算收入扣除预算支出后的资金余额，以及历年滚存的资金余额。

预算结余包括结余资金和结转资金。

结余资金是指年度预算执行终了，预算收入实际完成数扣除预算支出和结转资金后剩余的资金。

结转资金是指预算安排项目的支出年终尚未执行完毕或者因故未执行，且下年需要按原用途继续使用的资金。

1.5 事业单位会计科目的设置与记账规则

事业单位会计科目的设置与记账规则适用《政府会计制度》。

1.5.1 事业单位会计科目的设置原则

事业单位会计科目是对会计对象按其经济内容或者用途所做的科学分类，是会计要素的具体内容和项目。会计科目是复式记账、填制记账凭证、编制会计报表的基础。设置事业单位会计科目，有助于将事业单位会计核算过程中的大量内容相同的业务归为一类，组织会计核算，取得相应的会计信息。

设置事业单位会计科目时，应遵循以下原则。

（1）统一性原则。

为满足事业单位财政管理和会计核算的需要，事业单位会计的会计科目设置及其核算内容必须由财政部统一制定，各类事业单位都要遵照执行，从而保证上级主管部门和各级财政部门对会计核算资料的汇总和分析利用。

（2）与政府收支分类科目衔接一致的原则。

政府收支分类科目，也称预算科目，是政府预算收支分类构成的基本分类，用于反映预算计划、预算执行和收支平衡的情况。事业单位会计科目和政府收支分类科目衔接一致，比如“一般公共预算本级收入”“政府性基金预算本级收入”“国有资本经营预算本级收入”“一般公共预算本级支出”“政府性预算本级支出”“国有资本经营预算本级支出”等会计科目，都要根据政府收支分类科目设置明细账。

（3）全面、简明、实用原则。

事业单位会计科目的设置既要做到全面、系统地核算、反映和监督财政性资金活动的全过程，又要尽量简化核算事项，力求含义确切、通俗易懂、实用。

除上述原则要求以外，各类事业单位应当按照《政府会计制度》的规定设置和使用会计科目。在不影响会计处理和编制报表的前提下，事业单位可以根据实际情况自行增设或者减少某些会计科目。

事业单位应当执行《政府会计制度》统一规定的会计科目编号，以便于填制会计凭证、登记会计账簿、查阅账目，实行会计信息化管理。

同时，事业单位在填制会计凭证、登记会计账簿时，应当填列会计科目的名称，或者同时填列会计科目的名称和编号，不得只填列会计科目编号、不填列会计科目名称。

事业单位设置明细科目或进行明细核算，除遵循《政府会计制度》规定外，还应当满足权责发生制下事业单位财政部门财务报告和事业单位综合财务报告编制的其他需要。

1.5.2　事业单位会计科目的分类

事业单位会计科目按照不同的标准分为不同的种类。

事业单位财务会计的会计科目按经济内容分为资产类科目、负债类科目、净资产类科目、收入类科目、费用类科目；事业单位预算会计的会计科目分为预算收入类科目、预算支出类科目、预算结余类科目。为了统一口径，提高核算质量，资产类科目、负债类科目、净资产类科目、收入类科目、费用类科目、预算收入类科目、预算支出类科目和预算结余类科目均由财政部统一制定会计科目表加以规定。

事业单位会计科目按事业单位会计主体分为财政总原始科目、单位会计科目。事业单位会计科目按核算层次可分为总账科目和明细账科目两类。总账科目是对会计对象具体内容进行总括分类的科目。在财政总预算会计、单位会计的会计科目表中的会计科目基本上都是总账科目（一级科目），它是在会计要素下直接开设的，用于反映相应会计要素中有关的总括信息。明细账科目是对总账科目核算的具体内容进行详细分类的会计科目，它是在总账科目下开设的，用于反映总账科目的明细信息，对总账科目起到补充和分析作用。

1.5.3 设置具体科目及科目编号

各类事业单位在进行会计处理时，应当具备财务会计与预算会计的双重功能，所以需要设置财务会计科目和预算会计科目，每个会计科目都有对应的科目编号。同时，因为事业单位具有较多的部门，为了便于对各个部门分别进行账务处理，还应当设置部门编号。

部门编号可以分为业务部门码、管理部门码、后勤部门码、离退休部门码等。设置部门编号，有助于核算与区分各个部门发生的业务事项，可以直接从会计凭证上看出经济活动或事项所属的部门。部门编号一般由事业单位校长办公会议决定，一般三年内不变。

事业单位财务会计科目编号即《政府会计制度》中的财务会计科目编号。对财务会计科目编号，可以更加方便地填制会计凭证、登记账簿、核算和查阅账目，实行财务会计信息化管理。

事业单位财务会计科目编号的具体编号规则：资产类会计科目编号以“1”开头，负债类会计科目编号以“2”开头，净资产类会计科目编号以“3”开头，收入类会计科目编号以“4”开头，费用类会计科目编号以“5”开头。

事业单位财务会计科目名称及编号如表 1-1 所示。

表 1–1　　事业单位财务会计科目名称及编号

序号	科目编号	科目名称
一、资产类		
1	1001	库存现金
2	1002	银行存款
3	1011	零余额账户用款额度
4	1021	其他货币资金
5	1101	短期投资
6	1201	财政应返还额度
7	1211	应收票据
8	1212	应收账款
9	1214	预付账款
10	1215	应收股利
11	1216	应收利息
12	1218	其他应收款
13	1219	坏账准备
14	1301	在途物品
15	1302	库存物品
16	1303	加工物品
17	1401	待摊费用
18	1501	长期股权投资
19	1502	长期债券投资
20	1601	固定资产
21	1602	固定资产累计折旧
22	1611	工程物资
23	1613	在建工程
24	1701	无形资产
25	1702	无形资产累计摊销

续表

序号	科目编号	科目名称
26	1703	研发支出
27	1801	公共基础设施
28	1802	公共基础设施累计折旧（摊销）
29	1811	政府储备物资
30	1821	文物文化资产
31	1831	保障性住房
32	1832	保障性住房累计折旧
33	1891	受托代理资产
34	1901	长期待摊费用
35	1902	待处理财产损溢
二、负债类		
36	2001	短期借款
37	2101	应交增值税
38	2102	其他应交税费
39	2103	应缴财政款
40	2201	应付职工薪酬
41	2301	应付票据
42	2302	应付账款
43	2303	应付政府补贴款
44	2304	应付利息
45	2305	预收账款
46	2307	其他应付款
47	2401	预提费用
48	2501	长期借款
49	2502	长期应付款
50	2601	预计负债

续表

序号	科目编号	科目名称
51	2901	受托代理负债
三、净资产类		
52	3001	累计盈余
53	3101	专用基金
54	3201	权益法调整
55	3301	本期盈余
56	3302	本年盈余分配
57	3401	无偿调拨净资产
58	3501	以前年度盈余调整
四、收入类		
59	4001	财政拨款收入
60	4101	事业收入
61	4201	上级补助收入
62	4301	附属单位上缴收入
63	4401	经营收入
64	4601	非同级财政拨款收入
65	4602	投资收益
66	4603	捐赠收入
67	4604	利息收入
68	4605	租金收入
69	4609	其他收入
五、费用类		
70	5001	业务活动费用
71	5101	单位管理费用
72	5201	经营费用
73	5301	资产处置费用

续表

序号	科目编号	科目名称
74	5401	上缴上级费用
75	5501	对附属单位补助费用
76	5801	所得税费用
77	5901	其他费用

事业单位预算会计科目编号即《政府会计制度》中的预算会计科目编号。对预算会计科目编号，可以更加方便地填制会计凭证、登记账簿、核算和查阅账目，实行财务会计信息化管理。

各类事业单位预算会计科目编号的具体编制规则为：预算收入类会计科目编号以“6”开头，预算支出类会计科目编号以“7”开头，预算结余类会计科目编号以“8”开头。事业单位预算会计科目名称及编号如表 1-2 所示。

表 1-2　　事业单位预算会计科目名称及编号

序号	科目编号	科目名称
一、预算收入类		
1	6001	财政拨款预算收入
2	6101	事业预算收入
3	6201	上级补助预算收入
4	6301	附属单位上缴预算收入
5	6401	经营预算收入
6	6501	债务预算收入
7	6601	非同级财政拨款预算收入
8	6602	投资预算收益
9	6609	其他预算收入
二、预算支出类		
10	7101	行政支出
11	7201	事业支出
12	7301	经营支出
13	7401	上缴上级支出

续表

序号	科目编号	科目名称
14	7501	对附属单位补助支出
15	7601	投资支出
16	7701	债务还本支出
17	7901	其他支出
三、预算结余类		
18	8001	资金结存
19	8101	财政拨款结转
20	8102	财政拨款结余
21	8201	非财政拨款结转
22	8202	非财政拨款结余
23	8301	专用结余
24	8401	经营结余
25	8501	其他结余
26	8701	非财政拨款结余分配

1.5.4　记账方法和记账凭证

《基本准则》第十条规定："政府会计核算应当采用借贷记账法记账。"

借贷记账法指的是以会计等式作为记账原理，以"借""贷"作为记账符号，来反映经济业务增减变化的一种复式记账的方法。

原来仅限于记录债权、债务的"借""贷"二字已不能概括经济活动的全部内容。它们表示的内容应该包括全部经济活动资金变化的来龙去脉。随着时代的进步，它们逐渐失去了原来字面上的含义，而转为一种单纯的记账符号，只表明记账的方向，成了一种专用的会计术语。

在借贷记账法下，所有账户的结构都是左方为借方，右方为贷方，但借贷双方反映会计要素数量变化的增减性质是不固定的。不同性质的账户，借贷双方所登记的内容不同。

事业单位的记账凭证反映了事业单位进行相关活动等的业务事项内容，其记账凭证在设计时应当做到以下方面。

（1）同时体现财务会计和预算会计的功能，实现财务会计与预算会计适度分离并相互衔接，全面、清晰地反映事业单位的财务信息和预算信息。

（2）能够恰当反映每项业务活动或事项，以助于事业单位进行部门管理和预算管理。

（3）事业单位的记账凭证应当符合财政部制定的相关会计信息化工作规范和标准，确保利用现代信息技术手段开展会计核算，生成的会计信息符合《政府会计制度》的规定。

因此，在旧记账凭证的基础上，新记账凭证应当设财务会计和预算会计两个栏目，同时增设部门编号、财务会计科目编号和预算会计科目编号。

事业单位新记账凭证如表 1-3 所示。

表 1-3　　记账凭证格式

记账凭证　　字　第　号

年　月　日　　附单据张

摘要	部门代码	财务会计				预算会计			
		科目编号	科目名称	借方金额	贷方金额	科目编号	科目名称	借方金额	贷方金额
合计									

财务主管：　　记账：　　出纳：　　审核：　　制单：

1.6　事业单位决算报告和财务报告

《基本准则》第五条规定：“政府会计主体应当编制决算报告和财务报告。”决算报告和财务报告相互补充，共同反映事业单位会计主体的预算执行信息和财务信息。

1.6.1　事业单位决算报告

事业单位决算报告，是综合反映事业单位会计主体年度预算收支执行结果的文件，应当包括决算报表和其他应当在决算报告中反映的相关信息和资料。事业单位决算报告的编制主要以收付实现制为核算基础，以预算会计核算生成的数据为准。

事业单位决算报表主要包括预算收入支出表、预算结转结余变动表和财政拨款预算收入支出表。

事业单位决算报告的目标是向决算报告使用者提供与事业单位预算执行情况有关的信息，综合反映事业单位会计主体预算收支的年度执行结果，有助于决算报告使用者进行监督和管理，并为编制后续年度预算提供参考和依据。事业单位决算报告使用者有各级人民代表大会及其常务委员会、各级政府及其有关部门、事业单位会计主体本身、社会公众及其他利益相关者。事业单位决算报告的目标以决策有用为主。

1.6.2　事业单位财务报告

事业单位财务报告，是反映事业单位会计主体某一特定日期的财务状况和某一会计期间的运行情况及现金流量等信息的文件。事业单位财务报告的编制主要以权责发生制为核算基础，以财务会计核算生成的数据为准。

事业单位财务报告包括事业单位综合财务报告和事业单位部门财务报告。

事业单位综合财务报告是指由事业单位财政部门编制的，反映各类事业单位整体财务状况、运行情况和财政中长期可持续性的报告。

事业单位部门财务报告是指事业单位各部门、各单位按规定编制的财务报告。

事业单位财务报告的目标是向财务报告使用者提供与事业单位的财务状况、运行情况（含运行成本）和现金流量等有关的信息，反映事业单位会计主体公共受托责任履行情况，有助于财务报告使用者做出决策或者进行监督和管理。事业单位财务报告使用者包括各级人民代表大会及其常务委员会、债权人、各级政府及其有关部门、事业单位会计主体自身和其他利益相关者。事业单位财务报告的目标兼顾受托责任和决策有用。

第 2 章 资产

2.1 资产概述

2.1.1 资产的定义

在政府会计实务中，资产是指政府会计主体过去的经济业务或者事项形成的，由政府会计主体控制的，预期能够产生服务潜力或者带来经济利益流入的经济资源。服务潜力是指政府会计主体利用资产提供公共产品和服务以履行政府职能的潜在能力。经济利益流入表现为现金及现金等价物的流入，或者现金及现金等价物流出的减少。

符合资产定义的经济资源，在同时满足以下条件时，确认为资产：

（1）与该经济资源相关的服务潜力很可能实现或者经济利益很可能流入政府会计主体；

（2）该经济资源的成本或者价值能够可靠地计量。

2.1.2 资产的分类

政府会计主体的资产按照流动性，分为流动资产和非流动资产。

流动资产是指预计在 1 年内（含 1 年）耗用或者可以变现的资产，包括货币资金、短期投资、应收及预付款项、存货等。

非流动资产是指流动资产以外的资产，包括固定资产、在建工程、无形资产、长期投资、公共基础设施、政府储备资产、文物文化资产、保障性住房和自然资源资产等。

2.1.3　资产的计量

资产的计量属性主要包括历史成本、重置成本、现值、公允价值和名义金额。

在历史成本计量下，资产按照取得时支付的现金金额或者支付对价的公允价值计量。

在重置成本计量下，资产按照现在购买相同或者相似资产所需支付的现金金额计量。

在现值计量下，资产按照预计从其持续使用和最终处置中所产生的未来净现金流入量的折现金额计量。

在公允价值计量下，资产按照市场参与者在计量日发生的有序交易中，出售资产所能收到的价格计量。

无法采用上述计量属性的，采用名义金额（即人民币 1 元）计量。

2.2　库存现金

在事业单位会计实务中，库存现金是存放在事业单位会计部门的现金，主要用于事业单位的日常零星开支。

2.2.1　业务简介

事业单位应当严格按照国家现金管理的有关规定收支现金，并按照规定核算现金的各项收支业务。

1. 现金使用范围

根据国务院颁发的《现金管理暂行条例》的规定，各单位可以在下列范围内使用现金：职工工资、津贴；个人劳务报酬；根据国家规定发放给个人的科学技术、文化艺术、体育等各种奖金；各种劳保、福利费用以及国家规定的对个人的其他支出；向个人收购农副产品和其他物资的价款；出差人员必须随身携带的差旅费；结算起点（1 000 元人民币）以下的零星支出；中国人民银行确定需要支付现金的其他支出。

2. 现金收付

事业单位办理任何现金收支业务，都必须以合法的原始凭证为依据。收付现金的各种原始单据，各单位应根据自身具体情况，指定专门人员进行审核，出纳人员按月连续编号，作为现金出纳账的顺序号。出纳人员付出现金后，应当在原始单据上加盖“现金付讫”戳记，并在当天入账，不得以借据抵现金入账。出纳人员收到现金后，对于属于各项收入的现金，应当开给对方收据；对于属于暂付款结算后交回的多余现金，退还使用借款三联单的原借据副联，不给对方另开收据，不适用借款三联单的，给其另开收据。

3. 现金的限额

为了既满足各单位使用现金的需求，又防止积压现金、保障现金的安全，银行对各单位核定了库存现金限额。各单位的库存现金限额必须经开户银行核定，除核定的库存现金限额以外，其余必须存入开户银行，不得自行保留。库存现金限额由单位提出计划，经开户银行审查同意，一般不超过5天零星支付所需现金。处于边远地区和交通不便地区的单位，可以留存多于5天但不得超过15天的日常零星开支所需现金。各单位应将超过库存现金核准限额的现金及时送存开户银行。需要调整库存现金限额时，应再向开户行申请报批。

4. 不得坐支现金

以本单位收入的现金直接支付自己的支出，称为坐支。按有关规定，事业单位每天收入的现金，必须当天送存银行，不能直接支用，不许任意支用，因特殊情况需要坐支现金的，应事先报开户行审查批准，由开户行核定坐支范围和限额，坐支单位应定期向开户行报送坐支金额和使用情况。

5. 现金库存情况

收付现金要及时入账，每天业务终了要结出余额，做到日清月结、账款相符，不得以借据或白条抵库。出纳人员在将账面库存与实际库存核对时，如发现长款或者短款，应及时查明原因，并进行相应处理。

6. 职务分离

为了保证现金安全，防止各类错误、欺诈的发生，现金的收付、结算、审核、登记等工作不得由一人兼管。现金收付业务量较大、条件较好的单位，应当单独设置现金出纳人员，由其专门负责现金的收付工作，并登记现金出纳账；现金收付业务量不大、条件不具备的单位，应确定专人兼管现金出纳工作。现金出纳人员不得兼管收入费用、债权债务的登记工作，不得兼任稽核和档案保管工作。使会计、出纳分开，实行“会计管账不管钱、出纳管钱不管账”制度，这是各单位加强内部控制的重要制度。

7. 外币管理

事业单位有外币现金的，应当分别按照人民币、各种外币设置现金日记账进行明细核算。有关外币现金业务的账务处理参见“银行存款”科目的相关规定。

2.2.2　账务处理

在财务会计中，与“库存现金”科目相关的账务处理如下。

（1）从银行等金融机构提取现金时，按照实际提取的金额，借记本科目，贷记“银行存款”科目；将现金存入银行等金融机构时，按照实际存入的金额，借记“银行存款”科目，贷记本科目。根据规定从单位零余额账户提取现金时，按照实际提取的金额，借记本科目，贷记“零余额账户用款额度”科目。将现金退回单位零余额账户时，按照实际退回的金额，借记“零余额账户用款额度”科目，贷记本科目。

（2）因内部职工出差等原因借出现金时，按照实际借出的现金金额，借记“其他应收款”科目，贷记本科目。出差人员报销差旅费时，按照实际报销的金额，借记“业务活动费用”“单位管理费用”等科目，按照实际借出的现金金额，贷记“其他应收款”科目，按照其差额，借记或贷记本科目。

（3）因提供服务、物品或者其他事项收到现金时，按照实际收到的金额，借记本科目，贷记“事业收入”“应收账款”等相关科目；涉及增值税业务的，相关账务处理参见“应交增值税”科目。因购买服务、物品或者其他事项支付现金时，按照实际支付的金额，借记“业务活动费用”“单位管理费用”“库存物品”等相关科目，贷记本科目；涉及增值税业务的，相关账务处理参见“应交增值税”科目。以库存现金对外捐赠时，按照实际捐出的金额，借记“其他费用”科目，贷记本科目。

（4）收到受托代理、代管的现金时，按照实际收到的金额，借记本科目（受托代理资产），贷记“受托代理负债”科目；支付受托代理、代管的现金时，按照实际支付的金额，借记“受托代理负债”科目，贷记本科目（受托代理资产）。

（5）每日账款核对中发现现金溢余，按照实际溢余的金额，财务会计应当借记“库存现金”科目，贷记“待处理财产损溢”科目。

如为现金溢余，属于应支付给有关人员或单位的，财务会计应当借记“待处理财产损溢”科目，贷记“其他应付款”科目。预算会计不需要做账务处理。支付时，财务会计应当借记“其他应付款”科目，贷记“库存现金”科目。

属于无法查明原因的，报经批准后，财务会计应当借记“待处理财产损溢”

科目，贷记“其他收入”科目。

（6）每日账款核对中如发现现金短缺，按照实际短缺的金额，财务会计应当借记“待处理财产损溢”科目，贷记“库存现金”科目。

如为现金短缺，属于应由责任人赔偿或向有关人员追回的，财务会计应当借记“其他应收款”科目，贷记“待处理财产损溢”。预算会计不需要做账务处理。收到现金时，财务会计应当借记“库存现金”科目，贷记“其他应收款科目”。

属于无法查明原因的，报经批准核销时，财务会计应当借记“资产处置费用”科目，贷记“待处理财产损溢”科目。

在事业单位会计实务中，库存现金的主要账务处理见表 2-1。

表 2-1　　库存现金的主要账务处理

<table>
<tr><th>序号</th><th colspan="2">业务</th><th>财务会计处理</th><th>预算会计处理</th></tr>
<tr><td rowspan="2">（1）</td><td colspan="2">提现</td><td>借：库存现金
　贷：银行存款等</td><td>—</td></tr>
<tr><td colspan="2">存现</td><td>借：银行存款等
　贷：库存现金</td><td>—</td></tr>
<tr><td rowspan="2">（2）</td><td rowspan="2">差旅费</td><td>职工出差等借出现金</td><td>借：其他应收款
　贷：库存现金</td><td>—</td></tr>
<tr><td>出差人员报销差旅费</td><td>借：业务活动费用 / 单位管理费用等 [实际报销金额]
　库存现金 [实际报销金额小于借款金额的差额]
　贷：其他应收款
或：
借：业务活动费用 / 单位管理费用等 [实际报销金额]
　贷：其他应收款
　　库存现金 [实际报销金额大于借款金额的差额]</td><td>借：事业支出等 [实际报销金额]
　贷：资金结存——货币资金</td></tr>
<tr><td rowspan="2">（3）</td><td rowspan="2">其他涉及库存现金的业务</td><td>因开展业务等其他事项收到现金</td><td>借：库存现金
　贷：事业收入 / 应收账款等</td><td>借：资金结存——货币资金
　贷：事业预算收入等</td></tr>
<tr><td>因购买服务、物品或其他事项支付现金</td><td>借：业务活动费用 / 单位管理费用 / 库存物品等
　贷：库存现金</td><td>借：事业支出 / 其他支出等
　贷：资金结存——货币资金</td></tr>
</table>

续表

序号	业务		财务会计处理	预算会计处理
（3）	其他涉及库存现金的业务	对外捐赠现金资产	借：其他费用 　贷：库存现金	借：其他支出 　贷：资金结存——货币资金
（4）	受托代理、代管	收到	借：库存现金——受托代理资产 　贷：受托代理负债	—
		支付	借：受托代理负债 　贷：库存现金——受托代理资产	—
（5）	现金溢余	按照溢余金额转入待处理财产损溢	借：库存现金 　贷：待处理财产损溢	借：资金结存——货币资金 　贷：其他预算收入
		属于应支付给有关人员或单位的部分	借：待处理财产损溢 　贷：其他应付款	—
			借：其他应付款 　贷：库存现金	借：其他预算收入 　贷：资金结存——货币资金
		属于无法查明原因的部分，报经批准后	借：待处理财产损溢 　贷：其他收入	—
（6）	现金短缺	按照短缺金额转入待处理财产损溢	借：待处理财产损溢 　贷：库存现金	借：其他支出 　贷：资金结存——货币资金
		属于应由责任人赔偿的部分	借：其他应收款 　贷：待处理财产损溢	—
			借：库存现金 　贷：其他应收款	借：资金结存——货币资金 　贷：其他支出
		属于无法查明原因的部分，报经批准后	借：资产处置费用 　贷：待处理财产损溢	—

2.2.3 案例分析

【例 2-1】某事业单位于2×19年12月20日从甲银行账户提取现金500元作为备用金。账务处理如下。

借：库存现金　　500

　　贷：银行存款　　500

【例 2-2】2×19年6月20日，某事业单位因向乙企业提供相关服务获取了400元收入。账务处理如下。

财务会计：

借：库存现金　　400

　　贷：事业收入　　400

预算会计：

借：资金结存——货币资金　　400

　　贷：事业预算收入　　400

【例 2-3】某事业单位的出纳人员在当日结账时发现现金溢余1 200元，经调查发现其中1 000元是属于应支付给内部职员李四的（已支付），剩余金额无法查明原因，报经批准后计入其他收入。账务处理如下。

（1）发现现金溢余。

财务会计：

借：库存现金　　1 200

　　贷：待处理财产损溢　　1 200

预算会计：

借：资金结存——货币资金　　1 200

　　贷：其他预算收入　　1 200

（2）报经批准后。

财务会计：

借：待处理财产损溢　　1 200

　　贷：其他应付款——李四　　1 000

　　　　其他收入　　200

借：其他应付款——李四　　1 000

　　贷：库存现金　　1 000

预算会计：

借：其他预算收入　　　　1 000

　　贷：资金结存——货币资金　　　　1 000

2.3　银行存款

2.3.1　业务简介

在事业单位会计实务中，银行存款是指事业单位存入银行或其他金融机构账户上的货币，包括人民币存款和外币存款两种。事业单位的货币资金，除不超过库存现金限额的少量现金外，其余都必须存入银行。货币资金的收付，除国家规定可以用现金办理的结算外，其余都必须通过银行办理转账结算。银行转账结算就是由银行将结算款项从付款单位的存款账户划拨到收款单位的存款账户的过程。因此，各单位应按规定在银行开立存款账户。

按照《支付结算办法》的规定，事业单位应在银行开立账户，以办理存款、取款和转账等结算业务。各单位在开立银行存款账户时，应按银行规定填写开户申请表，经上级主管部门或同级财政机关审核同意后，连同盖有单位公章和有权支配款项的个人名章的印鉴卡片一并送拟开户行，再经银行审查同意后方可开户。事业单位在银行开户后，即可通过银行与其他事业单位办理结算。

2.3.2　银行存款的管理原则

各开户单位应加强对银行存款户的管理，通过银行存款户办理资金收付时，必须切实遵守银行规定的下述管理原则。

（1）认真贯彻执行国家的政策、法令，严格遵守各项结算制度和现金管理制度，接受银行监督。

（2）银行存款户只供本单位使用，不准出租、出借、套用或转让给其他单位或者个人使用。

（3）银行存款户必须有足够的资金保证支付，加强支票管理，不准签发空头支票和其他远期支付的凭证。

（4）各种收支款项的凭证，必须如实填明款项的来源或用途，不得巧立名目、弄虚作假、套取现金、套购物资，严禁利用账户搞非法活动。

（5）重视与银行的对账工作，认真及时地核对银行寄送的对账单，保证账账相符、账证相符。如果银行存款日记账余额与银行对账单的余额不符，要及时与银行核对清楚，查明原因。

（6）中国人民银行总行发布的《支付结算办法》规定，现行结算方式包括：支票、银行汇票、银行本票、商业汇票、汇兑、委托收款、托收承付。事业单位对于发生的大量资金收付业务，可根据《支付结算办法》的规定，通过上述7种结算方式进行结算。

2.3.3 账务处理

在财务会计中，与“银行存款”科目相关的账务处理如下。

（1）将款项存入银行或者其他金融机构时，按照实际存入的金额，借记本科目，贷记“库存现金”“应收账款”“事业收入”“经营收入”“其他收入”等相关科目。涉及增值税业务的，相关账务处理参见“应交增值税”科目。收到银行存款利息时，按照实际收到的金额，借记本科目，贷记“利息收入”科目。支付银行手续费等时，相关财务处理为借记“业务活动费用/单位管理费用”科目，贷记“银行存款”科目。

（2）从银行等金融机构提取现金时，按照实际提取的金额，借记“库存现金”科目，贷记本科目。

（3）以银行存款支付相关费用时，按照实际支付的金额，借记“业务活动费用”“单位管理费用”“其他费用”等相关科目，贷记本科目。涉及增值税业务的，相关账务处理参见“应交增值税”科目。以银行存款对外捐赠时，按照实际捐出的金额，借记“其他费用”科目，贷记本科目。

（4）收到受托代理、代管的银行存款时，按照实际收到的金额，借记本科目（受托代理资产），贷记“受托代理负债”科目；支付受托代理、代管的银行存款时，按照实际支付的金额，借记“受托代理负债”科目，贷记本科目（受托代理资产）。

在事业单位会计实务中，银行存款的主要账务处理见表2-2。

表 2-2　　银行存款的主要账务处理

<table>
<tr><th>序号</th><th colspan="2">业务</th><th>财务会计处理</th><th>预算会计处理</th></tr>
<tr><td>（1）</td><td colspan="2">将款项存入银行或其他金融机构</td><td>借：银行存款
贷：库存现金 / 应收账款 / 经营收入 / 事业收入 / 其他收入等</td><td>借：资金结存——货币资金
贷：事业预算收入 / 其他预算收入等</td></tr>
<tr><td>（2）</td><td colspan="2">提现</td><td>借：库存现金
贷：银行存款</td><td>—</td></tr>
<tr><td>（3）</td><td colspan="2">支付款项</td><td>借：业务活动费用 / 单位管理费用 / 其他费用等
贷：银行存款</td><td>借：事业支出 / 其他支出等
贷：资金结存——货币资金</td></tr>
<tr><td rowspan="2">（4）</td><td rowspan="2">银行存款账户</td><td>收到银行存款利息</td><td>借：银行存款
贷：利息收入</td><td>借：资金结存——货币资金
贷：其他预算收入</td></tr>
<tr><td>支付银行手续费等</td><td>借：业务活动费用 / 单位管理费用等
贷：银行存款</td><td>借：事业支出等
贷：资金结存——货币资金</td></tr>
<tr><td rowspan="2">（5）</td><td rowspan="2">受托代理、代管银行存款</td><td>收到</td><td>借：银行存款——受托代理资产
贷：受托代理负债</td><td>—</td></tr>
<tr><td>支付</td><td>借：受托代理负债
贷：银行存款——受托代理资产</td><td>—</td></tr>
<tr><td rowspan="2">（6）</td><td rowspan="2">外币业务</td><td>以外币收取相关款项等</td><td>借：银行存款 [外币账户]/ 应收账款等 [外币账户]
贷：事业收入等</td><td>借：资金结存——货币资金
贷：事业预算收入等</td></tr>
<tr><td>期末，根据各外币账户按照期末的即期汇率调整后的人民币余额与原账面人民币余额的差额，作为汇兑损益</td><td>借：银行存款 / 应收账款 / 应付账款等
贷：业务活动费用 / 单位管理费用等 [汇兑收益]
借：业务活动费用 / 单位管理费用等 [汇兑损失]
贷：银行存款 / 应收账款 / 应付账款等</td><td>借：资金结存——货币资金
贷：事业支出等 [汇兑收益]
借：事业支出等 [汇兑损失]
贷：资金结存——货币资金</td></tr>
<tr><td>（7）</td><td>捐赠</td><td>对外捐赠</td><td>借：其他费用
贷：银行存款</td><td>—</td></tr>
</table>

2.3.4 案例分析

【例 2-4】某事业单位于2×19年12月1日将因提供相关服务而获取的30 000元收入存入甲银行账户。账务处理如下。

财务会计：

借：银行存款　　30 000

　　贷：事业收入　　30 000

预算会计：

借：资金结存——货币资金　　30 000

　　贷：事业预算收入　　30 000

【例 2-5】某事业单位以银行转账方式购置文件柜、纸、笔、书桌等办公用品，共计3 000元。账务处理如下。

财务会计：

借：单位管理费用　　3 000

　　贷：银行存款　　3 000

预算会计：

借：事业支出　　3 000

　　贷：资金结存——货币资金　　3 000

【例 2-6】某事业单位受托代理海外校友基金会捐赠的1 000 000元，为此，该事业单位准备建立一专项科研资助基金。

收到受托代理资产时，账务处理如下。

借：银行存款——受托代理资产　　1 000 000

　　贷：受托代理负债　　1 000 000

转出受托代理资产时，账务处理如下。

借：受托代理负债　　1 000 000

　　贷：银行存款——受托代理资产　　1 000 000

【例 2-7】2×19年11月1日，某事业单位的美元银行存款账户余额为500 000美元，共折合人民币3 300 000元；11月6日，该单位以200 000美元的价格从国外购进一批固定资产，当日的汇率为1美元=6.53元人民币；11月30日的汇率为1美元=6.50元人民币。账务处理如下。

（1）购进固定资产。

财务会计：

借：固定资产　　1 306 000

　　贷：银行存款——美元户　　1 306 000

预算会计：

借：事业支出　　1 306 000

　　贷：资金结存——货币资金　　1 306 000

（2）月底计算汇兑损益。

计算汇兑损益前“银行存款——美元户”科目的余额 =3 300 000−1 306 000= 1 994 000（元）。

月末美元账户余额折合人民币金额 =（500 000−200 000）×6.50=1 950 000（元）。

11 月汇兑损失 =1 994 000−1 950 000=44 000（元）。

财务会计：

借：业务活动费用——汇兑损失　　44 000

　　贷：银行存款　　44 000

预算会计：

借：事业支出——汇兑损失　　44 000

　　贷：资金结存——货币资金　　44 000

2.4　其他货币资金

2.4.1　业务简介

在事业单位会计实务中，“其他货币资金”科目用于核算事业单位的外埠存款、银行本票存款、银行汇票存款、信用卡存款等各种其他货币资金。

2.4.2　账务处理

在财务会计中，与“其他货币资金”科目相关的账务处理如下。

（1）将款项交存银行并取得银行本票、银行汇票时，按照取得的银行本票、银行汇票金额，借记本科目，贷记“银行存款”科目。使用银行本票、银行汇票购买库存物品等资产时，按照实际支付的金额，借记“在途物品”“库存物品”等科目，贷记本科目。如有余款或因本票、汇票超过付款期等原因而退回款项时，按照退款金额，借记“银行存款”科目，贷记本科目。

（2）将款项交存银行取得信用卡时，按照交存的金额，借记本科目，贷记“银行存款”科目。用信用卡购物或支付有关费用时，按照实际支付的金额，借记“在途物品”“库存物品”等科目，贷记本科目。

在事业单位会计实务中，其他货币资金的主要账务处理见表2-3。

表2-3　　其他货币资金的主要账务处理

序号	业务		财务会计处理	预算会计处理
（1）	形成其他货币资金	取得银行本票、银行汇票、信用卡时	借：其他货币资金——银行本票存款 ——银行汇票存款 ——信用卡存款 贷：银行存款	—
（2）	发生支付	用银行本票、银行汇票、信用卡支付时	借：在途物品/库存物品等 贷：其他货币资金——银行本票存款 ——银行汇票存款 ——信用卡存款	借：事业支出等[实际支付金额] 贷：资金结存——货币资金
（3）	余款退回时	银行本票、银行汇票	借：银行存款 贷：其他货币资金——银行本票存款 ——银行汇票存款 ——信用卡存款	—

2.4.3 案例分析

【例2-8】某事业单位用银行汇票购买一批价值15 000元的存货。账务处理如下。

财务会计：

借：库存物品　　15 000

　　贷：其他货币资金——银行汇票存款　　15 000

预算会计：

借：事业支出　　15 000

　　贷：资金结存——货币资金　　15 000

2.5　零余额账户用款额度

零余额账户是指财政部门为事业单位在商业银行开设的账户，用于财政直接支付和财政授权支付及清算。

2.5.1　业务简介

预算单位零余额账户用于财政授权支付。该账户每日发生的支付，于当日营业终了前由代理银行在财政部批准的用款额度内与国库单一账户清算；营业中单笔支付额 5 000 万元（含 5 000 万元）人民币以上的，应及时与国库单一账户清算。财政授权的转账业务一律通过预算单位零余额账户办理。预算单位零余额账户在事业单位中使用。

2.5.2　账务处理

在财务会计中，与“零余额账户用款额度”科目有关的账务处理如下。

1. 收到“财政授权支付到账通知书”

单位收到“财政授权支付到账通知书”时，根据通知书所列金额，借记本科目，贷记“财政拨款收入”科目。

2. 支用额度

（1）支付日常活动费用时，按照支付的金额，借记“业务活动费用”“单位管理费用”等科目，贷记本科目。

（2）购买库存物品或购建固定资产时，按照实际发生的成本，借记“库存物品”“固定资产”“在建工程”等科目；按照实际支付或应付的金额，贷记本科目、“应付账款”等科目。涉及增值税业务的，相关账务处理参见“应交增值税”科目。

3. 提取或退回现金

从零余额账户提取现金时，按照实际提取的金额，借记“库存现金”科目，贷记本科目；将现金退回单位零余额账户时，做相反的会计分录。

4. 财政授权支付额度退回

因购货退回等发生财政授权支付额度退回的，按照退回的金额，借记本科目，贷记“库存物品”等科目。

5. 年末注销额度

年末，根据代理银行提供的对账单进行注销额度的相关账务处理，借记“财政应返还额度——财政授权支付”科目，贷记本科目。年末，单位本年度财政授权支付预算指标数大于零余额账户用款额度下达数的，根据未下达的用款额度，借记“财政应返还额度——财政授权支付”科目，贷记“财政拨款收入”科目。

6. 下年初恢复额度

单位根据代理银行提供的额度恢复到账通知书进行恢复额度的相关账务处理时，借记本科目，贷记“财政应返还额度——财政授权支付”科目。单位收到财政部门批复的上年末未下达零余额账户用款额度时，借记本科目，贷记“财政应返还额度——财政授权支付”科目。

在事业单位会计实务中，零余额账户用款额度的主要账务处理见表2-4。

表 2-4　　零余额账户用款额度的主要账务处理

序号	业务		财务会计处理	预算会计处理
（1）	收到额度	收到“财政授权支付到账通知书”	借：零余额账户用款额度 贷：财政拨款收入	借：资金结存——零余额账户用款额度 贷：财政拨款预算收入
（2）	按照规定支用额度	支付日常活动费用	借：业务活动费用/单位管理费用等 贷：零余额账户用款额度	借：事业支出等 贷：资金结存——零余额账户用款额度
		购买库存物品或购建固定资产等	借：库存物品/固定资产/在建工程等 贷：零余额账户用款额度/应付账款等	
（3）	提取或退回现金	从零余额账户提取现金	借：库存现金 贷：零余额账户用款额度	借：资金结存——货币资金 贷：资金结存——零余额账户用款额度
		将现金退回单位零余额账户	借：零余额账户用款额度 贷：库存现金	借：资金结存——零余额账户用款额度 贷：资金结存——货币资金

续表

序号	业务		财务会计处理	预算会计处理
（4）	因购货退回等发生财政授权支付额度退回	本年度授权支付的款项	借：零余额账户用款额度 　贷：库存物品等	借：资金结存——零余额账户用款额度 　贷：事业支出等
		以前年度授权支付的款项	借：零余额账户用款额度 　贷：库存物品 / 以前年度盈余调整等	借：资金结存——零余额账户用款额度 　贷：财政拨款结转——年初余额调整 / 财政拨款结余——年初余额调整
（5）	年末，注销额度	根据代理银行提供的对账单注销财政授权支付额度	借：财政应返还额度——财政授权支付 　贷：零余额账户用款额度	借：资金结存——财政应返还额度 　贷：资金结存——零余额账户用款额度
		本年度财政授权支付预算指标数大于零余额账户用款额度下达数的，根据未下达的用款额度	借：财政应返还额度——财政授权支付 　贷：财政拨款收入	借：资金结存——财政应返还额度 　贷：财政拨款预算收入
（6）	下年初，恢复额度	根据代理银行提供的额度恢复到账通知书恢复财政授权支付额度	借：零余额账户用款额度 　贷：财政应返还额度——财政授权支付	借：资金结存——零余额账户用款额度 　贷：资金结存——财政应返还额度
		收到财政部门批复的上年末未下达零余额账户用款额度	借：零余额账户用款额度 　贷：财政应返还额度——财政授权支付	借：资金结存——零余额账户用款额度 　贷：资金结存——财政应返还额度

2.5.3　案例分析

【例 2-9】某事业单位使用零余额账户用款额度 50 000 元购进一批存货。账务处理如下。

财务会计：

借：库存物品　　　　　　　　　　　　50 000

　贷：零余额账户用款额度　　　　　　　　50 000

预算会计：

借：事业支出　　50 000

　　贷：资金结存——零余额账户用款额度　　50 000

【例 2-10】2×19 年 11 月 30 日，某事业单位因购货退回发生 2 500 元财政授权支付额度退回，退回的货物是于 2×19 年 6 月 30 日用本年授权支付的款项购买的。账务处理如下。

财务会计：

借：零余额账户用款额度　　2 500

　　贷：库存物品　　2 500

预算会计：

借：资金结存——零余额账户用款额度　　2 500

　　贷：事业支出　　2 500

若该批退回的货物是用以前年度授权支付的款项购买的，则账务处理如下。

财务会计：

借：零余额账户用款额度　　2 500

　　贷：库存物品　　2 500

预算会计：

借：资金结存——零余额账户用款额度　　2 500

　　贷：财政拨款结余——年初余额调整　　2 500

【例 2-11】沿用【例 2-10】。下年初，该事业单位收到代理银行提供的额度恢复到账通知书，其中恢复额度 300 000 元。账务处理如下。

财务会计：

借：零余额账户用款额度　　300 000

　　贷：财政应返还额度——财政授权支付　　300 000

预算会计：

借：资金结存——零余额账户用款额度　　300 000

　　贷：资金结存——财政应返还额度　　300 000

2.6　短期投资

2.6.1　业务简介

在事业单位会计实务中，短期投资是指事业单位使用暂时闲置的资金购买各种能随时变现的持有时间不超过 1 年的有价证券以及不超过 1 年的其他投资。

由于各种各样的原因，事业单位往往有闲置的货币资金。为了获得比银行存款利息高的收益，事业单位可购买公开市场的可随时抛售的有价证券。至于不超过 1 年的其他投资，是指以货币资金、材料、固定资产等向其他单位的投资，这种投资在 1 年内可以收回。事业单位的短期投资主要是国债投资，一般按照国债投资的种类进行明细核算。

2.6.2　短期投资的特征

短期投资相对于长期债券投资和长期股权投资而言，通常具有以下两个特征。

（1）投资目的明确。短期投资是事业单位为了提高暂时闲置资金的使用效率和效益而进行的对外投资。

（2）投资时间短。事业单位为了能够达到及时变现的目的，通常投资于二级市场上公开交易的股票、债券、基金等。这些资产既可能是债权性的，也可能是股权性的，且在市场上极易变现。

事业单位应当严格遵守国家法律、行政法规以及财政部门、 主管部门关于对外投资的有关规定，对短期投资按照投资的种类等进行明细核算。

2.6.3　账务处理

在财务会计中，与“短期投资”科目相关的账务处理如下。

（1）取得短期投资时，按照确定的投资成本，借记本科目，贷记“银行存款”等科目。收到取得投资时实际支付价款中包含已到付息期但尚未领取的利息，按照实际收到的金额，借记“银行存款”科目，贷记本科目。

（2）收到短期投资持有期间的利息时，按照实际收到的金额，借记“银行存款”科目，贷记“投资收益”科目。

（3）出售短期投资或到期收回短期投资本息时，按照实际收到的金额，借记“银行存款”科目；按照出售或收回短期投资的账面余额，贷记本科目；按照其差额，借记或贷记“投资收益”科目。涉及增值税业务的，相关账务处理参见“应交增值税”科目。

在事业单位会计实务中，短期投资的主要账务处理见表 2-5。

表 2-5　　短期投资的主要账务处理

序号	业务		财务会计处理	预算会计处理
（1）	取得短期投资	取得短期投资时	借：短期投资 　贷：银行存款等	借：投资支出 　贷：资金结存——货币资金
		收到购买时已到付息期但尚未领取的利息时	借：银行存款 　贷：短期投资	借：资金结存——货币资金 　贷：投资支出
（2）	短期投资持有期间收到利息		借：银行存款 　贷：投资收益	借：资金结存——货币资金 　贷：投资预算收益
（3）	出售短期投资或到期收回短期投资（国债）本息		借：银行存款 [实际收到的金额] 　投资收益 [借差] 　贷：短期投资 [账面余额] 　　投资收益 [贷差]	借：资金结存——货币资金 [实收款] 　投资预算收益 [实收款小于投资成本的差额] 　贷：投资支出 [出售或收回当年投资的]/ 其他结余 [出售或收回以前年度投资的] 　　投资预算收益 [实收款大于投资成本的差额]

2.6.4　案例分析

【例 2-12】3 月 1 日，某事业单位以银行存款购买 51 000 元的有价债券，其中包含已到付息期但尚未领取的利息 1 000 元。该事业单位准备 9 个月之内出售该债券。账务处理如下。

财务会计：

借：短期投资　　51 000

　贷：银行存款　　51 000

借：银行存款　　1 000

　贷：短期投资　　1 000

预算会计：

借：投资支出　　51 000

贷：资金结存——货币资金　51 000

借：资金结存——货币资金　1 000

贷：投资支出　1 000

【例 2-13】接【例 2-12】。6 月 1 日，该单位收到该债券的利息 500 元。账务处理如下。

财务会计：

借：银行存款　500

贷：投资收益　500

预算会计：

借：资金结存——货币资金　500

贷：投资预算收益　500

【例 2-14】接【例 2-13】。12 月 1 日，该单位出售该债券，收到 50 000 元，并收到持有期间的其他利息 2 000 元。账务处理如下。

财务会计：

借：银行存款　52 000

贷：短期投资　50 000

投资收益　2 000

预算会计：

借：资金结存——货币资金　52 000

贷：投资预算收益　2 000

投资支出　50 000

2.7　财政应返还额度

2.7.1　业务简介

财政应返还额度用来计量实行国库集中支付的事业单位应收财政返还的资金额度。事业单位应当在“财政应返还额度”科目下设置“财政直接支付”“财政授权支付”两个明细科目，进行明细核算。

2.7.2 账务处理

在财务会计中，与“财政应返还额度”科目相关的账务处理如下。

1. 财政直接支付

年末，事业单位根据本年度财政直接支付预算指标数大于当年财政直接支付实际发生数的差额，借记本科目（财政直接支付），贷记“财政拨款收入”科目。单位使用以前年度财政直接支付额度支付款项时，借记“业务活动费用”“单位管理费用”“库存物品”等科目，贷记本科目（财政直接支付）。

2. 财政授权支付

年末，根据代理银行提供的对账单进行注销额度的相关账务处理，借记本科目（财政授权支付），贷记“零余额账户用款额度”科目。年末，单位本年度财政授权支付预算指标数大于零余额账户用款额度下达数的，根据未下达的用款额度，借记本科目（财政授权支付），贷记“财政拨款收入”科目。下年初，单位根据代理银行提供的上年度注销额度恢复到账通知书做恢复额度的相关账务处理，借记“零余额账户用款额度”科目，贷记本科目（财政授权支付）。单位收到财政部门批复的上年末未下达零余额账户用款额度，借记“零余额账户用款额度”科目，贷记本科目（财政授权支付）。

在事业单位会计实务中，财政应返还额度的主要账务处理见表 2-6。

表 2-6　　财政应返还额度的主要账务处理

序号	业务		财务会计处理	预算会计处理
（1）	财政直接支付方式下，确认财政应返还额度	年末，本年度预算指标数大于当年实际支付数的差额	借：财政应返还额度——财政直接支付 贷：财政拨款收入	借：资金结存——财政应返还额度 贷：财政拨款预算收入
		下年度使用以前年度财政直接支付额度支付款项时	借：业务活动费用 / 单位管理费用 / 库存物品等 贷：财政应返还额度——财政直接支付	借：事业支出等 贷：资金结存——财政应返还额度
（2）	财政授权支付方式下，确认财政应返还额度	年末，本年度预算指标数大于额度下达数的，根据未下达的用款额度	借：财政应返还额度——财政授权支付 贷：财政拨款收入	借：资金结存——财政应返还额度 贷：财政拨款预算收入

续表

序号	业务		财务会计处理	预算会计处理
（2）	财政授权支付方式下，确认财政应返还额度	年末根据代理银行提供的对账单做注销额度处理	借：财政应返还额度——财政授权支付 贷：零余额账户用款额度	借：资金结存——财政应返还额度 贷：资金结存——零余额账户用款额度
		下年初额度恢复和下年初收到财政部门批复的上年末未下达零余额账户用款额	借：零余额账户用款额度 贷：财政应返还额度——财政授权支付	借：资金结存——零余额账户用款额度 贷：资金结存——财政应返还额度

2.7.3 案例分析

【例 2-15】某事业单位发生以下业务。

（1）至 2×19 年 12 月 31 日，本年度财政直接支付预算指标数为 200 000 元，当年财政直接支付实际支出数为 180 000 元。账务处理如下。

财务会计：

借：财政应返还额度——财政直接支付　　20 000

　　贷：财政拨款收入　　20 000

预算会计：

借：资金结存——财政应返还额度　　20 000

　　贷：财政拨款预算收入　　20 000

（2）2×20 年 3 月，以财政直接支付方式发生实际支出 10 000 元。账务处理如下。

财务会计：

借：业务活动费用　　10 000

　　贷：财政应返还额度——财政直接支付　　10 000

预算会计：

借：事业支出　　10 000

　　贷：资金结存——财政应返还额度　　10 000

2.8 应收账款

2.8.1 业务简介

应收账款是指事业单位因赊销而形成的债权，而不应包括应收的非销货账款。也就是说，应收账款仅指事业单位因赊销商品、产品或提供服务而形成的应向购货客户或接受劳务的客户收取的款项和代垫的运杂费。

2.8.2 应收账款的计量

一般而言，事业单位在赊销商品或者提供服务等时，应按买卖成交时的实际金额入账。但是在具体计算应收账款的入账金额时，应考虑折扣因素。

1. 商业折扣

所谓商业折扣，是指单位可以从价目单上规定的价格中扣减一定百分比（如 10%、15%、20% 等）数额的折扣方式，扣减后的净额才是实际销售价格。例如，某科研单位的某项科研产品的报价为 1 000 元，若按 10% 的商业折扣出售，则应收账款的记账金额为 900 元。显然商业折扣不会引起特殊的会计问题，会计人员只需按已扣除商业折扣的实际发票价格确认应收账款。

2. 现金折扣

所谓现金折扣，是指单位为了鼓励客户在一定时期内早日付款而给予客户的一种折扣优待。这种折扣的条件通常写成：2/10，1/20，*n*/30（即 10 天内付款折扣 2%，20 天内付款折扣 1%，30 天内全价付款）。在采用现金折扣的情况下，应收账款入账金额的确认有两种方法：一是总价法，二是净价法。在我国会计实务中，一般采用的是总价法。所谓总价法，是将未扣除现金折扣前的金额作为实际售价和应收账款的入账金额。这种方法把现金折扣理解为客户提早付款而获得的经济利益。销售方给予客户的现金折扣，从融资的角度来看，属于一种理财费用，应列为营业支出或管理费用。采用总价法可以较好地反映销售的总过程，但在客户大量享受现金折扣的情况下，会高估应收账款和销售收入。

2.8.3 账务处理

在财务会计中，与“应收账款”科目相关的账务处理如下。

1. 应收账款收回后不需要上缴财政

单位发生应收账款时，按照应收未收金额，借记本科目，贷记“事业收入”“经营收入”“租金收入”“其他收入”等科目。涉及增值税业务的，相关账务处理参见“应交增值税”科目。收回应收账款时，按照实际收到的金额，借记“银行存款”等科目，贷记本科目。

2. 应收账款收回后需上缴财政

（1）事业单位出租资产发生应收未收租金款项时，按照应收未收金额，借记本科目，贷记“应缴财政款”科目。收回应收账款时，按照实际收到的金额，借记“银行存款”等科目，贷记本科目。

（2）事业单位出售物资发生应收未收款项时，按照应收未收金额，借记本科目，贷记“应缴财政款”科目。收回应收账款时，按照实际收到的金额，借记“银行存款”等科目，贷记本科目。涉及增值税业务的，相关账务处理参见“应交增值税”科目。

（3）逾期无法收回的应收账款，报批后予以核销。事业单位已核销不需上缴财政的应收账款在以后期间收回。已核销需上缴财政的应收账款在以后期间收回。以上三种情况会计处理不同，详见表 2-7。

在事业单位会计实务中，应收账款的主要账务处理见表 2-7。

表 2-7　　应收账款的主要账务处理

<table>
<tr><th>序号</th><th colspan="2">业务</th><th>财务会计处理</th><th>预算会计处理</th></tr>
<tr><td rowspan="2">（1）</td><td rowspan="2">发生应收账款时</td><td>应收账款收回后不需上缴财政</td><td>借：应收账款
贷：事业收入 / 经营收入 / 租金收入 / 其他收入等</td><td>—</td></tr>
<tr><td>应收账款收回后需上缴财政</td><td>借：应收账款
贷：应缴财政款</td><td>—</td></tr>
<tr><td rowspan="2">（2）</td><td rowspan="2">收回应收账款时</td><td>应收账款收回后不需上缴财政</td><td>借：银行存款等
贷：应收账款</td><td>借：资金结存——货币资金等
贷：事业预算收入 / 经营预算收入 / 其他预算收入等</td></tr>
<tr><td>应收账款收回后需上缴财政</td><td>借：银行存款等
贷：应收账款</td><td>—</td></tr>
</table>

续表

序号	业务		财务会计处理	预算会计处理
（3）	逾期无法收回的应收账款	报批后予以核销	借：坏账准备 / 应缴财政款 　贷：应收账款	—
		事业单位已核销不需上缴财政的应收账款在以后期间收回	借：应收账款 　贷：坏账准备 借：银行存款 　贷：应收账款	借：资金结存——货币资金 　贷：非财政拨款结余等
		事业单位已核销需上缴财政的应收账款在以后期间收回	借：银行存款等 　贷：应缴财政款	—

2.8.4 案例分析

【例 2-16】2×19 年 6 月 5 日，某向外提供服务和产品的科研事业单位，因向甲公司提供服务而获得收入 50 000 元。该项收入不需要上缴财政。按照合同规定，这笔款项应在 6 月 25 日支付。账务处理如下。

（1）6 月 5 日发生应收账款。

借：应收账款　　50 000

　贷：经营收入　　50 000

（2）6 月 25 日收到款项。

财务会计：

借：银行存款　　50 000

　贷：应收账款　　50 000

预算会计：

借：资金结存——货币资金　　50 000

　贷：经营预算收入　　50 000

【例 2-17】沿用【例 2-16】。6 月 25 日，该事业单位发现无法完全收回该笔应收账款，按规定报经批准后予以核销 10 000 元。7 月 26 日，该事业单位收回 50 000 元应收账款。账务处理如下：

（1）6 月 25 日报批后核销部分款项。

借：坏账准备　　10 000

贷：应收账款　　10 000

（2）7 月 26 日收到款项。

财务会计：

借：银行存款　　50 000

贷：坏账准备　　10 000

应收账款　　40 000

预算会计：

借：资金结存——货币资金　　50 000

贷：非财政拨款结余等　　50 000

2.9　应收票据

2.9.1　业务简介

在事业单位会计实务中，应收票据是指事业单位因开展经营活动销售产品、提供有偿服务等而收到的商业汇票。商业汇票是由出票人签发的、指定付款人在一定日期支付一定金额给收款人或持票人的票据，通常涉及出票人、付款人、收款人三方。

2.9.2　应收票据的分类

商业汇票按其承兑人不同，分为商业承兑汇票和银行承兑汇票两种。商业承兑汇票是由付款人承兑的汇票，它可以由收款人签发，也可以由付款人签发，但必须由付款人承兑；银行承兑汇票是由收款人或承兑申请人签发，并由承兑申请人向银行申请，经银行审查同意后承兑的票据。

应收票据按是否计息，可分为带息票据和不带息票据两种。带息票据是指注明利率及付息日期的票据。带息票据可在票据到期时一次付息。不带息票据是指到期只按面额支付，无须支付利息的票据。带息票据到期利息的计算公式如下。

应收票据利息 = 应收票据面额 × 利率 × 时间

上式中，利率一般以年利率表示，时间则以日或者月表示。因此，应把年利率调整为日利率或者月利率，一年以 360 天计算。

不论票据是否带息，应收票据都应于收到或开出并承兑时，以其票面金额入账。

2.9.3 账务处理

在财务会计中，与“应收票据”科目相关的账务处理如下。

（1）因销售产品、提供服务等收到商业汇票时，按照商业汇票的票面金额，借记本科目，按照确认的收入金额，贷记“经营收入”等科目。涉及增值税业务的，相关账务处理参见“应交增值税”科目。

（2）持未到期的商业汇票向银行贴现时，按照实际收到的金额（即扣除贴现息后的净额），借记“银行存款”科目；按照贴现息金额，借记“经营费用”等科目；按照商业汇票的票面金额，贷记本科目（无追索权）或“短期借款”科目（有追索权）。附追索权的商业汇票到期未发生追索事项时，按照商业汇票的票面金额，借记“短期借款”科目，贷记本科目。

（3）将持有的商业汇票背书转让以取得所需物资时，按照取得物资的成本，借记“库存物品”等科目；按照商业汇票的票面金额，贷记本科目；如借贷方有差额，则借记或贷记“银行存款”等科目。涉及增值税业务的，相关账务处理参见“应交增值税”科目。

（4）商业汇票到期时，应当按照以下情况分别进行处理。

①收回票款时，按照实际收到的商业汇票票面金额，借记“银行存款”科目，贷记本科目。

②因付款人无力支付票款，收到银行退回的商业承兑汇票、委托收款凭证、未付票款通知书或拒付款证明等时，按照商业汇票的票面金额，借记“应收账款”科目，贷记本科目。

在事业单位会计实务中，应收票据的主要账务处理见表 2-8。

表 2-8　　应收票据的主要账务处理

序号	业务		财务会计处理	预算会计处理
（1）	收到商业汇票	销售产品、提供服务等收到商业汇票时	借：应收票据 　贷：经营收入等	—

续表

序号	业务		财务会计处理	预算会计处理
（2）	商业汇票向银行贴现	持未到期的商业汇票向银行贴现	借：银行存款［贴现净额］ 经营费用等［贴现利息］ 贷：应收票据［不附追索权］/ 短期借款［附追索权］	借：资金结存——货币资金 贷：经营预算收入等［贴现净额］
		附追索权的商业汇票到期未发生追索事项	借：短期借款 贷：应收票据	—
（3）	商业汇票背书转让	将持有的商业汇票背书转让以取得所需物资	借：库存物品等 贷：应收票据 银行存款［差额］	借：经营支出等［支付的金额］ 贷：资金结存——货币资金
（4）	商业汇票到期	商业汇票到期，收回票款	借：银行存款 贷：应收票据	借：资金结存——货币资金 贷：经营预算收入等
		商业汇票到期，付款人无力支付票款时	借：应收账款 贷：应收票据	—

2.9.4　案例分析

【例 2-18】某事业单位向甲公司销售 M 产品，货已发出，价款为 10 000 元，增值税额为 1 300 元。合同约定两个月后付款。甲公司交给该事业单位 1 张两个月到期的商业承兑汇票，面值为 11 300 元。该事业单位的账务处理如下。

借：应收票据　　11 300

　　贷：经营收入　　10 000

　　　　应交增值税——应交税金（销项税额）　　1 300

【例 2-19】2×19 年 3 月 5 日，某事业单位持未到期面值为 10 000 元的商业汇票向银行贴现，到期日为 2×19 年 5 月 4 日，不附追索权，按 7.2% 的贴现率贴现。账务处理如下。

贴现利息 =10 000×60（贴现天数）×7.2%÷360=120（元）。

实收贴现金额 =10 000−120=9 880（元）。

财务会计：

借：银行存款　　9 880

　　经营费用　　120

　　贷：应收票据　　10 000

预算会计：

借：资金结存——货币资金　　9 880

　　贷：经营预算收入　　9 880

若上述票据附追索权，则账务处理如下。

财务会计：

借：银行存款　　9 880

　　经营费用　　120

　　贷：短期借款　　10 000

预算会计：

借：资金结存——货币资金　　9 880

　　贷：经营预算收入　　9 880

【例 2-20】某事业单位将一张面值 5 000 元的商业汇票背书转让给甲公司并支付 1 000 元差额，据此取得一批价值 6 000 元的货物。该事业单位的账务处理如下。

财务会计：

借：库存物品　　6 000

　　贷：应收票据　　5 000

　　　　银行存款　　1 000

预算会计：

借：经营支出　　1 000

　　贷：资金结存——货币资金　　1 000

【例 2-21】某事业单位收到付款人承兑的到期商业汇票的款项，票面金额为 10 000 元。账务处理如下。

财务会计：

借：银行存款　　10 000

　　贷：应收票据　　10 000

预算会计：

借：资金结存——货币资金　　10 000

　　贷：经营预算收入　　10 000

若付款人无力支付票款，则账务处理如下。

借：应收账款　　　　10 000

　　贷：应收票据　　　　10 000

2.10　预付账款

在事业单位会计实务中，预付账款是事业单位按照购货、服务合同规定预付给供应单位的款项。预付账款按实际发生的金额入账。会计期末，预付账款按历史成本报告。

2.10.1　业务简介

在事业单位会计实务中，应收账款与预付账款虽然都是事业单位的流动资产，都属于应收及预付款项，但两者性质不同。应收账款是事业单位应收客户的账款，预付账款是事业单位预付给商品、服务供应单位的账款，所以，应分别设置账户进行核算。

“预付账款”科目应当按照供应单位（或个人）进行明细核算。事业单位应当通过明细核算或辅助登记方式，登记预付账款的资金性质（区分财政补助资金、非财政专项资金和其他资金）。

2.10.2　账务处理

在财务会计中，与“预付账款”科目有关的账务处理如下。

（1）根据购货、服务合同或协议规定预付款项时，按照预付的金额，借记本科目，贷记“财政拨款收入”“零余额账户用款额度”“银行存款”等科目。

（2）收到所购资产或服务时，按照购入资产或服务的成本，借记“库存物品”“固定资产”“无形资产”“业务活动费用”等相关科目；按照相关预付账款的账面余额，贷记本科目；按照实际补付的金额，贷记“财政拨款收入”“零余额账户用款额度”“银行存款”等科目。涉及增值税业务的，相关账务处理参见“应交增值税”科目。

根据工程进度结算工程价款及备料款时，按照结算的金额，借记“在建工程”科目；按照相关预付账款的账面余额，贷记本科目；按照实际补付的金额，贷记“财政拨款收入”“零余额账户用款额度”“银行存款”等科目。

（3）发生预付账款退回的，按照实际退回的金额，借记“财政拨款收入”[本年直接支付]、“财政应返还额度”[以前年度直接支付]、“零余额账户用款额度”“银行存款”等科目，贷记本科目。

如果供应单位（或个人）由于经营困难，导致无法执行原供应合同，并且也无法将预付款行退回，则需进行核销。单位应当于每年年末，对预付账款进行全面检查。如果有确凿证据表明预付账款不再符合预付款项性质，或者因供应单位破产、撤销等原因可能无法收到所购货物、服务的，应当先将其转入其他应收款，再按照规定进行处理。

预付款无法退回，供应商也无法完成原合同规定义务的，将预付账款账面余额转入其他应收款时，财务会计应当借记“其他应收款”科目，贷记“预付账款”科目。

在事业单位会计实务中，预付账款的主要账务处理见表 2-9。

表 2-9　　　　预付账款的主要账务处理

<table>
<tr><th>序号</th><th colspan="2">业务</th><th>财务会计处理</th><th>预算会计处理</th></tr>
<tr><td>（1）</td><td colspan="2">发生预付账款时</td><td>借：预付账款
　贷：财政拨款收入 / 零余额账户用款额度 / 银行存款等</td><td>借：事业支出等
　贷：财政拨款预算收入 / 资金结存</td></tr>
<tr><td>（2）</td><td colspan="2">收到所购资产或服务，以及根据工程进度结算工程价款及备料款时</td><td>借：业务活动费用 / 库存物品 / 固定资产 / 无形资产 / 在建工程等
　贷：预付账款
　　零余额账户用款额度 / 财政拨款收入 / 银行存款等 [补付款项]</td><td>借：事业支出等 [补付款项]
　贷：财政拨款预算收入 / 资金结存</td></tr>
<tr><td rowspan="2">（3）</td><td rowspan="2">预付账款退回</td><td>当年预付账款退回</td><td>借：财政拨款收入 / 零余额账户用款额度 / 银行存款等
　贷：预付账款</td><td>借：财政拨款预算收入 / 资金结存
　贷：事业支出等</td></tr>
<tr><td>以前年度预付账款退回</td><td>借：财政应返还额度 / 零余额账户用款额度 / 银行存款等
　贷：预付账款</td><td>借：资金结存
　贷：财政拨款结余——年初余额调整 / 财政拨款结转——年初余额调整等</td></tr>
</table>

续表

序号	业务	财务会计处理	预算会计处理
（4）	逾期无法收回的预付账款转为其他应收款	借：其他应收款 　　贷：预付账款	—

2.10.3　案例分析

【例 2-22】2×19 年 1 月 10 日，某事业单位与 A 公司签订购买合同，约定购买三台设备，价款共 500 000 元。若该事业单位预付 30% 的款项，则账务处理如下。

财务会计：

借：预付账款——A 公司　　150 000

　　贷：银行存款　　150 000

预算会计：

借：事业支出　　150 000

　　贷：资金结存——货币资金　　150 000

【例 2-23】沿用【例 2-22】。2×19 年 1 月 12 日，A 公司收到预付款后发货。1 月 15 日，该事业单位验货后支付剩余 70% 的价款。该事业单位的账务处理如下。

财务会计：

借：固定资产　　500 000

　　贷：预付账款——A 公司　　150 000

　　　　银行存款　　350 000

预算会计：

借：事业支出　　350 000

　　贷：资金结存——货币资金　　350 000

【例 2-24】沿用【例 2-22】。2×19 年 1 月 12 日，A 公司收到预付款后发货。1 月 15 日，该事业单位发现设备质量不符合要求，将设备退回，并解除购货合同。1 月 20 日，A 公司将预付款退回。该事业单位的账务处理如下。

财务会计：

借：银行存款　　150 000

　　贷：预付账款——A 公司　　150 000

预算会计：

借：资金结存——货币资金　　150 000

　　贷：事业支出　　150 000

2.11 应收股利

2.11.1 业务简介

在事业单位会计实务中，“应收股利”科目用于核算事业单位因持有长期股权投资而应当收取的现金股利或应当分得的利润。

2.11.2 账务处理

在财务会计中，与“应收股利”科目相关的账务处理如下。

（1）取得长期股权投资时，按照支付的价款中所包含的已宣告但尚未发放的现金股利或利润，借记本科目；按照确定的长期股权投资成本，借记“长期股权投资”科目；按照实际支付的金额，贷记“银行存款”等科目。

收到取得投资时实际支付价款中所包含的已宣告但尚未发放的现金股利或利润时，按照收到的金额，借记“银行存款”科目，贷记本科目。

（2）长期股权投资持有期间，被投资单位宣告发放现金股利或利润的，按照应享有的份额，借记本科目，贷记“投资收益”（成本法下）或“长期股权投资”（权益法下）科目。

（3）实际收到现金股利或利润时，按照收到的金额，借记“银行存款”等科目，贷记本科目。

在事业单位会计实务中，应收股利的主要账务处理见表 2-10。

表 2-10　应收股利的主要账务处理

序号	业务		财务会计处理	预算会计处理
（1）	取得的长期股权投资	取得长期股权投资	借：长期股权投资 应收股利［取得投资支付价款中包含的已宣告但尚未发放的现金股利或利润］ 贷：银行存款［取得投资支付的全部价款］	借：投资支出［取得投资支付的全部价款］ 贷：资金结存——货币资金

续表

序号	业务		财务会计处理	预算会计处理
（1）	取得的长期股权投资	收到取得投资所支付价款中包含的已宣告但尚未发放的现金股利或利润时	借：银行存款 　　贷：应收股利	借：资金结存——货币资金 　　贷：投资支出等
（2）	持有投资期间	被投资单位宣告发放现金股利或利润	借：应收股利 　　贷：投资收益 / 长期股权投资	—
		收到现金股利或利润时	借：银行存款 　　贷：应收股利	借：资金结存——货币资金 　　贷：投资预算收益

2.11.3　案例分析

【例 2-25】2×19 年 6 月 20 日，某事业单位以 1 500 万元购入乙公司 10% 的股权，其中包含已宣告但未发放的股利 20 万元。2×19 年 9 月 20 日，该事业单位收到上述股利 20 万元。该事业单位的账务处理如下。

（1）2×19 年 6 月 20 日。

财务会计：

借：长期股权投资　　14 800 000

　　应收股利　　200 000

　　贷：银行存款　　15 000 000

预算会计：

借：投资支出　　15 000 000

　　贷：资金结存——货币资金　　15 000 000

（2）2×19 年 9 月 20 日。

财务会计：

借：银行存款　　200 000

　　贷：应收股利　　200 000

预算会计：

借：资金结存——货币资金　　200 000

　　贷：投资支出　　200 000

2.12 应收利息

2.12.1 业务简介

在事业单位会计实务中，“应收利息”科目用于核算事业单位持有长期债券投资应当收取的利息。事业单位购入的到期一次还本付息的长期债券投资在其持有期间产生的利息，应当通过“长期债券投资——应计利息”科目核算，不通过本科目核算。

2.12.2 账务处理

在财务会计中，与“应收利息”科目相关的账务处理如下。

（1）取得长期债券投资时，按照确定的投资成本，借记“长期债券投资”科目；按照支付的价款中包含的已到付息期但尚未领取的利息，借记本科目；按照实际支付的金额，贷记“银行存款”等科目。

收到取得投资时实际支付价款中包含的已到付息期但尚未领取的利息时，按照收到的金额，借记“银行存款”等科目，贷记本科目。

（2）在持有投资期间，按期计算确认长期债券投资利息收入时，对于分期付息、一次还本的长期债券投资，按照以票面金额和票面利率计算确定的应收未收利息金额，借记本科目，贷记“投资收益”科目。

（3）实际收到应收利息时，按照收到的金额，借记“银行存款”等科目，贷记本科目。

在事业单位会计实务中，应收利息的主要账务处理见表 2-11。

表 2-11　应收利息的主要账务处理

序号	业务		财务会计处理	预算会计处理
（1）	取得的长期债券投资	取得长期债券投资	借：长期债券投资 　应收利息［取得投资支付价款中包含的已到付息期但尚未领取的利息］ 　贷：银行存款［取得投资支付的全部价款］	借：投资支出［取得投资支付的全部价款］ 　贷：资金结存——货币资金

续表

序号	业务		财务会计处理	预算会计处理
（1）	取得的长期债券投资	收到取得投资所支付价款中包含的已到付息期但尚未领取的利息时	借：银行存款 　贷：应收利息	借：资金结存——货币资金 　贷：投资支出等
（2）	持有投资期间	按期计提利息	借：应收利息［分期付息、到期还本债券计提的利息］ 　贷：投资收益	—
		实际收到利息	借：银行存款 　贷：应收利息	借：资金结存——货币资金 　贷：投资预算收益

2.12.3　案例分析

【例 2-26】2×19 年 1 月 1 日，某事业单位从证券市场上购入 A 公司于 2×18 年 1 月 1 日发行的债券。该债券三年期、票面利率为 3%、年底计提利息，每年 1 月 10 日支付上年度的利息。该事业单位购入的债券的面值总额为 100 万元，实际支付银行存款 103 万元。该事业单位的账务处理如下。

（1）2×19 年 1 月 1 日。

财务会计：

借：长期债券投资　　1 000 000

　　应收利息　　30 000

　　贷：银行存款　　1 030 000

预算会计：

借：投资支出　　1 030 000

　　贷：资金结存——货币资金　　1 030 000

（2）2×19 年 1 月 10 日。

财务会计：

借：银行存款　　30 000

　　贷：应收利息　　30 000

预算会计：

借：资金结存——货币资金　30 000

　贷：投资支出　30 000

2.13 其他应收款

2.13.1 业务简介

在事业单位会计实务中，“其他应收款”科目用于核算事业单位除财政应返还额度、应收票据、应收账款、预付账款、应收股利、应收利息以外的其他各项应收及暂付款项，如职工预借的差旅费、拨给有关部门的备用金、应向职工收取的各种垫付款项等。其他应收款应按实际发生额入账，按照其他应收款的类别以及债务单位（或个人）进行明细核算。

2.13.2 账务处理

在财务会计中，与“其他应收款”科目相关的账务处理如下。

（1）发生其他各种应收及暂付款项时，按照实际发生的金额，借记本科目，贷记“零余额账户用款额度”“银行存款”“库存现金”“上级补助收入”“附属单位上缴收入”“其他收入”等科目。涉及增值税业务的，相关账务处理参见“应交增值税”科目。

（2）收回其他各种应收及暂付款项时，按照收回的金额，借记“库存现金”“银行存款”等科目，贷记本科目。

（3）单位内部实行备用金制度的，有关部门使用备用金以后应当及时到财务部门报销并补足备用金。

财务部门核定并发放备用金时，按照实际发放的金额，借记本科目，贷记“库存现金”等科目。

根据报销金额用现金补足备用金定额时，借记“业务活动费用”“单位管理费用”等科目，贷记“库存现金”科目。报销数和拨补数都不再通过本科目核算。

（4）偿还尚未报销的本单位公务卡欠款时，按照偿还的款项，借记本科目，贷记“零余额账户用款额度”“银行存款”“库存现金”等科目；持卡人报销时，按照报销金额，借记“业务活动费用”“单位管理费用”等科目，贷记本科目。

（5）将预付账款账面余额转入其他应收款时，借记本科目，贷记“预付账款”科目。具体说明参见“预付账款”科目。

在事业单位会计实务中，其他应收款的主要账务处理见表 2-12。

表 2-12　　其他应收款的主要账务处理

序号	业务		财务会计处理	预算会计处理
（1）	发生暂付款项（包括偿还未报销的公务卡款项）	暂付款项时	借：其他应收款 贷：银行存款 / 库存现金 / 零余额账户用款额度等	—
		报销时	借：业务活动费用 / 单位管理费用等 [实际报销金额] 贷：其他应收款	借：事业支出等 [实际报销金额] 贷：资金结存
		收回暂付款项时	借：库存现金 / 银行存款等 贷：其他应收款	—
（2）	发生其他各种应收款项	确认其他应收款时	借：其他应收款 贷：上级补助收入 / 附属单位上缴收入 / 其他收入等	—
		收到其他应收款项时	借：银行存款 / 库存现金等 贷：其他应收款	借：资金结存——货币资金 贷：上级补助预算收入 / 附属单位上缴预算收入 / 其他预算收入等
（3）	拨付给内部有关部门的备用金	财务部门核定并发放备用金时	借：其他应收款 贷：库存现金等	—
		根据报销数用现金补足备用金定额时	借：业务活动费用 / 单位管理费用等 贷：库存现金	借：事业支出等 贷：资金结存——货币资金

续表

<table>
<tr><th>序号</th><th colspan="2">业务</th><th>财务会计处理</th><th>预算会计处理</th></tr>
<tr><td rowspan="2">（4）</td><td rowspan="2">逾期无法收回的其他应收款</td><td>经批准核销时</td><td>借：坏账准备
贷：其他应收款</td><td>—</td></tr>
<tr><td>已核销的其他应收款在以后期间收回</td><td>借：其他应收款
贷：坏账准备
借：银行存款等
贷：其他应收款</td><td>借：资金结存——货币资金
贷：其他预算收入</td></tr>
</table>

2.13.3 案例分析

【例 2-27】2×19年8月31日，某事业单位为职工代垫房租和水电费20 000元。9月30日，该事业单位从应付工资中扣除代垫款项。账务处理如下。

（1）8月31日，代垫房租和水电费。

借：其他应收款　　20 000

　　贷：银行存款　　20 000

（2）9月30日，从应付工资中扣除代垫款。

财务会计：

借：应付职工薪酬　　20 000

　　贷：其他应收款　　20 000

【例 2-28】某事业单位估计2 000元的其他应收款中有1 000元无法收回，经批准于3月15日进行核销处理。账务处理如下。

借：坏账准备　　1 000

　　贷：其他应收款　　1 000

4月15日，该笔应收款全额收回，则账务处理如下。

财务会计：

借：银行存款　　2 000

　　贷：坏账准备　　1 000

　　　　其他应收款　　1 000

预算会计：

借：资金结存——货币资金　　2 000

　　贷：其他预算收入　　2 000

2.14　坏账准备

2.14.1　业务简介

在事业单位会计实务中，“坏账准备”科目用于核算事业单位对收回后不需要上缴财政的应收账款和其他应收款提取的坏账准备。

2.14.2　坏账准备的计提

事业单位可以采用应收账款余额百分比法、账龄分析法、个别认定法等方法计提坏账准备。坏账准备计提方法一经确定，不得随意变更。如需变更，应当按照规定报经批准，并在财务报表附注中予以说明。

1. 应收账款余额百分比法

应收账款余额百分比法是按照期末应收账款余额的一定百分比估计坏账损失的方法。坏账百分比由事业单位根据以往的资料或经验自行确定。在应收账款余额百分比法下，事业单位应在每个会计期末根据本期末应收账款的应收款项余额和相应的坏账率估计出期末坏账准备账户应有的余额，它与调整前坏账准备账户已有的余额的差额，就是当期应提的坏账准备金额。

采用应收账款余额百分比法计提坏账准备的计算公式如下。

（1）首次计提坏账准备的计算公式如下。

当期应计提的坏账准备 = 期末应收账款余额 × 坏账准备计提百分比

（2）以后计提坏账准备的计算公式如下。

当期应计提的坏账准备 = 当期按应收账款计算应计提的坏账准备金额 +（或 −）坏账准备账户借方余额（或贷方余额）

2. 账龄分析法

账龄分析法是根据应收账款账龄的长短来估计坏账损失的方法。通常而言，应收账款的账龄越长，发生坏账的可能性越大。为此，将事业单位的应收账款按账龄长短进行分组，分别确定不同的坏账准备计提百分比，可以使坏账损失的计算结果更符合客观情况。

采用账龄分析法计提坏账准备的计算公式如下。

（1）首次计提坏账准备的计算公式如下。

当期应计提的坏账准备 = ∑（期末各账龄组应收账款余额 × 各账龄组坏账准备计提百分比）

（2）以后计提坏账准备的计算公式如下。

当期应计提的坏账准备 = 当期按应收账款计算应计提的坏账准备金额 +（或 −）坏账准备账户借方余额（或贷方余额）

3. 个别认定法

个别认定法是指根据每笔应收账款的具体情况确定其坏账金额的一种方法。

根据上述方法计算出坏账损失金额后，就可计算出当期应当计提或冲减的坏账准备金额，其计算公式如下。

当期应补提或冲减的坏账准备 = 按照期末应收账款和其他应收款计算应计提的坏账准备金额 +（或 −）本账户期末借方余额（或贷方余额）

2.14.3 账务处理

在财务会计中，与“坏账准备”科目相关的账务处理如下。

（1）提取坏账准备时，借记“其他费用”科目，贷记本科目；冲减坏账准备时，借记本科目，贷记“其他费用”科目。

（2）对于账龄超过规定年限并确认无法收回的应收账款、其他应收款，应当按照有关规定报经批准后，按照无法收回的金额，借记本科目，贷记“应收账款”“其他应收款”科目。

已核销的应收账款、其他应收款在以后期间又收回的，按照实际收回的金额，借记“应收账款”“其他应收款”科目，贷记本科目；同时，借记“银行存款”等科目，贷记“应收账款”“其他应收款”科目。

在事业单位会计实务中，坏账准备的主要账务处理见表 2-13。

表 2-13　　坏账准备的主要账务处理

序号	业务		财务会计处理	预算会计处理
（1）	年末全面分析不需上缴财政的应收账款和其他应收款	计提坏账准备，确认坏账损失	借：其他费用 　贷：坏账准备	—
		冲减坏账准备	借：坏账准备 　贷：其他费用	—

续表

序号	业务		财务会计处理	预算会计处理
（2）	逾期无法收回的应收账款和其他应收款	报批后予以核销	借：坏账准备 　　贷：应收账款 / 其他应收款	—
		已核销不需上缴财政的应收款项在以后期间收回	借：应收账款 / 其他应收款 　　贷：坏账准备 借：银行存款 　　贷：应收账款 / 其他应收款	借：资金结存——货币资金等 　　贷：非财政拨款结余等

2.14.4　案例分析

【例 2-29】6 月 25 日，某事业单位发现无法从甲公司处收回全部应收账款，按规定报经批准后予以核销 10 000 元。7 月 26 日，该事业单位收回 50 000 元应收账款。该事业单位的账务处理如下。

（1）6 月 25 日。

借：坏账准备　　10 000

　　贷：应收账款　　10 000

（2）7 月 26 日收到款项。

财务会计：

借：银行存款　　50 000

　　贷：坏账准备　　10 000

　　　　应收账款　　40 000

2.15　在途物品

2.15.1　业务简介

在事业单位会计实务中，“在途物品”科目用于核算单位采购材料等物资时货款已付或已开出商业汇票但尚未验收入库的在途物品的采购成本。

2.15.2 账务处理

在财务会计中，与“在途物品”科目相关的账务处理如下。

（1）单位购入材料等物品时，按照确定的物品采购成本的金额，借记本科目，按照实际支付的金额，贷记“财政拨款收入”“零余额账户用款额度”“银行存款”“应付票据”等科目。涉及增值税业务的，相关账务处理参见“应交增值税”科目。

（2）所购材料等物品到达验收入库时，按照确定的库存物品成本的金额，借记“库存物品”科目，按照物品采购成本的金额，贷记本科目，按照使得入库物品达到目前场所和状态所发生的其他支出金额，贷记“银行存款”等科目。

在事业单位会计实务中，在途物品的主要账务处理见表 2-14。

表 2-14　在途物品的主要账务处理

序号	业务	财务会计处理	预算会计处理
（1）	购入材料等物资，结算凭证收到货未到，款已付或已开出商业汇票	借：在途物品 贷：财政拨款收入 / 零余额账户用款额度 / 银行存款 / 应付票据等	借：事业支出 / 经营支出等 贷：财政拨款预算收入 / 资金结存
（2）	所购材料等物资到达验收入库	借：库存物品 贷：在途物品 银行存款	—

2.15.3 案例分析

【例 2-30】某事业单位于 2×19 年 1 月 1 日购入物资，用银行存款支付价款 30 000 元，结算凭证已收到，货仍在运输途中。账务处理如下。

财务会计：

借：在途物品　　30 000

　　贷：银行存款　　30 000

预算会计：

借：经营支出　　30 000

　　贷：资金结存——货币资金　　30 000

【例 2-31】沿用【例 2-30】。2×19 年 1 月 30 日，该单位所购物资到达并验收入库。账务处理如下。

借：库存物品　　30 000

　　贷：在途物品　　30 000

2.16　加工物品

2.16.1　业务简介

在事业单位会计实务中，“加工物品”科目用于核算单位自制或委托外单位加工的各种物品的实际成本。未完成的测绘、地质勘察、设计成果的实际成本，也通过该科目核算。

2.16.2　账务处理

在财务会计中，与“加工物品”科目相关的账务处理如下。

1. 自制物品

（1）为自制物品领用材料等时，按照材料成本，借记本科目（自制物品——直接材料），贷记“库存物品”科目。

（2）计提将来支付给专门从事物品制造的工作人员的直接人工费用时，按照实际发生的金额，借记本科目（自制物品——直接人工），贷记“应付职工薪酬”科目。

（3）为自制物品发生其他直接费用时，按照实际发生的金额，借记本科目（自制物品——其他直接费用），贷记“财政拨款收入”“零余额账户用款额度”“银行存款”等科目。

（4）为自制物品发生间接费用时，按照实际发生的金额，借记本科目（自制物品——间接费用），贷记“财政拨款收入”“零余额账户用款额度”“银行存款”“应付职工薪酬”“固定资产累计折旧”“无形资产累计摊销”等科目。

间接费用一般按照生产人员工资、生产人员工时、机器工时、耗用材料的数量或成本、直接费用（直接材料和直接人工）或产品产量等进行分配。单位可根据具体情况自行选择间接费用的分配方法。分配方法一经确定，不得随意变更。

（5）对于已经制造完成并验收入库的物品，按照所发生的实际成本（包括耗用的直接材料费用、直接人工费用、其他直接费用和分配的间接费用），借记“库存物品”科目，贷记本科目（自制物品——直接材料、直接人工、其他直接费用、间接费用）。

2. 委托加工物品

（1）发给外单位加工的材料等时，按照其实际成本，借记本科目（委托加工物品），贷记“库存物品”科目。

（2）支付加工费、运输费等费用时，按照实际支付的金额，借记本科目（委托加工物品），贷记“财政拨款收入”“零余额账户用款额度”“银行存款”等科目。涉及增值税业务的，相关账务处理参见“应交增值税”科目。

（3）委托加工完成的物品等验收入库时，按照加工前发出材料的成本和加工、运输成本等，借记“库存物品”等科目，贷记本科目（委托加工物品）。

在事业单位会计实务中，加工物品的主要账务处理见表2-15。

表2-15　　加工物品的主要账务处理

序号	业务		财务会计处理	预算会计处理
（1）	自制物品	为自制物品领用材料时	借：加工物品——自制物品——直接材料 贷：库存物品——相关明细科目	—
		专门从事物资制造的人员发生的直接人工费用	借：加工物品——自制物品——直接人工 贷：应付职工薪酬	—
		为自制物品发生其他直接费用和间接费用	借：加工物品——自制物品——其他直接费用、间接费用 贷：财政拨款收入/零余额账户用款额度/银行存款/应付职工薪酬/固定资产累计折旧/无形资产累计摊销等	借：事业支出/经营支出等[实际支付金额] 贷：财政拨款预算收入/资金结存
		自制加工完成、验收入库	借：库存物品——相关明细科目 贷：加工物品——自制物品——直接材料、直接人工、其他直接费用、间接费用	—

续表

序号	业务		财务会计处理	预算会计处理
（2）	委托加工物品	发给外单位加工的材料	借：加工物品——委托加工物品 　贷：库存物品——相关明细科目	—
		支付加工费用	借：加工物品——委托加工物品 　贷：财政拨款收入 / 零余额账户用款额度 / 银行存款等	借：事业支出 / 经营支出等 　贷：财政拨款预算收入 / 资金结存
		委托加工完成的物品验收入库	借：库存物品——相关明细科目 　贷：加工物品——委托加工物品	—

2.16.3　案例分析

【例 2-32】 2×19 年 6 月 1 日，某事业单位自行加工材料一批，领用甲材料 200 000 元。7 月 1 日，发生直接人工费用共计 100 000 元，为自制物品发生其他费用 50 000 元。7 月 10 日，材料加工完毕，为乙材料，并验收入库。账务处理如下。

（1）2×19 年 6 月 1 日。

借：加工物品——自制物品　　200 000
　贷：库存物品——甲材料　　200 000

（2）2×19 年 7 月 1 日。

财务会计：

借：加工物品——自制物品　　100 000
　贷：应付职工薪酬　　100 000

借：加工物品——自制物品　　50 000
　贷：银行存款　　50 000

预算会计：

借：经营支出　　50 000
　贷：资金结存——货币资金　　50 000

（3）2×19 年 7 月 10 日。

借：库存物品——乙材料　　350 000
　贷：加工物品——自制物品　　350 000

【例 2-33】2×19 年 1 月 5 日，某事业单位委托 C 公司加工材料一批，发出甲材料 200 000 元。1 月 7 日，用财政授权支付方式支付加工费用和相关运输费用共计 100 000 元。3 月 10 日，加工完毕，该批材料成为乙材料，并验收入库。账务处理如下。

（1）1 月 5 日，发出材料。

借：加工物品——委托加工物品　　200 000

　　贷：库存物品——甲材料　　200 000

（2）1 月 7 日，支付加工费用和相关运输费用。

财务会计：

借：加工物品——委托加工物品　　100 000

　　贷：零余额账户用款额度　　100 000

预算会计：

借：经营支出　　100 000

　　贷：资金结存——零余额账户用款额度　　100 000

（3）3 月 10 日，材料加工完毕，验收入库。

借：库存物品——乙材料　　300 000

　　贷：加工物品——委托加工物品　　300 000

2.17 库存物品

2.17.1 业务简介

在事业单位会计实务中，“库存物品”科目用于核算单位在开展业务活动及其他活动中为耗用或出售而储存的各种材料、产品、包装物、低值易耗品，以及达不到固定资产标准的用具、装具、动植物等的成本。

2.17.2 不在“库存物品”科目核算的物品

（1）单位随买随用的零星办公用品，可以在购进时直接列作费用，不通过本科目核算。

（2）单位控制的政府储备物资，应当通过“政府储备物资”科目核算，不通过本科目核算。

（3）单位受托存储保管的物资和受托转赠的物资，应当通过“受托代理资产”科目核算，不通过本科目核算。

（4）单位为在建工程购买和使用的材料物资，应当通过“工程物资”科目核算，不通过本科目核算。

2.17.3　账务处理

在财务会计中，与“库存物品”科目相关的账务处理如下。

1. 取得的库存物品，应当按照其取得时的成本入账

（1）外购的库存物品验收入库时，按照确定的成本，借记本科目，贷记“财政拨款收入”“零余额账户用款额度”“银行存款”“应付账款”等科目。涉及增值税业务的，相关账务处理参见“应交增值税”科目。

（2）自制的库存物品加工完成并验收入库时，按照确定的成本，借记本科目，贷记“加工物品——自制物品”科目。

（3）委托外单位加工收回的库存物品验收入库时，按照确定的成本，借记本科目，贷记“加工物品——委托加工物品”等科目。

（4）接受捐赠的库存物品验收入库时，按照确定的成本，借记本科目；按照发生的相关税费、运输费等，贷记“银行存款”等科目；按照其差额，贷记“捐赠收入”科目。

接受捐赠的库存物品按照名义金额入账的，按照名义金额，借记本科目，贷记“捐赠收入”科目；同时，按照发生的相关税费、运输费等，借记“其他费用”科目，贷记“银行存款”等科目。

（5）无偿调入的库存物品验收入库时，按照确定的成本，借记本科目；按照发生的相关税费、运输费等，贷记“银行存款”等科目；按照其差额，贷记“无偿调拨净资产”科目。

（6）置换换入的库存物品验收入库，按照确定的成本，借记本科目；按照换出资产的账面余额，贷记相关资产科目（换出资产为固定资产、无形资产的，还应当借记“固定资产累计折旧”“无形资产累计摊销”科目）；按照置换过程中发生的其他相关支出，贷记“银行存款”等科目；按照借贷方差额，借记“资产处置费用”科目或贷记“其他收入”科目。涉及补价的，分别以下情况处理。

①支付补价的，按照确定的成本，借记本科目；按照换出资产的账面余额，

贷记相关资产科目（换出资产为固定资产、无形资产的，还应当借记“固定资产累计折旧”“无形资产累计摊销”科目）；按照支付的补价和置换过程中发生的其他相关支出，贷记“银行存款”等科目；按照借贷方差额，借记“资产处置费用”科目或贷记“其他收入”科目。

②收到补价的，按照确定的成本，借记本科目；按照收到的补价，借记“银行存款”等科目；按照换出资产的账面余额，贷记相关资产科目（换出资产为固定资产、无形资产的，还应当借记“固定资产累计折旧”“无形资产累计摊销”科目）；按照置换过程中发生的其他相关支出，贷记“银行存款”等科目；按照补价扣减其他相关支出后的净收入，贷记“应缴财政款”科目；按照借贷方差额，借记“资产处置费用”科目或贷记“其他收入”科目。

2. 库存物品在发出时分情况进行账务处理

（1）单位开展业务活动等领用、按照规定自主出售发出或加工发出库存物品时，按照领用、出售等发出物品的实际成本，借记“业务活动费用”“单位管理费用”“经营费用”“加工物品”等科目，贷记本科目。

（2）经批准对外出售的库存物品（不含可自主出售的库存物品）发出时，按照库存物品的账面余额，借记“资产处置费用”科目，贷记本科目；同时，按照收到的价款，借记“银行存款”等科目，按照处置过程中发生的相关费用，贷记“银行存款”等科目，按照其差额，贷记“应缴财政款”科目。

（3）经批准对外捐赠的库存物品发出时，按照库存物品的账面余额和对外捐赠过程中发生的归属于捐出方的相关费用的合计数，借记“资产处置费用”科目；按照库存物品账面余额，贷记本科目；按照对外捐赠过程中发生的归属于捐出方的相关费用，贷记“银行存款”等科目。

（4）经批准无偿调出的库存物品发出时，按照库存物品的账面余额，借记“无偿调拨净资产”科目，贷记本科目；同时，按照无偿调出过程中发生的归属于调出方的相关费用，借记“资产处置费用”科目，贷记“银行存款”等科目。

（5）经批准置换换出的库存物品，参照有关置换换入库存物品的规定进行账务处理。

3. 库存物品的清查、盘点

单位应当定期对库存物品进行清查、盘点，每年至少盘点一次。对于发生的库存物品盘盈、盘亏或者报废、毁损，应当先记入“待处理财产损溢”科目，按照规定报经批准后及时进行后续账务处理。

（1）盘盈的库存物品，其成本按照有关凭据注明的金额确定；没有相关凭据，但按照规定经过资产评估的，其成本按照评估价值确定；没有相关凭据，也未经过资产评估的，其成本按照重置成本确定。如无法采用上述方法确定盘盈的库存物品的成本，按照名义金额入账。盘盈的库存物品，按照确定的入账成本，借记本科目，贷记“待处理财产损溢”科目。

（2）盘亏或者毁损、报废库存物品时，按照待处理库存物品的账面余额，借记“待处理财产损溢”科目，贷记本科目。属于增值税一般纳税人的单位，若因非正常原因导致库存物品盘亏或毁损、报废，还应当将与该库存物品相关的增值税进项税额转出，按照其增值税进项税额，借记“待处理财产损溢”科目，贷记“应交增值税——应交税金（进项税额转出）”科目。

在事业单位会计实务中，库存物品的主要账务处理见表 2-16。

表 2-16　　库存物品的主要账务处理

序号	业务		财务会计处理	预算会计处理
（1）	取得库存物品	外购的库存物品验收入库	借：库存物品 贷：财政拨款收入 / 零余额账户用款额度 / 银行存款 / 应付账款等	借：事业支出 / 经营支出等 贷：财政拨款预算收入 / 资金结存
		自制的库存物品加工完成、验收入库	借：库存物品——相关明细科目 贷：加工物品——自制物品	—
		委托外单位加工收回的库存物品	借：库存物品——相关明细科目 贷：加工物品——委托加工物品	—
		置换换入的库存物品	借：库存物品 [换出资产评估价值 + 其他相关支出] 固定资产累计折旧 / 无形资产累计摊销 资产处置费用 [借差] 贷：库存物品 / 固定资产 / 无形资产等 [账面余额] 银行存款等 [其他相关支出] 其他收入 [贷差]	借：其他支出 [实际支付的其他相关支出] 贷：资金结存

续表

序号	业务		财务会计处理	预算会计处理
（1）	取得库存物品	涉及补价的： ①支付补价的	借：库存物品［换出资产评估价值＋其他相关支出＋补价］ 固定资产累计折旧／无形资产累计摊销 资产处置费用［借差］ 贷：库存物品／固定资产／无形资产等［账面余额］ 银行存款等［其他相关支出＋补价］ 其他收入［贷差］	借：其他支出［实际支付的补价和其他相关支出］ 贷：资金结存
		②收到补价的	借：库存物品［换出资产评估价值＋其他相关支出－补价］ 银行存款等［补价］ 固定资产累计折旧／无形资产累计摊销 资产处置费用［借差］ 贷：库存物品／固定资产／无形资产等［账面余额］ 银行存款等［其他相关支出］ 应缴财政款［补价－其他相关支出］ 其他收入［贷差］	借：其他支出［其他相关支出大于收到的补价的差额］ 贷：资金结存
		接受捐赠的库存物品	借：库存物品［按照确定的成本］ 贷：银行存款等［相关税费、运输费］ 捐赠收入	借：其他支出［实际支付的相关税费］ 贷：资金结存
		无偿调入的库存物品	借：库存物品［按照确定的成本］ 贷：银行存款等［相关税费、运输费］ 无偿调拨净资产	借：其他支出［实际支付的相关税费］ 贷：资金结存
（2）	发出库存物品	开展业务活动、按照规定自主出售或加工物品等领用、发出库存物品时	借：业务活动费用／单位管理费用／经营费用／加工物品等 贷：库存物品［按照领用、发出成本］	—

续表

序号	业务		财务会计处理	预算会计处理
（2）	发出库存物品	经批准对外捐赠的库存物品发出时	借：资产处置费用 　贷：库存物品 [账面余额] 　　银行存款 [归属于捐出方的相关费用]	借：其他支出 [实际支付的相关费用] 　贷：资金结存
		经批准无偿调出的库存物品发出时	借：无偿调拨净资产 　贷：库存物品 [账面余额] 借：资产处置费用 　贷：银行存款等 [归属于调出方的相关费用]	借：其他支出 [实际支付的相关费用] 　贷：资金结存
		经批准对外出售 [自主出售除外] 的库存物品发出时	借：资产处置费用 　贷：库存物品 [账面余额] 借：银行存款等 [收到的价款] 　贷：银行存款等 [发生的相关税费] 　　应缴财政款	—
		经批准置换换出库存物品	参照置换换入库存物品的处理	
（3）	库存物品的盘盈、盘亏及毁损、报废	盘盈的库存物品	借：库存物品 　贷：待处理财产损溢	—
		盘亏或者毁损、报废的库存物品转入待处理资产	借：待处理财产损溢 　贷：库存物品 [账面余额]	—
		增值税一般纳税人购进的非自用材料发生盘亏或者毁损、报废的	借：待处理财产损溢 　贷：应交增值税——应交税金(进项税额转出)	—

2.17.4　案例分析

【例 2–34】某事业单位购入材料 80 000 元，当日收到材料并验收合格入库，若价款使用财政授权支付方式支付，则账务处理如下。

财务会计：

借：库存物品　　80 000

　　贷：零余额账户用款额度　　80 000

预算会计：

借：事业支出　　80 000

　　贷：资金结存——零余额账户用款额度　　80 000

【例 2-35】某事业单位向下级无偿调出库存物品一批，发票上注明价款共计 100 000 元，并用银行存款支付相关费用 2 000 元。账务处理如下。

财务会计：

借：无偿调拨净资产　　100 000

　　贷：库存物品　　100 000

借：资产处置费用　　2 000

　　贷：银行存款　　2 000

预算会计：

借：其他支出　　2 000

　　贷：资金结存——货币资金　　2 000

【例 2-36】某事业单位经批准将一批材料出售（非自主出售），材料成本为 50 000 元，售价为 60 000 元。账务处理如下。

借：资产处置费用　　50 000

　　贷：库存物品　　50 000

借：银行存款　　60 000

　　贷：应缴财政款　　60 000

2.18 长期股权投资

2.18.1 业务简介

在事业单位会计实务中，“长期股权投资”科目用于核算事业单位按照规定取得的，持有时间超过 1 年（不含 1 年）的股权性质的投资。

2.18.2　长期股权投资的确认与计量

1. 长期股权投资的确认

在事业单位会计实务中，长期股权投资是指事业单位取得的除短期投资以外的债权和股权性质的投资。

2. 长期股权投资的初始计量

在取得长期股权投资时，事业单位应当将其实际成本作为初始投资成本。

（1）以支付现金取得的长期股权投资的实际成本为实际支付的全部价款（包括购买价款和相关税费）。

实际支付价款中包含的已宣告但尚未发放的现金股利，应当单独确认为应收股利，不计入长期股权投资初始投资成本。

（2）以现金以外的其他资产置换取得的长期股权投资，其成本按照换出资产的评估价值加上支付的补价或减去收到的补价，加上换入长期股权投资发生的其他相关支出确定。

（3）接受捐赠的长期股权投资，其成本有以下 3 种计量方式：

①按照有关凭据注明的金额加上相关税费确定；

②没有相关凭据可供取得，但按规定经过资产评估的，其成本按照评估价值加上相关税费确定；

③没有相关凭据可供取得，也未经资产评估的，其成本比照同类或类似资产的市场价格加上相关税费确定。

（4）无偿调入的长期股权投资，其成本按照调出方账面价值加上相关税费确定。

3. 长期股权投资的后续计量

在持有长期股权投资期间，事业单位根据对被投资单位的影响程度进行划分，应当分别采用成本法及权益法进行核算。

成本法，是指投资按照投资成本计量的方法。

权益法，是指投资最初以投资成本计量，在持有期间，事业单位按应享有（分担）被投资单位所有者权益的变动份额对投资的账面余额进行调整的方法。

（1）在成本法下，长期股权投资的账面余额通常保持不变，但追加或收回投资时，应当相应调整其账面余额。长期股权投资持有期间，对于被投资单位宣告分派的现金股利或利润，事业单位应当按照宣告分派的现金股利或利润中自身应享有的份额确认为投资收益。

（2）在权益法下，事业单位取得长期股权投资后，对于被投资单位所有者权益的变动，应当按照下列规定进行处理。

①按照应分担或应享有的被投资单位实现的净损益的份额，确认为投资损益，同时调整长期股权投资的账面余额。

②按照被投资单位宣告分派的现金股利或利润计算应享有的份额，确认为应收股利，同时减少长期股权投资的账面余额。

③按照被投资单位除净损益和利润分配以外的所有者权益变动的份额，确认为净资产，同时调整长期股权投资的账面余额。

④事业单位确认被投资单位发生的净亏损，应当以长期股权投资的账面余额减计至零为限，事业单位负有承担额外损失义务的除外。被投资单位发生净亏损，但以后年度又实现净利润的，事业单位应当在其收益分享额弥补未确认的亏损分担额等后，恢复确认投资收益。

（3）权益法改为成本法：事业单位因处置部分长期股权投资等原因无权再决定被投资单位的财务和经营政策或者参与被投资单位的财务和经营政策决策的，应当对处置后的剩余股权投资改按成本法核算，并以该剩余股权投资在权益法下的账面余额作为按照成本法核算的初始投资成本。其后被投资单位宣告分派现金股利或利润时，属于已计入投资账面余额的部分作为成本法下长期股权投资成本的收回，冲减长期股权投资的账面余额。

（4）成本法改为权益法：事业单位因追加投资等原因对长期股权投资的核算从成本法改为权益法的，应当自有权决定被投资单位的财务和经营政策或者参与被投资单位的财务和经营政策决策时，按成本法下长期股权投资的账面余额加上追加投资的成本作为按照权益法核算的初始投资成本。

（5）处置长期股权投资：事业单位按规定报经批准处置长期股权投资，应当冲减长期股权投资的账面余额，并按规定将处置价款扣除相关税费后的余额做应缴款项处理，或者按规定将处置价款扣除相关税费后的余额与长期股权投资账面余额的差额计入当期投资损益。采用权益法核算的长期股权投资，因被投资单位除净损益和利润分配以外的所有者权益变动而将应享有的份额计入净资产的，处置该项投资时，还应当将原计入净资产的相应部分转入当期投资损益。

2.18.3　账务处理

在财务会计中，与“长期股权投资”科目有关的账务处理如下。

1．在取得时，将实际成本作为初始投资成本

（1）以现金取得的长期股权投资，按照确定的投资成本，借记本科目或本科目（成本）；按照支付的价款中包含的已宣告但尚未发放的现金股利，借记“应收股利”科目；按照实际支付的全部价款，贷记“银行存款”等科目。

实际收到取得投资时所支付的价款中包含的已宣告但尚未发放的现金股利时，借记“银行存款”科目，贷记“应收股利”科目。

（2）以现金以外的其他资产置换取得的长期股权投资，参照“库存物品”科目中置换取得库存物品的相关规定进行账务处理。

（3）以未入账的无形资产取得的长期股权投资，按照评估价值加相关税费作为投资成本，借记本科目；按照发生的相关税费，贷记“银行存款”“其他应交税费”等科目；按其差额，贷记“其他收入”科目。

（4）接受捐赠的长期股权投资，按照确定的投资成本，借记本科目或本科目（成本）；按照发生的相关税费，贷记“银行存款”等科目；按照其差额，贷记“捐赠收入”科目。

（5）无偿调入的长期股权投资，按照确定的投资成本，借记本科目或本科目（成本）；按照发生的相关税费，贷记“银行存款”等科目；按照其差额，贷记“无偿调拨净资产”科目。

2．持有期间，应当按照规定采用成本法或权益法进行核算

（1）采用成本法核算。

被投资单位宣告发放现金股利或利润时，按照应收的金额，借记“应收股利”科目，贷记“投资收益”科目。收到现金股利或利润时，按照实际收到的金额，借记“银行存款”等科目，贷记“应收股利”科目。

（2）采用权益法核算。

①被投资单位实现净利润的，按照应享有的份额，借记本科目（损益调整），贷记“投资收益”科目。被投资单位发生净亏损的，按照应分担的份额，借记“投资收益”科目，贷记本科目（损益调整），但以本科目的账面余额减计至零为限。发生亏损的被投资单位以后年度又实现净利润的，按照收益分享额弥补未确认的亏损分担额等后的金额，借记本科目（损益调整），贷记“投资收益”科目。

②被投资单位宣告分派现金股利或利润的，按照应享有的份额，借记“应

收股利”科目，贷记本科目（损益调整）。

③被投资单位发生除净损益和利润分配以外的所有者权益变动的，按照应享有或应分担的份额，贷记或借记“权益法调整”科目，借记或贷记本科目（其他权益变动）。

（3）成本法与权益法的转换。

①单位因处置部分长期股权投资等原因而对处置后的剩余股权投资由权益法改按成本法核算的，应当将权益法下本科目的账面余额作为成本法下本科目的账面余额（成本）。

②单位因追加投资等原因对长期股权投资的核算从成本法改为权益法的，应当按照成本法下本科目的账面余额与追加投资成本的合计金额，借记本科目（成本）；按照成本法下本科目的账面余额，贷记本科目；按照追加投资的成本，贷记“银行存款”等科目。

3. 按照规定报经批准后处置长期股权投资

（1）按照规定报经批准后出售（转让）长期股权投资时，应当区分长期股权投资取得方式分别进行处理。

①处置以现金取得的长期股权投资时，按照实际取得的价款，借记“银行存款”等科目；按照被处置长期股权投资的账面余额，贷记本科目；按照尚未领取的现金股利或利润，贷记“应收股利”科目；按照发生的相关税费等支出，贷记“银行存款”等科目；按照借贷方差额，借记或贷记“投资收益”科目。

②处置以现金以外的其他资产取得的长期股权投资时，按照被处置长期股权投资的账面余额，借记“资产处置费用”科目，贷记本科目；同时，按照实际取得的价款，借记“银行存款”等科目；按照尚未领取的现金股利或利润，贷记“应收股利”科目；按照发生的相关税费等支出，贷记“银行存款”等科目；按照贷方差额，贷记“应缴财政款”科目。按照规定将处置时取得的投资收益纳入本单位预算管理的，应当按照所取得价款大于被处置的长期股权投资的账面余额、应收股利的账面余额和相关税费支出合计的差额，贷记“投资收益”科目。

（2）因被投资单位破产清算等原因，有确凿证据表明长期股权投资发生损失，按照规定报经批准后予以核销时，按照予以核销的长期股权投资的账面余额，借记“资产处置费用”科目，贷记本科目。

（3）报经批准后置换转出长期股权投资时，参照“库存物品”科目中置换换入库存物品的规定进行账务处理。

（4）采用权益法核算的长期股权投资的处置，除进行上述账务处理外，还应结转原直接计入净资产的相关金额，借记或贷记“权益法调整”科目，贷记或借记“投资收益”科目。

在事业单位会计实务中，长期股权投资的主要账务处理见表 2-17。

表 2-17　长期股权投资的主要账务处理

<table>
<tr><th>序号</th><th colspan="3">业务</th><th>财务会计处理</th><th>预算会计处理</th></tr>
<tr><td rowspan="6">（1）</td><td rowspan="6">取得长期股权投资</td><td colspan="2">以现金取得的长期股权投资</td><td>借：长期股权投资——成本 / 长期股权投资
应收股利 [实际支付价款中包含的已宣告但尚未发放的股利或利润]
贷：银行存款等 [实际支付的价款]</td><td>借：投资支出 [实际支付的价款]
贷：资金结存——货币资金</td></tr>
<tr><td colspan="2">收到取得投资时实际支付价款中所包含的已宣告但尚未发放的股利或利润时</td><td>借：银行存款
贷：应收股利</td><td>借：资金结存——货币资金
贷：投资支出等</td></tr>
<tr><td colspan="2">以现金以外的其他资产置换取得长期股权投资</td><td colspan="2">参照“库存物品”科目中置换取得库存物品的账务处理</td></tr>
<tr><td colspan="2">以未入账的无形资产取得的长期股权投资</td><td>借：长期股权投资
贷：银行存款 / 其他应交税费
其他收入</td><td>借：其他支出 [支付的相关税费]
贷：资金结存</td></tr>
<tr><td colspan="2">接受捐赠的长期股权投资</td><td>借：长期股权投资 / 成本 / 长期股权投资
贷：银行存款等 [相关税费]
捐赠收入</td><td>借：其他支出 [支付的相关税费]
贷：资金结存</td></tr>
<tr><td colspan="2">无偿调入的长期股权投资</td><td>借：长期股权投资 / 长期股权投资——成本
贷：无偿调拨净资产
银行存款等 [相关税费]</td><td>借：其他支出 [支付的相关税费]
贷：资金结存</td></tr>
<tr><td rowspan="2">（2）</td><td rowspan="2">持有长期股权投资期间</td><td rowspan="2">成本法下</td><td>被投资单位宣告发放现金股利或利润时</td><td>借：应收股利
贷：投资收益</td><td>—</td></tr>
<tr><td>收到被投资单位发放的现金股利时</td><td>借：银行存款等
贷：应收股利</td><td>借：资金结存——货币资金
贷：投资预算收益</td></tr>
</table>

续表

序号	业务			财务会计处理	预算会计处理
（2）	持有长期股权投资期间	权益法下	被投资单位实现净利润的，按照其份额	借：长期股权投资——损益调整 贷：投资收益	—
			被投资单位发生净亏损的，按照其份额	借：投资收益 贷：长期股权投资——损益调整	—
			被投资单位发生净亏损，但以后年度又实现净利润的，按规定恢复确认投资收益的	借：长期股权投资——损益调整 贷：投资收益	—
			被投资单位宣告发放现金股利或利润的，按照其份额	借：应收股利 贷：长期股权投资——损益调整	—
			被投资单位除净损益和利润分配以外的所有者权益变动时，按照其份额	借：长期股权投资——其他权益变动 贷：权益法调整 或： 借：权益法调整 贷：长期股权投资——其他权益变动	—
			权益法下收到被投资单位发放的现金股利	借：银行存款 贷：应收股利	借：资金结存——货币资金 贷：投资预算收益
		追加投资，成本法改为权益法		借：长期股权投资——成本 贷：长期股权投资［成本法下账面余额］ 银行存款等［追加投资］	借：投资支出［实际支付的金额］ 贷：资金结存——货币资金
		权益法改为成本法		借：长期股权投资 贷：长期股权投资——成本 长期股权投资——损益调整 长期股权投资——其他权益变动	—

续表

序号	业务			财务会计处理	预算会计处理
（3）	出售（转让）长期股权投资	处置以现金取得的长期股权投资		借：银行存款 [实际取得价款] 投资收益 [借差] 贷：长期股权投资 [账面余额] 应收股利 [尚未领取的现金股利或利润] 银行存款等 [支付的相关税费] 投资收益 [贷差]	借：资金结存——货币资金 [取得价款扣减支付的相关税费后的金额] 贷：投资支出 / 其他结余 [投资款] 投资预算收益
		处置以现金以外的其他资产取得的长期股权投资	处置净收入上缴财政的	借：资产处置费用 贷：长期股权投资 借：银行存款 [实际取得价款] 贷：应收股利 [尚未领取的现金股利或利润] 银行存款等 [支付的相关税费] 应缴财政款	借：资金结存——货币资金 贷：投资预算收益 [获得的现金股利或利润]
			按照规定投资收益纳入单位预算管理的	借：资产处置费用 贷：长期股权投资 借：银行存款 [实际取得价款] 贷：应收股利 [尚未领取的现金股利或利润] 银行存款等 [支付的相关税费] 投资收益 [取得价款扣减投资账面余额、应收股利和相关税费后的差额] 应缴财政款 [贷差]	借：资金结存——货币资金 [取得价款扣减投资账面余额和相关税费后的差额] 贷：投资预算收益
（4）	其他方式处置长期股权投资	按照规定核销时		借：资产处置费用 贷：长期股权投资 [账面余额]	—
		置换转出时		参照“库存物品”科目中置换取得库存物品的账务处理	
（5）	权益法下，处置时结转原直接计入净资产的相关金额			借：权益法调整 贷：投资收益 或做相反分录	—

2.18.4 案例分析

1. 成本法下

【例 2-37】2×19 年 1 月 20 日，某事业单位以 1 500 万元购入甲公司 80% 的股权。该事业单位取得该部分股权后，有权力主导甲公司的相关活动并获得可变回报。2×19 年 6 月 30 日，在甲公司宣告分派现金股利时，该事业单位按照其持有比例确定可获得 20 万元的股利。2×19 年 7 月 30 日，该事业单位收到现金股利。该事业单位的账务处理如下。

（1）2×19 年 1 月 20 日，购入股权时。

财务会计：

借：长期股权投资　　15 000 000

　　贷：银行存款　　15 000 000

预算会计：

借：投资支出　　15 000 000

　　贷：资金结存——货币资金　　15 000 000

（2）2×19 年 6 月 30 日，甲公司宣告分派股利时。

借：应收股利　　200 000

　　贷：投资收益　　200 000

（3）2×19 年 7 月 30 日，收到现金股利时。

财务会计：

借：银行存款　　200 000

　　贷：应收股利　　200 000

预算会计：

借：资金结存——货币资金　　200 000

　　贷：投资预算收益　　200 000

2. 权益法下

【例 2-38】某事业单位于 2×19 年 1 月 1 日取得 A 公司 30% 的股权。2×19 年，A 公司实现净利润 8 000 000 元。该事业单位的账务处理如下。

借：长期股权投资——损益调整　　2 400 000

　　贷：投资收益　　2 400 000

【例 2–39】在 A 公司于 2×20 年 3 月 1 日宣告发放现金股利时，某事业单位按其持股比例计算确定可分得 30 000 元。2×20 年 6 月 1 日，A 公司支付现金股利。该事业单位的账务处理如下。

（1）2×20 年 3 月 1 日，宣告发放现金股利时。

借：应收股利　　30 000

　　贷：长期股权投资——损益调整　　30 000

（2）2×20 年 6 月 1 日，收到现金股利时。

财务会计：

借：银行存款　　30 000

　　贷：应收股利　　30 000

预算会计：

借：资金结存——货币资金　　30 000

　　贷：投资预算收益　　30 000

3．追加投资成本法改为权益法

【例 2–40】A 事业单位于 2×18 年 1 月 2 日取得 B 公司 10% 的股权，成本为 3 000 000 元，因对被投资单位不具有重大影响且无法可靠确定该项投资的公允价值，A 事业单位对其采用成本法核算。A 事业单位按照净利润的 10% 提取盈余公积。

2×19 年 1 月 2 日，A 事业单位又以 6 000 000 元取得 B 公司 12% 的股权。当日 A 事业单位之前对 B 公司的长期股权投资账面价值为 4 000 000 元。

2×19 年 1 月 2 日，A 事业单位的账务处理如下。

财务会计：

借：长期股权投资——B 公司——成本　　10 000 000

　　贷：长期股权投资　　4 000 000

　　　　银行存款　　6 000 000

预算会计：

借：投资支出　　6 000 000

　　贷：资金结存——货币资金　　6 000 000

4．权益法改为成本法

【例 2–41】甲事业单位持有乙公司 30% 的有表决权的股份，能够对乙公司的生产经营决策施加重大影响。甲事业单位对该项投资采用权益法核算。2×19 年 10 月，甲事业单位将该项投资中的 50% 对外出售。出售以后，甲事业单位无法再对乙公司施加重大影响，且该项投资不存在活跃市场，公允价值无法可靠确定。于是，甲事业单位转为采用成本法核算。出售时，该项长期股权投资的账面价值为16 000 000元，其中，投资成本为13 000 000元，损益调整为2 000 000元，其他权益变动为1 000 000元。与处置后剩余部分的投资相关的账务处理如下。

借：长期股权投资　　8 000 000

　贷：长期股权投资——乙公司——成本　　6 500 000

　　长期股权投资——乙公司——损益调整　　1 000 000

　　长期股权投资——乙公司——其他权益变动　　500 000

5. 出售（转让）长期股权投资

【例2-42】2×19年2月1日，某事业单位向外转让某项长期股权投资。该长期股权投资的原始投资额为60 000元，现在账面余额为70 000元，转让价格为71 000元，转让过程中共发生税费8 000元。该事业单位的账务处理如下。

财务会计：

借：银行存款　　71 000

　投资收益　　7 000

　贷：长期股权投资　　70 000

　　银行存款　　8 000

预算会计：

借：资金结存——货币资金　　63 000

　贷：投资支出　　60 000

　　投资预算收益　　3 000

6. 其他方式处置长期股权投资

【例2-43】某事业单位持有对其他公司的长期股权投资，账面价值为50 000元。2×19年12月31日，该公司破产清算，长期股权投资发生损失。该事业单位将待核销长期股权投资转入待处置资产。账务处理如下。

借：资产处置费用　　50 000

　贷：长期股权投资　　50 000

2.19　长期债券投资

2.19.1　业务简介

在事业单位会计实务中，长期债券投资是指事业单位购入的在 1 年以上（不含 1 年）不能变现或不准备随时变现的国债等债券性质的投资。

2.19.2　长期债券投资的确认与计量

（1）长期债券投资的初始计量：在取得时，应当将实际成本作为初始投资成本。实际支付价款中包含的已到付息期但尚未领取的债券利息，应当单独确认为应收利息，不计入长期债券投资初始投资成本。

（2）长期债券投资的后续计量：持有期间，应当按期以票面金额与票面利率计算确认利息收入。对于分期付息、一次还本的长期债券投资，应当将计算确定的应收未收利息确认为应收利息，计入投资收益；对于一次还本付息的长期债券投资，应当将计算确定的应收未收利息计入投资收益，并增加长期债券投资的账面余额。事业单位按规定出售或到期收回长期债券投资，应当将实际收到的价款扣除长期债券投资账面余额和相关税费后的差额计入投资损益。

2.19.3　账务处理

在财务会计中，与“长期债券投资”科目有关的账务处理如下。

（1）取得时，应当将实际成本作为投资成本。取得长期债券投资时，按照确定的投资成本，借记本科目（成本）；按照支付的价款中包含的已到付息期但尚未领取的利息，借记“应收利息”科目；按照实际支付的金额，贷记“银行存款”等科目。

实际收到取得债券时所支付价款中包含的已到付息期但尚未领取的利息时，借记“银行存款”科目，贷记“应收利息”科目。

（2）持有长期债券投资期间，按期以债券票面金额与票面利率计算确认利息收入时，如为到期一次还本付息的债券投资，借记本科目（应计利息），贷记“投资收益”科目；如为分期付息、到期一次还本的债券投资，借记“应收利息”科目，贷记“投资收益”科目。

收到分期支付的利息时，按照实收的金额，借记“银行存款”等科目，贷记“应收利息”科目。

（3）到期收回长期债券投资，按照实际收到的金额，借记“银行存款”科目；按照长期债券投资的账面余额，贷记本科目；按照相关应收利息金额，贷记“应收利息”科目；按照其差额，贷记“投资收益”科目。

（4）对外出售长期债券投资时，按照实际收到的金额，借记“银行存款”科目；按照长期债券投资的账面余额，贷记本科目；按照已记入“应收利息”科目但尚未收取的金额，贷记“应收利息”科目；按照其差额，贷记或借记“投资收益”科目。涉及增值税业务的，相关账务处理参见“应交增值税”科目。

在事业单位会计实务中，长期债券投资的主要账务处理见表 2-18。

表 2-18　长期债券投资的主要账务处理

序号	业务		财务会计处理	预算会计处理
（1）	取得长期债券投资	取得长期债券投资时	借：长期债券投资——成本 应收利息［实际支付价款中包含的已到付息期但尚未领取的利息］ 贷：银行存款等［实际支付价款］	借：投资支出［实际支付价款］ 贷：资金结存——货币资金
		收到取得投资所支付价款中包含的已到付息期但尚未领取的利息时	借：银行存款 贷：应收利息	借：资金结存——货币资金 贷：投资支出等
（2）	持有长期债券投资期间	按期以票面金额与票面利率计算确认利息收入时	借：应收利息［分期付息、到期一次还本］/ 长期债券投资——应计利息［到期一次还本付息］ 贷：投资收益	—
		实际收到分期支付的利息时	借：银行存款等 贷：应收利息	借：资金结存——货币资金 贷：投资预算收益
（3）	到期收回长期债券投资本息		借：银行存款等 贷：长期债券投资［账面余额］/ 应收利息 投资收益	借：资金结存——货币资金 贷：投资支出 / 其他结余［投资成本］ 投资预算收益

续表

序号	业务	财务会计处理	预算会计处理
（4）	对外出售长期债券投资	借：银行存款等［实际收到的款项］ 投资收益［借差］ 贷：长期债券投资[账面余额] 应收利息 投资收益［贷差］	借：资金结存——货币资金 贷：投资支出 / 其他结余［投资成本］ 投资预算收益

2.19.4　案例分析

【例 2-44】某事业单位在 2×19 年 1 月 1 日取得长期债券投资，支付对价 70 000 元。账务处理如下。

财务会计：

借：长期债券投资——成本　　70 000

　贷：银行存款　　70 000

预算会计：

借：投资支出　　70 000

　贷：资金结存——货币资金　　70 000

【例 2-45】某事业单位在 2×19 年 12 月 31 日将持有的长期债券投资卖出，收到金额 100 000 元，款项存入银行账户。已知长期债券投资的账面余额为 95 000 元。账务处理如下。

财务会计：

借：银行存款　　100 000

　贷：长期债券投资　　95 000

　　投资收益　　5 000

预算会计：

借：资金结存——货币资金　　100 000

　贷：其他结余　　95 000

　　投资预算收益　　5 000

【例 2-46】某事业单位于 2×20 年 2 月 1 日向外转让其持有的长期债券投资，

转让价格为 71 000 元，此时该项长期债券投资的账面余额为 70 000 元。账务处理如下。

财务会计：

借：银行存款　　71 000

　　贷：长期债券投资　　70 000

　　　　投资收益　　1 000

预算会计：

借：资金结存——货币资金　　71 000

　　贷：投资支出　　70 000

　　　　投资预算收益　　1 000

2.20 固定资产

固定资产是指单位价值在规定标准以上、使用期限在 1 年以上（不含 1 年），并在使用过程中基本保持原来物质形态的资产。

2.20.1 业务简介

1. 固定资产的分类

事业单位的固定资产一般分为 6 类：房屋及构筑物；专用设备；通用设备；文物和陈列品；图书、档案；家具、用具、装具及动植物。

房屋及构筑物，是指单位自有的各种办公用房屋、生活用房屋、围墙、水塔、仓库以及与此相联系的不可分割的附属设备等。专用设备包括各种仪器和机器设备、医疗器械、交通运输工具、文体事业单位的文体设备等。通用设备包括装具、办公与事务用的家具设备等。文物及陈列品包括博物馆、展览馆、陈列馆和文化馆等的文物及陈列品。图书包括专业图书馆的图书和事业单位的技术图书等。其他固定资产指不包括在以上各类，但又符合固定资产标准的其他各项资产。

2. 固定资产的计价

为了正确反映固定资产价值的增减变动，应按一定标准对固定资产进行计价。固定资产的计价标准有以下 3 种。

（1）原始价值。原始价值又称原价，是指事业单位在购建某项全新的固定资产时支出的货币总额。固定资产原价一经确定，没有特殊原因不得任意变动。

（2）重置完全价值。重置完全价值又称重置价值，是指事业单位在当前情况下，重新购建同样的全新固定资产所需要的全部支出。固定资产重置完全价值确定以后，视同固定资产原价进行核算。

（3）折余价值。折余价值又称净值，是指固定资产原价减去已提折旧额后的余额。原会计制度没有要求事业单位核算固定资产折旧，但有些事业单位为了加强内部管理，设置了“累计折旧”科目，导致出现了固定资产的折余价值。

2.20.2　固定资产的折旧

固定资产的折旧应当遵循以下原则。

第一，折旧是指在固定资产的预计使用年限内，按照确定的方法对应计的折旧额进行系统分摊。固定资产应计提的折旧额为其成本，计提折旧不考虑预计净残值。

第二，不计提折旧的固定资产：文物和陈列品；动植物；图书、档案；单独计价入账的土地；以名义金额计量的固定资产。另外，已提足折旧的固定资产和提前报废的固定资产，也不再计提折旧。

第三，暂估入账的固定资产计提折旧，实际成本确定后不需调整原已计提的折旧额。因改、扩建或修缮等原因而延长其使用年限的，应当按照重新确定的固定资产的成本以及重新确定的折旧年限计算折旧额。

第四，折旧方法：一般应当采用年限平均法或者工作量法计提固定资产折旧。

（1）年限平均法也称为直线法，是指将固定资产的应折旧金额按均等的数额在其预计使用期内分配于每一会计期间的一种方法。采用年限平均法，固定资产的折旧费可以均衡地摊配于其使用年限内的各个期间。年限平均法是会计实务中常见的折旧计算方法。在年限平均法下，固定资产折旧额的计算公式如下。

固定资产年折旧额 = 应折旧金额（成本）÷ 预计使用年限

固定资产月折旧额 = 固定资产年折旧额 ÷12

（2）工作量法是按照固定资产实际完成的工作总量计算折旧的一种方法。

采用这种方法时，每期计提的折旧随当期固定资产提供工作量的多少而变动，例如，按照车辆行驶的里程数来分摊车辆在使用年限内的折旧数额。采用工作量法计提折旧时，应先以固定资产在使用年限内预计总工作量（如总工作时数或总产量）去除应计折旧总额，算出每一工作量应分摊的折旧额，然后乘以当期的实际工作量，求出该期应计提的折旧额。计算公式如下。

单位折旧额 = 固定资产原值 ÷ 预计总工作量

当期折旧额 = 当期工作量 × 单位折旧额

第五，折旧年限。应当根据相关规定以及固定资产的性质和使用情况，合理确定固定资产的使用年限。事业单位确定固定资产使用年限，应当考虑下列因素：

（1）预计实现服务潜力或提供经济利益的期限；

（2）预计有形损耗和无形损耗；

（3）法律或者类似规定对资产使用的限制。

事业单位在遵循上述规定的固定资产折旧年限的情况下，可以根据实际需要进一步细化相关固定资产的类别，具体确定各类固定资产的折旧年限，并报财政部审核批准。

第六，固定资产的折旧年限和折旧方法，一经确定，不得随意变更。

第七，折旧计提时点：当月增加的固定资产，当月开始计提折旧；当月减少的固定资产，当月不再计提折旧。

第八，单位计提融资租入固定资产折旧时，应当采用与自有固定资产相一致的折旧政策。能够合理确定租赁期届满时将会取得租入固定资产的所有权的，应当在租入固定资产尚可使用年限内计提折旧；无法合理确定租赁期届满时能够取得租入固定资产所有权的，应当在租赁期与租入固定资产尚可使用年限两者中较短的期间内计提折旧。

2.20.3 账务处理

在财务会计中，与“固定资产”科目相关的账务处理如下。

1. 在取得时，应当按照成本进行初始计量

（1）购入不需安装的固定资产验收合格时，按照确定的固定资产成本，借记本科目，贷记“财政拨款收入”“零余额账户用款额度”“应付账款”“银行存款”等科目。

购入需要安装的固定资产时，在安装完毕交付使用前通过“在建工程”科目核算，安装完毕交付使用时再转入本科目。

购入固定资产扣留质量保证金的，应当在取得固定资产时，按照确定的固定资产成本，借记本科目 [不需安装] 或“在建工程”科目 [需要安装]；按照实际支付或应付的金额，贷记“财政拨款收入”、“零余额账户用款额度”、“应付账款” [不含质量保证金]、“银行存款”等科目；按照扣留的质量保证金数额，贷记“其他应付款” [扣留期在 1 年以内（含 1 年）] 或“长期应付款” [扣留期超过 1 年] 科目。

质保期满支付质量保证金时，借记“其他应付款”“长期应付款”科目，贷记“财政拨款收入”“零余额账户用款额度”“银行存款”等科目。

（2）自行建造的固定资产交付使用时，按照在建工程的成本，借记本科目，贷记“在建工程”科目。

已交付使用但尚未办理竣工决算手续的固定资产，按照估计价值入账，待办理竣工决算后再按照实际成本调整原来的暂估价值。

（3）融资租赁取得的固定资产，其成本按照租赁协议或者合同确定的租赁价款、相关税费以及固定资产交付使用前所发生的可归属于该项资产的运输费、途中保险费、安装调试费等确定。

融资租入的固定资产，按照确定的成本，借记本科目 [不需安装] 或“在建工程”科目 [需安装]；按照租赁协议或者合同确定的租赁付款额，贷记“长期应付款”科目；按照支付的运输费、途中保险费、安装调试费等金额，贷记“财政拨款收入”“零余额账户用款额度”“银行存款”等科目。

定期支付租金时，按照实际支付的金额，借记“长期应付款”科目，贷记“财政拨款收入”“零余额账户用款额度”“银行存款”等科目。

（4）按照规定跨年度分期付款购入固定资产的账务处理参照融资租入固定资产。

（5）接受捐赠的固定资产时，按照确定的固定资产成本，借记本科目 [不需安装] 或“在建工程”科目 [需安装]；按照发生的相关税费、运输费等，贷记“零余额账户用款额度”“银行存款”等科目；按照其差额，贷记“捐赠收入”科目。

接受捐赠的固定资产按照名义金额入账的，按照名义金额，借记本科目，贷记“捐赠收入”科目；按照发生的相关税费、运输费等，借记“其他费用”

科目，贷记“零余额账户用款额度”“银行存款”等科目。

（6）无偿调入固定资产时，按照确定的固定资产成本，借记本科目[不需安装]或“在建工程”科目[需安装]；按照发生的相关税费、运输费等，贷记“零余额账户用款额度”“银行存款”等科目；按照其差额，贷记“无偿调拨净资产”科目。

（7）置换取得的固定资产，参照“库存物品”科目中置换取得库存物品的相关规定进行账务处理。固定资产取得时涉及增值税业务的，相关账务处理参见“应交增值税”科目。

2. 与固定资产有关的后续支出

（1）符合固定资产确认条件的后续支出。

通常情况下，将固定资产转入改建、扩建时，按照固定资产的账面价值，借记“在建工程”科目；按照固定资产已计提折旧，借记“固定资产累计折旧”科目；按照固定资产的账面余额，贷记本科目。

为提升固定资产使用效能或延长其使用年限而发生的改建、扩建等后续支出，借记“在建工程”科目，贷记“财政拨款收入”“零余额账户用款额度”“应付账款”“银行存款”等科目。

（2）不符合固定资产确认条件的后续支出。

为保证固定资产正常使用发生的日常维修等支出，借记“业务活动费用”“单位管理费用”“经营费用”等科目，贷记“财政拨款收入”“零余额账户用款额度”“银行存款”等科目。

3. 按照规定报经批准后处置的固定资产

（1）报经批准后出售、转让固定资产时，按照被出售、转让固定资产的账面价值，借记“资产处置费用”科目；按照固定资产已计提的折旧，借记“固定资产累计折旧”科目；按照固定资产账面余额，贷记本科目；同时，按照收到的价款，借记“银行存款”等科目；按照处置过程中发生的相关费用，贷记“银行存款”等科目；按照其差额，贷记“应缴财政款”科目。

（2）报经批准后对外捐赠固定资产时，按照固定资产已计提的折旧，借记“固定资产累计折旧”科目；按照被处置固定资产账面余额，贷记本科目；按照捐赠过程中发生的归属于捐出方的相关费用，贷记“银行存款”等科目；按照其差额，借记“资产处置费用”科目。

（3）报经批准无偿调出固定资产，按照固定资产已计提的折旧，借记“固定资产累计折旧”科目；按照被处置固定资产账面余额，贷记本科目；按照其差额，借记“无偿调拨净资产”科目；按照无偿调出过程中发生的归属于调出方的相关费用，借记“资产处置费用”科目，贷记“银行存款”等科目。

（4）报经批准置换换出固定资产时，参照“库存物品”中置换换入库存物品的规定进行账务处理。固定资产处置时涉及增值税业务的，相关账务处理参见“应交增值税”科目。

4. 定期盘点

单位应当定期对固定资产进行清查、盘点，每年至少盘点一次。对于发生的固定资产盘盈或盘亏、毁损、报废，应当先记入“待处理财产损溢”科目，按照规定报经批准后及时进行后续账务处理。

（1）盘盈的固定资产，其成本按照有关凭据注明的金额确定；没有相关凭据，但按照规定经过资产评估的，其成本按照评估价值确定；没有相关凭据，也未经过资产评估的，其成本按照重置成本确定。如无法采用上述方法确定盘盈固定资产成本的，按照名义金额（人民币 1 元）入账。

盘盈固定资产时，按照确定的入账成本，借记本科目，贷记“待处理财产损溢”科目。

（2）盘亏、毁损或报废固定资产时，按照待处理固定资产的账面价值，借记“待处理财产损溢”科目；按照已计提的折旧，借记“固定资产累计折旧”科目，按照固定资产的账面余额，贷记本科目。

在事业单位会计实务中，固定资产的主要账务处理见表 2-19。

表 2-19　　固定资产的主要账务处理

序号	业务		财务会计处理	预算会计处理
（1）	固定资产取得	外购不需要安装的固定资产	借：固定资产 贷：财政拨款收入 / 零余额账户用款额度 / 应付账款 / 银行存款等	借：事业支出 / 经营支出等 贷：财政拨款预算收入 / 资金结存
		外购需要安装的固定资产，先通过“在建工程”科目核算	借：在建工程 贷：财政拨款收入 / 零余额账户用款额度 / 应付账款 / 银行存款等	借：事业支出 / 经营支出等 贷：财政拨款预算收入 / 资金结存
		安装完工交付使用时	借：固定资产 贷：在建工程	—

续表

序号	业务		财务会计处理	预算会计处理
（1）	固定资产取得	购入固定资产扣留质量保证金的	借：固定资产［不需安装］/ 在建工程［需要安装］ 贷：财政拨款收入 / 零余额账户用款额度 / 应付账款 /［不含质量保证金］银行存款等 其他应付款［扣留期在 1 年以内（含 1 年）］/ 长期应付款［扣留期超过 1 年］	借：事业支出 / 经营支出等［购买固定资产实际支付的金额］ 贷：财政拨款预算收入 / 资金结存
		质保期满支付质量保证金时	借：其他应付款 / 长期应付款 贷：财政拨款收入 / 零余额账户用款额度 / 银行存款等	借：事业支出 / 经营支出等 贷：财政拨款预算收入 / 资金结存
		自行建造的固定资产，工程完工交付使用时	借：固定资产 贷：在建工程	—
		融资租入（或跨年度分期付款购入）的固定资产	借：固定资产［不需安装］/ 在建工程［需安装］ 贷：长期应付款［协议或合同确定的租赁价款］ 财政拨款收入 / 零余额账户用款额度 / 银行存款等［实际支付的相关税费、运输费等］	借：事业支出 / 经营支出等［实际支付的相关税费、运输费等］ 贷：财政拨款预算收入 / 资金结存
		定期支付融资租入固定资产的租金（或分期付款）时	借：长期应付款 贷：财政拨款收入 / 零余额账户用款额度 / 银行存款等	借：事业支出 / 经营支出等 贷：财政拨款预算收入 / 资金结存
		接受捐赠的固定资产	借：固定资产［不需安装］/ 在建工程［需安装］ 贷：银行存款 / 零余额账户用款额度等［发生的相关税费、运输费等］ 捐赠收入［差额］	借：其他支出［支付的相关税费、运输费等］ 贷：资金结存

续表

序号	业务		财务会计处理	预算会计处理
（1）	固定资产取得	接受捐赠的固定资产按照名义金额入账的	借：固定资产 [名义金额] 贷：捐赠收入 借：其他费用 贷：银行存款 / 零余额账户用款额度等 [发生的相关税费、运输费等]	借：其他支出 [支付的相关税费、运输费等] 贷：资金结存
		无偿调入的固定资产	借：固定资产 [不需安装]/ 在建工程 [需安装] 贷：银行存款 / 零余额账户用款额度等 [发生的相关税费、运输费等] 无偿调拨净资产 [差额]	借：其他支出 [支付的相关税费、运输费等] 贷：资金结存
		置换取得的固定资产	参照“库存物品”科目中置换取得库存物品的账务处理	
（2）	与固定资产有关的后续支出	符合固定资产确认条件的（提升固定资产使用效能或延长其使用年限而发生的改建、扩建等后续支出）	借：在建工程 [固定资产账面价值] 固定资产累计折旧 贷：固定资产 [账面余额]	—
			借：在建工程 贷：财政拨款收入 / 零余额账户用款额度 / 应付账款 / 银行存款等	借：事业支出 / 经营支出等 贷：财政拨款预算收入 / 资金结存
		不符合固定资产确认条件的	借：业务活动费用 / 单位管理费用 / 经营费用等 贷：财政拨款收入 / 零余额账户用款额度 / 银行存款等	借：事业支出 / 经营支出等 贷：财政拨款预算收入 / 资金结存
（3）	固定资产处置	出售、转让固定资产	借：资产处置费用 固定资产累计折旧 贷：固定资产 [账面余额]	—

续表

序号	业务		财务会计处理	预算会计处理
（3）	固定资产处置	出售、转让固定资产	借：银行存款［处置固定资产收到的价款］ 贷：应缴财政款 银行存款等［发生的相关费用］	—
		对外捐赠固定资产	借：资产处置费用 固定资产累计折旧 贷：固定资产［账面余额］ 银行存款等［归属于捐出方的相关费用］	按照对外捐赠过程中发生的归属于捐出方的相关费用 借：其他支出 贷：资金结存
		无偿调出固定资产	借：无偿调拨净资产 固定资产累计折旧 贷：固定资产［账面余额］	—
			借：资产处置费用 贷：银行存款等［归属于调出方的相关费用］	借：其他支出 贷：资金结存
		置换换出固定资产	参照“库存物品”科目中置换取得库存物品的规定进行账务处理	
（4）	固定资产定期盘点清查	盘盈固定资产	借：固定资产 贷：待处理财产损溢	—
		盘亏、毁损或报废固定资产	借：待处理财产损溢［账面价值］ 固定资产累计折旧 贷：固定资产［账面余额］	—

2.20.4 案例分析

1. 外购不需要安装的固定资产

【例 2-47】某事业单位用事业经费购入一项不需要安装的新设备，买价为 10 000 元，运杂费为 1 000 元，有关款项均已通过银行存款支付。账务处理如下。

财务会计：

借：固定资产　　　　11 000

　　贷：银行存款　　　　11 000

预算会计：

借：事业支出　　11 000

　　贷：资金结存——货币资金　　11 000

2. 外购需要安装的固定资产

【例 2-48】某事业单位用事业经费购入一项需安装的新设备，买价为 10 000 元，运杂费为 300 元，安装费为 700 元，有关款项均已通过银行存款支付。该项固定资产安装完毕交付使用。账务处理如下。

（1）购入设备。

财务会计：

借：在建工程　　10 300

　　贷：银行存款　　10 300

预算会计：

借：事业支出　　10 300

　　贷：资金结存——货币资金　　10 300

（2）安装。

财务会计：

借：在建工程　　700

　　贷：银行存款　　700

预算会计：

借：事业支出　　700

　　贷：资金结存——货币资金　　700

（3）安装完工并交付使用。

借：固定资产　　11 000

　　贷：在建工程　　11 000

3. 自行建造固定资产

【例 2-49】某事业单位自行建造固定资产，在前期投入工程价款 2 000 000 元。账务处理如下。

财务会计：

借：在建工程　　2 000 000

　　贷：银行存款　　2 000 000

预算会计：

借：事业支出　　2 000 000

　　贷：资金结存——货币资金　　2 000 000

工程中期发现原材料不足，故投入400 000元购买原材料。账务处理如下。

（1）购买原材料。

财务会计：

借：在建工程　　400 000

　　贷：银行存款　　400 000

预算会计：

借：事业支出　　400 000

　　贷：资金结存——货币资金　　400 000

（2）工程交付使用。

借：固定资产　　2 400 000

　　贷：在建工程　　2 400 000

4. 融资租入的固定资产

【例2-50】某事业单位融资租入固定资产（价值400 000元），支付运输费等2 000元。租赁协议规定，该事业单位需要支付租赁价款400 000元，每个月支付10 000元，分40个月支付。账务处理如下。

（1）租入时。

财务会计：

借：固定资产　　402 000

　　贷：长期应付款　　400 000

　　　　银行存款　　2 000

预算会计：

借：事业支出　　2 000

　　贷：资金结存——货币资金　　2 000

（2）该事业单位每月支付租金时。

财务会计：

借：长期应付款　　10 000

　　贷：银行存款　　10 000

预算会计：

借：事业支出　　10 000

　　贷：资金结存——货币资金　　10 000

5．接受捐赠的固定资产

【例 2-51】某事业单位接受社会捐赠的价值 50 000 元的固定资产，期间发生运输费 800 元，以银行存款支付。账务处理如下。

财务会计：

借：固定资产　　50 800

　　贷：捐赠收入　　50 000

　　　　银行存款　　800

预算会计：

借：其他支出　　800

　　贷：资金结存——货币资金　　800

6．无偿调入的固定资产

【例 2-52】某事业单位接受无偿调入的价值 70 000 元的固定资产，期间发生运输费 900 元，以银行存款支付。账务处理如下。

财务会计：

借：固定资产　　70 900

　　贷：无偿调拨净资产　　70 000

　　　　银行存款　　900

预算会计：

借：其他支出　　900

　　贷：资金结存——货币资金　　900

7．固定资产后续支出

【例 2-53】某事业单位决定对固定资产进行扩建。固定资产账面余额为 500 000 元，已提折旧 100 000 元。在扩建过程中，该事业单位以银行存款支付工程款 200 000 元。账务处理如下。

（1）扩建。

财务会计：

借：在建工程　　400 000

固定资产累计折旧　　100 000

贷：固定资产　　500 000

借：在建工程　　200 000

贷：银行存款　　200 000

预算会计：

借：事业支出　　200 000

贷：资金结存——货币资金　　200 000

（2）工程完工并交付使用。

借：固定资产　　600 000

贷：在建工程　　600 000

8. 固定资产处置

【例 2-54】某事业单位出售固定资产一批。该批固定资产的账面余额为 72 000 元，已计提折旧 60 000 元。出售后，该事业单位收到价款 20 000 元。账务处理如下。

借：资产处置费用　　12 000

固定资产累计折旧　　60 000

贷：固定资产　　72 000

借：银行存款　　20 000

贷：应缴财政款　　20 000

【例 2-55】某事业单位对外捐赠固定资产。该固定资产的账面余额为 100 000 元，已计提折旧 30 000 元。另外，该事业单位以银行存款支付运输费 3 000 元。账务处理如下。

财务会计：

借：资产处置费用　　73 000

固定资产累计折旧　　30 000

贷：固定资产　　100 000

银行存款　　3 000

预算会计：

借：其他支出　　3 000

贷：资金结存——货币资金　　3 000

9. 固定资产盘点

【例 2-56】某事业单位于 2×19 年年底对单位的固定资产进行盘点。

（1）盘盈固定资产 A，价值 5 000 元。账务处理如下。

借：固定资产——A　　5 000

　　贷：待处理财产损溢　　5 000

（2）盘点过程中，发现固定资产 B 毁损。B 的账面价值为 3 000 元，已计提折旧 2 000 元。账务处理如下。

借：待处理财产损溢　　1 000

　　固定资产累计折旧　　2 000

　　贷：固定资产——B　　3 000

2.21　固定资产累计折旧

2.21.1　业务简介

在事业单位会计实务中，“固定资产累计折旧”科目用于核算事业单位计提的固定资产累计折旧。

公共基础设施和保障性住房计提的累计折旧，应当分别通过“公共基础设施累计折旧（摊销）”科目和“保障性住房累计折旧”科目核算，不通过本科目核算。

2.21.2　账务处理

在财务会计中，与“固定资产累计折旧”科目相关的账务处理如下。

（1）按月计提固定资产折旧时，按照应计提的折旧金额，借记“业务活动费用”“单位管理费用”“经营费用”“加工物品”“在建工程”等科目，贷记本科目。

（2）经批准处置或处理固定资产时，按照所处置或处理固定资产的账面价值，借记“资产处置费用”“无偿调拨净资产”“待处理财产损溢”等科目；按照已计提的折旧，借记本科目；按照固定资产的账面余额，贷记“固定资产”科目。

在事业单位会计实务中，固定资产累计折旧的主要账务处理见表 2-20。

表 2-20　固定资产累计折旧的主要账务处理

序号	业务	财务会计处理	预算会计处理
（1）	按月计提固定资产折旧时	借：业务活动费用 / 单位管理费用 / 经营费用 / 加工物品 / 在建工程等 贷：固定资产累计折旧	—
（2）	处置固定资产时	借：待处理财产损溢 / 无偿调拨净资产 / 资产处置费用等 固定资产累计折旧 贷：固定资产 [账面余额]	涉及资金支付的，参照“固定资产”科目相关账务处理

2.21.3　案例分析

【例 2-57】某事业单位以银行存款新购进固定资产一批，价值 72 000 元，计划使用 6 年，每月计提折旧 1 000 元。第 5 年末该固定资产报废。账务处理如下。

（1）购进固定资产。

财务会计：

借：固定资产　　72 000

　　贷：银行存款　　72 000

预算会计：

借：事业支出　　72 000

　　贷：资金结存——货币资金　　72 000

（2）按月计提固定资产折旧。

借：业务活动费用　　1 000

　　贷：固定资产累计折旧　　1 000

（3）第 5 年末对固定资产进行报废处置。

借：待处理财产损溢　　12 000

　　固定资产累计折旧　　60 000

　　贷：固定资产　　72 000

2.22　工程物资

2.22.1　业务简介

在事业单位会计实务中，“工程物资”科目用于核算事业单位为在建工程准备的各种物资的成本，包括工程用材料、设备等。

2.22.2　账务处理

在财务会计中，与“工程物资”科目相关的账务处理如下。

（1）购入为工程准备的物资时，按照确定的物资成本，借记本科目，贷记“财政拨款收入”“零余额账户用款额度”“银行存款”“应付账款”“其他应付款”等科目。

（2）领用工程物资时，按照物资成本，借记“在建工程”科目，贷记本科目。

（3）工程完工后将剩余的工程物资转为本单位存货等的，按照物资成本，借记“库存物品”等科目，贷记本科目。

涉及增值税业务的，相关账务处理参见“应交增值税”科目。

在事业单位会计实务中，工程物资的主要账务处理见表 2-21。

表 2-21　　工程物资的主要账务处理

序号	业务		财务会计处理	预算会计处理
（1）	取得工程物资	购入工程物资	借：工程物资 　贷：财政拨款收入 / 零余额账户用款额度 / 银行存款 / 应付账款 / 其他应付款等	借：事业支出 / 经营支出等 [实际支付的款项] 　贷：财政拨款预算收入 / 资金结存
（2）	领用工程物资	发出工程物资	借：在建工程 　贷：工程物资	—
（3）	剩余工程物资	剩余工程物资转为存货等	借：库存物品等 　贷：工程物资	—

2.22.3 案例分析

【例 2-58】 2×19 年 1 月 1 日，某事业单位购入一批工程物资，用银行存款支付 8 000 元。账务处理如下。

财务会计：

借：工程物资　　8 000

　　贷：银行存款　　8 000

预算会计：

借：事业支出　　8 000

　　贷：资金结存——货币资金　　8 000

【例 2-59】 沿用【例 2-58】。2×19 年 1 月 31 日，该事业单位因建造需要而领用 80% 的该批工程物资。账务处理如下。

借：在建工程　　6 400

　　贷：工程物资　　6 400

【例 2-60】 沿用【例 2-59】。2×19 年 10 月 31 日，该事业单位将剩余的工程物资转为存货。账务处理如下。

借：库存物品　　1 600

　　贷：工程物资　　1 600

2.23 在建工程

在事业单位会计实务中，“在建工程”科目用于核算事业单位已经发生必要支出但尚未完工交付使用的各种建筑（包括新建、改建、扩建、修缮等）和设备安装工程的实际成本。

2.23.1 业务简介

事业单位的基本建设投资应当按照国家有关规定单独建账、单独核算，同时至少按月并入本科目及其他相关科目反映。

事业单位应当在本科目下设置“基建工程”明细科目，以核算由基建账套并入的在建工程成本。有关基建并账的具体账务处理此处不做讲述。

2.23.2　账务处理

在财务会计中，与“在建工程”科目相关的账务处理如下。

1．建筑安装工程投资

（1）将固定资产等资产转入改建、扩建等时，按照固定资产等资产的账面价值，借记本科目（建筑安装工程投资）；按照已计提的折旧或摊销，借记“固定资产累计折旧”等科目；按照固定资产等资产的原值，贷记“固定资产”等科目。

固定资产等资产改建、扩建过程中涉及替换（或拆除）原资产的某些组成部分的，按照被替换（或拆除）部分的账面价值，借记“待处理财产损溢”科目，贷记本科目（建筑安装工程投资）。

（2）单位对于发包建筑安装工程，根据建筑安装工程价款结算账单与施工企业结算工程价款时，按照应承付的工程价款，借记本科目（建筑安装工程投资）；按照预付工程款余额，贷记“预付账款——预付工程款”科目；按照其差额，贷记“财政拨款收入”“零余额账户用款额度”“银行存款”“应付账款”等科目。发包工程预付工程款时，借记“预付账款——预付工程款”科目，贷记“财政拨款收入”“零余额账户用款额度”“银行存款”等科目，预算会计处理时借记“事业支出”等科目，贷记“财政拨款预算收入”“资金结存”等科目。

（3）单位自行施工的小型建筑安装工程，按照发生的各项支出金额，借记本科目（建筑安装工程投资），贷记“工程物资”“零余额账户用款额度”“银行存款”“应付职工薪酬”等科目。

（4）工程竣工，办妥竣工验收交接手续并交付使用时，按照建筑安装工程成本（含应分摊的待摊投资），借记“固定资产”等科目，贷记本科目（建筑安装工程投资）。

2．设备投资

（1）购入设备时，按照购入成本，借记本科目（设备投资），贷记“财政拨款收入”“零余额账户用款额度”“银行存款”“应付账款”等科目；采用预付款方式购入设备的，有关预付款的账务处理参照本科目“建筑安装工程投资”明细科目的规定。

（2）设备安装完毕，办妥竣工验收交接手续交付使用时，按照设备投资成本（含设备安装工程成本和分摊的待摊投资），借记“固定资产”等科目，贷记本科目（设备投资、建筑安装工程投资——安装工程）。

将不需要安装的设备和达不到固定资产标准的工具、器具交付使用时，按照相关设备、工具、器具的实际成本，借记“固定资产”“库存物品”科目，贷记本科目（设备投资）。

3. 待摊投资

建设工程发生的构成建设项目实际支出的、按照规定应当分摊计入有关工程成本和设备成本的各项间接费用和税费支出，先在本明细科目中归集；建设工程办妥竣工验收手续交付使用时，按照合理的分配方法，摊入相关工程成本、在安装设备成本等。

（1）发生构成待摊投资的各类费用时，按照实际发生的金额，借记本科目（待摊投资），贷记“财政拨款收入”“零余额账户用款额度”“银行存款”“应付利息”“长期借款”“其他应交税费”“固定资产累计折旧”“无形资产累计摊销”等科目。

（2）对于建设过程中试生产、设备调试等产生的收入，按照取得的收入金额，借记“银行存款”等科目；按照有关规定应当冲减建设工程成本的部分，贷记本科目（待摊投资）；按照其差额，贷记“应缴财政款”或“其他收入”科目。

（3）自然灾害、管理不善等原因造成的单项工程或单位工程报废或毁损，扣除残料价值和过失人或保险公司等赔款后的净损失，报经批准后计入继续施工的工程成本的，按照工程成本扣除残料价值和过失人或保险公司等赔款后的净损失，借记本科目（待摊投资）；按照残料变价收入、过失人或保险公司赔款等，借记“银行存款”“其他应收款”等科目；按照报废或毁损的工程成本，贷记本科目（建筑安装工程投资）。

（4）工程交付使用时，按照合理的分配方法分配待摊投资，借记本科目（建筑安装工程投资、设备投资），贷记本科目（待摊投资）。

待摊投资的分配方法，可按照下列公式计算。

①按照实际分配率分配，适用于建设工期较短、整个项目的所有单项工程一次竣工的建设项目。

实际分配率＝待摊投资明细科目余额÷（建筑工程明细科目余额＋安装工程明细科目余额＋设备投资明细科目余额）×100%

某项固定资产应分配的待摊投资＝该项固定资产的建筑工程成本或该项固定资产的采购成本和安装成本合计×实际分配率

②按照概算分配率分配，适用于建设工期长、单项工程分期分批建成投入使用的建设项目。

概算分配率 =（概算中各待摊投资项目的合计数 − 其中可直接分配部分）÷ 概算中建筑工程、安装工程和设备投资合计 ×100%

某项固定资产应分配的待摊投资 = 该项固定资产的建筑工程成本或该项固定资产的采购成本和安装成本合计 × 概算分配率

4. 其他投资

（1）为建设工程而发生的房屋购置支出，基本畜禽、林木等购置、饲养、培育支出，办公生活用家具、器具购置支出，软件研发和不能计入设备投资的软件购置支出等，按照实际发生的金额，借记本科目（其他投资），贷记“财政拨款收入”“零余额账户用款额度”“银行存款”等科目。

（2）工程完成并将形成的房屋、基本畜禽、林木等各种财产以及无形资产交付使用时，按照其实际成本，借记“固定资产”“无形资产”等科目，贷记本科目（其他投资）。

5. 待核销基建支出

（1）建设项目发生的江河清障、航道清淤、飞播造林、补助群众造林、水土保持、城市绿化等不能形成资产的各类待核销基建支出，按照实际发生的金额，借记本科目（待核销基建支出），贷记“财政拨款收入”“零余额账户用款额度”“银行存款”等科目。

（2）取消的建设项目发生的可行性研究费，按照实际发生的金额，借记本科目（待核销基建支出），贷记本科目（待摊投资）。

（3）由于自然灾害等原因发生的建设项目整体报废所形成的净损失，报经批准后转入待核销基建支出，按照项目整体报废所形成的净损失，借记本科目（待核销基建支出）；按照报废工程回收的残料变价收入、保险公司赔款等，借记“银行存款”“其他应收款”等科目；按照报废的工程成本，贷记本科目（建筑安装工程投资等）。

（4）建设项目竣工验收交付使用时，对发生的待核销基建支出进行冲销，借记“资产处置费用”科目，贷记本科目（待核销基建支出）。

6. 基建转出投资

为建设项目配套而建成的、产权不归属本单位的专用设施，在项目竣工验收交付使用时，按照转出的专用设施的成本，借记本科目（基建转出投资），贷记本科目（建筑安装工程投资）；同时，借记“无偿调拨净资产”科目，贷记本科目（基建转出投资）。

在事业单位会计实务中，在建工程的主要账务处理见表 2-22。

表 2-22　在建工程的主要账务处理

序号	业务		财务会计处理	预算会计处理
（1）	建筑安装工程投资	将固定资产等转入改建、扩建时	借：在建工程——建筑安装工程投资 固定资产累计折旧等 贷：固定资产等	—
		发包工程预付工程款时	借：预付账款——预付工程款 贷：财政拨款收入 / 零余额账户用款额度 / 银行存款等	借：事业支出等 贷：财政拨款预算收入 / 资金结存
		按照进度结算工程款时	借：在建工程——建筑安装工程投资 贷：预付账款——预付工程款 财政拨款收入 / 零余额账户用款额度 / 银行存款 / 应付账款等	借：事业支出等 [补付款项] 贷：财政拨款预算收入 / 资金结存
		自行施工小型建筑安装工程发生支出时	借：在建工程——建筑安装工程投资 贷：工程物资 / 零余额账户用款额度 / 银行存款 / 应付职工薪酬等	借：事业支出等 [实际支付的款项] 贷：资金结存等
		改扩建过程中替换（拆除）原资产某些组成部分的	借：待处理财产损溢 贷：在建工程——建筑安装工程投资	—
		工程竣工验收交付使用时	借：固定资产等 贷：在建工程——建筑安装工程投资	—
（2）	设备投资	购入设备时	借：在建工程——设备投资 贷：财政拨款收入 / 零余额账户用款额度 / 应付账款 / 银行存款等	借：事业支出等 [实际支付的款项] 贷：财政拨款预算收入 / 资金结存

续表

序号	业务		财务会计处理	预算会计处理
（2）	设备投资	安装完毕，交付使用时	借：固定资产等 　贷：在建工程——设备投资 　　　　　　——建筑安装工程投资 　　　　　　——安装工程	—
		将不需要安装设备和达不到固定资产标准的工具、器具交付使用时	借：固定资产 / 库存物资 　贷：在建工程——设备投资	—
（3）	待摊投资	发生构成待摊投资的各类费用时	借：在建工程——待摊投资 　贷：财政拨款收入 / 零余额账户用款额度 / 银行存款 / 应付利息 / 长期借款 / 其他应交税费 / 固定资产累计折旧 / 无形资产累计摊销等	借：事业支出等 [实际支付的款项] 　贷：财政拨款预算收入 / 资金结存
		对于建设过程中试生产、设备调试等产生的收入	借：银行存款等 　贷：在建工程——待摊投资 [按规定冲减工程成本的部分] 　　应缴财政款 / 其他收入 [差额]	借：资金结存 　贷：其他预算收入
		经批准将单项工程或单位工程报废或毁损净损失计入继续施工的工程成本的	借：在建工程——待摊投资 　银行存款 / 其他应收款等 [残料变价收入、赔款等] 　贷：在建工程——建筑安装工程投资 [毁损或报废的工程成本]	—

续表

序号	业务		财务会计处理	预算会计处理
（3）	待摊投资	工程交付使用时，按照一定的分配方法进行待摊投资分配	借：在建工程——建筑安装工程投资 ——设备投资 贷：在建工程——待摊投资	—
（4）	其他投资	发生其他投资支出时	借：在建工程——其他投资 贷：财政拨款收入 / 零余额账户用款额度 / 银行存款等	借：事业支出等 [实际支付的款项] 贷：财政拨款预算收入 / 资金结存
		资产交付使用时	借：固定资产 / 无形资产等 贷：在建工程——其他投资	—
（5）	基建转出投资	建造的产权不归属本单位的专用设施转出时	借：在建工程——基建转出投资 贷：在建工程——建筑安装工程投资	—
		冲销转出的在建工程时	借：无偿调拨净资产 贷：在建工程——基建转出投资	—
（6）	待核销基建支出	发生各类待核销基建支出时	借：在建工程——待核销基建支出 贷：财政拨款收入 / 零余额账户用款额度 / 银行存款等	借：事业支出 [实际支付的款项] 贷：财政拨款预算收入 / 资金结存
		取消的项目发生的可行性研究费	借：在建工程——待核销基建支出 贷：在建工程——待摊投资	—
		由于自然灾害等原因发生的项目整体报废所形成的净损失	借：在建工程——待核销基建支出 银行存款 / 其他应收款等 [残料变价收入、保险赔款等] 贷：在建工程——建筑安装工程投资等	—

续表

序号	业务		财务会计处理	预算会计处理
（6）	待核销基建支出	经批准冲销待核销基建支出时	借：资产处置费用 　　贷：在建工程——待核销基建支出	—

2.23.3　案例分析

【例 2-61】某事业单位一办公楼因多年使用需要改建，原值 8 000 000 元，已计提折旧 5 000 000 元。改建过程中，拆除部分建筑，账面价值 500 000 元，并获得残值收入 200 000 元。改建过程中，该事业单位用零余额账户用款额度支付改建支出 3 000 000 元。改建完工后，验收合格，投入使用。账务处理如下。

（1）办公楼转入改建工程。

借：在建工程——建筑安装工程投资　　3 000 000

　　固定资产累计折旧　　5 000 000

　　贷：固定资产——办公楼　　8 000 000

（2）拆除部分建筑。

借：待处理财产损溢　　500 000

　　贷：在建工程——建筑安装工程投资　　500 000

（3）获得残值收入。

借：银行存款　　200 000

　　贷：应缴财政款　　200 000

（4）发生改建支出。

财务会计：

借：在建工程——建筑安装工程投资　　3 000 000

　　贷：零余额账户用款额度　　3 000 000

预算会计：

借：事业支出　　3 000 000

　　贷：资金结存——零余额账户用款额度　　3 000 000

（5）完工并验收。

借：固定资产——办公楼　　5 500 000

贷：在建工程——建筑安装工程投资　　5 500 000

【例 2-62】某事业单位发生以下业务：2×19 年 1 月 1 日购入一台机器设备，用银行存款支付 800 000 元，因需要安装，2×19 年 2 月 1 日，用银行存款支付安装费 200 000 元；2×19 年 5 月 1 日，安装完毕后交付使用。账务处理如下。

（1）2×19 年 1 月 1 日，购入机器设备。

财务会计：

借：在建工程——设备投资　　800 000

　　贷：银行存款　　800 000

预算会计：

借：事业支出　　800 000

　　贷：资金结存——货币资金　　800 000

（2）2×19 年 2 月 1 日，支付安装费。

财务会计：

借：在建工程——建筑安装工程投资　　200 000

　　贷：银行存款　　200 000

预算会计：

借：事业支出　　200 000

　　贷：资金结存——货币资金　　200 000

（3）2×19 年 5 月 1 日，交付使用。

借：固定资产　　1 000 000

　　贷：在建工程——设备投资　　800 000

　　　　在建工程——建筑安装工程投资　　200 000

【例 2-63】2×19 年 2 月 1 日，某事业单位在建造某一设备时，以银行存款支付可行性研究费用 15 000 元。账务处理如下。

财务会计：

借：在建工程——待摊投资　　15 000

　　贷：银行存款　　15 000

预算会计：

借：事业支出　　15 000

　　贷：资金结存——货币资金　　15 000

2×19 年 3 月 1 日，该事业单位在设备调试过程中产生的收入为 2 000 元，分配的待摊投资为 1 000 元。账务处理如下。

财务会计：

借：银行存款　　2 000

　　贷：在建工程——待摊投资　　1 000

　　　　其他收入　　1 000

预算会计：

借：资金结存——货币资金　　1 000

　　贷：其他预算收入　　1 000

2×19 年 10 月 1 日，该设备调试完工并交付使用。账务处理如下。

借：在建工程——设备投资　　14 000

　　贷：在建工程——待摊投资　　14 000

【例 2–64】某事业单位新建一栋办公楼，已投资 200 000 元，现自然灾害导致项目整体报废，经批准冲销该基建支出。账务处理如下。

（1）报废。

借：在建工程——待核销基建支出　　200 000

　　贷：在建工程——建筑安装工程投资　　200 000

（2）经批准冲销。

借：资产处置费用　　200 000

　　贷：在建工程——待核销基建支出　　200 000

2.24　无形资产

2.24.1　业务简介

在事业单位会计实务中，无形资产是指事业单位持有的没有实物形态的可辨认非货币性资产，包括专利权、商标权、著作权、土地使用权、非专利技术等。

事业单位购入的不构成相关硬件不可缺少组成部分的应用软件，应当作为无形资产核算。“无形资产”科目应当按照无形资产的类别、项目等进行明细核算。

2.24.2 无形资产的特点与主要项目

1. 无形资产的特点

无形资产是一种特殊的资产，一般具有以下特点。

（1）无形资产没有物质实体。无形资产不同于有形资产，它没有特定的物质实体，通常表现为事业单位拥有的一种特殊权利。

（2）无形资产能带来超额收益。无论是自创的还是购入的无形资产，都能使事业单位在一定时期内获得超额收益。

（3）无形资产可在较长时期内发挥作用。无形资产一经取得或形成，就可为事业单位长期拥有，可在较长时间内发挥作用，为事业单位带来超额收益。

2. 无形资产的主要项目

（1）专利权。

在事业单位会计实务中，专利权是指政府对事业单位在某一产品的造型、配方、结构、制造工艺或程序的发明上给予其制造使用和出售等方面的专门权利。事业单位不应将其所拥有的一切专利权都予以资本化，即不是所有专利权都可作为无形资产核算。只有那些能够给事业单位带来较大经济价值的，并且事业单位为此支出过的专利，才能作为无形资产进行核算。专利权如果是购买的，其记账成本除买价外，还包括支付给有关部门的相关费用；如果是自行开发的，它的成本应包括创造该项专利的试验费用、申请专利登记费用以及聘请律师费用等。

（2）商标权。

商标权，是指在某类指定的商品或产品上使用特定的名称或图案的权利。商标经过注册登记，就获得了法律上的保护。事业单位自创的商标，若其注册登记费用不大，则不一定作为无形资产核算。受让商标，一次性支出费用较大的，可以将其资本化，作为无形资产入账核算，其记账价值包括买价、支付的手续费以及其他因受让商标权而发生的费用等。

（3）土地使用权。

在事业单位会计实务中，土地使用权是指事业单位依法取得的对国有土地在一定期间内享有开发、利用、经营等权利。事业单位拥有的并未入账的土地使用权，不能作为无形资产核算；花了较大的代价取得的土地使用权，应予以资本化，将取得时所发生的一切支出，作为土地使用权成本，记入“无形资产”科目。这里有两种情况：一是事业单位向土地管理部门申请土地使用权时，支付的出让金要作为无形资产入账；二是单位原先通过行政划拨获得土地使用权，没有入账的，在将土地使用权有偿转让、出租、抵押、作价入股和投资时，按规定要补缴土地出让金，补缴的出让金，要作为无形资产入账。

（4）非专利技术。

非专利技术，是指先进的、未公开的、未申请专利的，可以带来经济效益的技术或者资料，又称“专有技术”“技术秘密”“技术诀窍”。事业单位的非专利技术，一般是指在组织事业收入或经营收入过程中取得的有关生产、经营和管理方面未获得专利权的知识、经验和技巧。非专利技术虽不受《中华人民共和国专利法》的保护，却是一种事实上的专利权，它可以进行转让和投资。

（5）著作权。

著作权，又称版权，是指文学、艺术和科学作品等的著作人依法对其作品所拥有的专门权利。著作权一般包括发表权、署名权、修改权、保护作品完整权、使用权和获得报酬权。著作权受国家法律保护。

2.24.3　账务处理

在财务会计中，与“无形资产”科目相关的账务处理如下。

1．取得时，应当按照成本进行初始计量

（1）外购无形资产时，按照确定的成本，借记本科目，贷记“财政拨款收入”“零余额账户用款额度”“应付账款”“银行存款”等科目。

（2）委托软件公司开发软件，视同外购无形资产进行处理。合同中约定预付开发费用的，按照预付的金额，借记“预付账款”科目，贷记“财政拨款收入”“零余额账户用款额度”“银行存款”等科目。

软件开发完成交付使用并支付剩余或全部软件开发费用时，按照软件开发费用总额，借记本科目；按照相关预付账款金额，贷记“预付账款”科目；按照支付的剩余金额，贷记“财政拨款收入”“零余额账户用款额度”“银行存款”等科目。

（3）自行研究开发形成的无形资产，按照研究开发项目从进入开发阶段至达到预定用途前所发生的支出总额，借记本科目，贷记“研发支出——开发支出”科目。

自行研究开发项目尚未进入开发阶段，或者确实无法区分研究阶段支出和开发阶段支出，但按照法律程序已申请取得无形资产的，按照依法取得时发生的注册费、聘请律师费等费用，借记本科目，贷记“财政拨款收入”“零余额账户用款额度”“银行存款”等科目。

（4）接受捐赠的无形资产，按照确定的无形资产成本，借记本科目；按照发生的相关税费等，贷记“零余额账户用款额度”“银行存款”等科目，按照其差额，贷记“捐赠收入”科目。

接受捐赠的无形资产按照名义金额入账的，按照名义金额，借记本科目，贷记“捐赠收入”科目；同时，按照发生的相关税费等，借记“其他费用”科目，贷记“零余额账户用款额度”“银行存款”等科目。

（5）无偿调入的无形资产，按照确定的无形资产成本，借记本科目；按照发生的相关税费等，贷记“零余额账户用款额度”“银行存款”等科目；按照其差额，贷记“无偿调拨净资产”科目。

（6）置换取得的无形资产，参照“库存物品”科目中置换取得库存物品的相关规定进行账务处理。无形资产取得时涉及增值税业务的，相关账务处理参见“应交增值税”科目。

2. 与无形资产有关的后续支出

（1）符合无形资产确认条件的后续支出。

为提升无形资产的使用效能对其进行升级改造或增加其功能时，如需暂停对无形资产进行摊销，按照无形资产的账面价值，借记“在建工程”科目；按照无形资产已摊销金额，借记“无形资产累计摊销”科目；按照无形资产的账面余额，贷记本科目。

无形资产后续支出符合无形资产确认条件的，按照支出的金额，借记本科目[无须暂停摊销的]或“在建工程”科目[需暂停摊销的]，贷记“财政拨款收入”“零余额账户用款额度”“银行存款”等科目。

（2）不符合无形资产确认条件的后续支出。

为保证无形资产正常使用发生的日常维护等支出，借记“业务活动费用”“单位管理费用”“经营费用”等科目，贷记“财政拨款收入”“零余额账户用款额度”“银行存款”等科目。

3. 按照规定报经批准后处置的无形资产

（1）报经批准后出售、转让无形资产时，按照被出售、转让无形资产的账面价值，借记“资产处置费用”科目；按照无形资产已计提的摊销，借记“无形资产累计摊销”科目；按照无形资产账面余额，贷记本科目。同时，按照收到的价款，借记“银行存款”等科目；按照处置过程中发生的相关费用，贷记“银行存款”等科目；按照其差额，贷记“应缴财政款”科目或“其他收入”科目。

（2）报经批准后对外捐赠无形资产时，按照无形资产已计提的摊销，借记“无形资产累计摊销”科目；按照被处置无形资产账面余额，贷记本科目；按照捐赠过程中发生的归属于捐出方的相关费用，贷记“银行存款”等科目；按照其差额，借记“资产处置费用”科目。

（3）报经批准无偿调出无形资产，按照无形资产已计提的摊销，借记“无形资产累计摊销”科目；按照被处置无形资产账面余额，贷记本科目；按照其差额，借记“无偿调拨净资产”科目。同时，按照无偿调出过程中发生的归属于调出方的相关费用，借记“资产处置费用”科目，贷记“银行存款”等科目。

（4）报经批准后置换换出无形资产时，参照“库存物品”科目中置换换入库存物品的规定进行账务处理。

（5）无形资产预期不能为单位带来服务潜力或经济利益的，按照规定报经批准核销时，按照待核销无形资产的账面价值，借记“资产处置费用”科目；按照已计提的摊销，借记“无形资产累计摊销”科目；按照无形资产的账面余额，贷记本科目。无形资产处置时涉及增值税业务的，相关账务处理参见“应交增值税”科目。

4．盘点无形资产

单位应当定期对无形资产进行清查、盘点，每年至少盘点一次。单位资产清查盘点过程中发现的无形资产盘盈和盘亏等，参照“固定资产”科目相关规定进行账务处理。

在事业单位会计实务中，无形资产的主要账务处理见表 2-23。

表 2-23　　无形资产的主要账务处理

序号	业务		财务会计处理	预算会计处理
（1）	无形资产取得	外购的无形资产入账时	借：无形资产 贷：财政拨款收入 / 零余额账户用款额度 / 应付账款 / 银行存款等	借：事业支出 / 经营支出等 贷：财政拨款预算收入 / 资金结存
		委托软件公司开发的软件，按照合同约定预付开发费时	借：预付账款 贷：财政拨款收入 / 零余额账户用款额度 / 银行存款等	借：事业支出 / 经营支出等 [预付的款项] 贷：财政拨款预算收入 / 资金结存

续表

序号	业务		财务会计处理	预算会计处理
(1)	无形资产取得	委托开发的软件交付使用，并支付剩余或全部软件开发费用时	借：无形资产 [开发费总额] 贷：预付账款 财政拨款收入 / 零余额账户用款额度 / 银行存款等 [支付的剩余款项]	按照支付的剩余款项金额 借：事业支出 / 经营支出等 贷：财政拨款预算收入 / 资金结存
		自行开发完成，达到预定用途形成无形资产的	借：无形资产 贷：研发支出——开发支出	—
		自行研究开发无形资产尚未进入开发阶段，或者确实无法区分研究阶段支出和开发阶段支出，但按照法律程序已申请取得无形资产的	借：无形资产 [依法取得时发生的注册费、聘请律师费等费用] 贷：财政拨款收入 / 零余额账户用款额度 / 银行存款等	借：事业支出 / 经营支出等 贷：财政拨款预算收入 / 资金结存
		置换取得的无形资产	参照“库存物品”科目中置换取得库存物品的相关规定进行账务处理	
		接受捐赠的无形资产	借：无形资产 贷：银行存款 / 零余额账户用款额度等 [发生的相关税费等] 捐赠收入 [差额]	借：其他支出 [支付的相关税费等] 贷：资金结存
		接受捐赠的无形资产按照名义金额入账的	借：无形资产 [名义金额] 贷：捐赠收入 借：其他费用 贷：银行存款 / 零余额账户用款额度等 [发生的相关税费等]	借：其他支出 [支付的相关税费等] 贷：资金结存
		无偿调入的无形资产	借：无形资产 贷：银行存款 / 零余额账户用款额度等 [发生的相关税费等] 无偿调拨净资产 [差额]	借：其他支出 [支付的相关税费等] 贷：资金结存

续表

序号	业务		财务会计处理	预算会计处理
（2）	与无形资产有关的后续支出	符合无形资产确认条件的后续支出（如为提升无形资产的使用效能或增加其功能而发生的后续支出）	借：在建工程 无形资产累计摊销 贷：无形资产 借：在建工程［需暂停摊销的］/无形资产［无须暂停摊销的］ 贷：财政拨款收入 / 零余额账户用款额度 / 银行存款等	借：事业支出 / 经营支出等［实际支付的资金］ 贷：财政拨款预算收入 / 资金结存
		不符合无形资产确认条件的后续支出（为维护无形资产的正常使用而发生的后续支出）	借：业务活动费用 / 单位管理费用 / 经营费用等 贷：财政拨款收入 / 零余额账户用款额度 / 银行存款等	借：事业支出 / 经营支出等 贷：财政拨款预算收入 / 资金结存
（3）	无形资产处置	出售、转让无形资产	借：资产处置费用 无形资产累计摊销 贷：无形资产	—
			借：银行存款等［收到的价款］ 贷：银行存款等［发生的相关费用］ 应缴财政款 / 其他收入	如转让收入按照规定纳入本单位预算 借：资金结存 贷：其他预算收入
		对外捐赠无形资产	借：资产处置费用 无形资产累计摊销 贷：无形资产［账面余额］ 银行存款等［归属于捐出方的相关费用］	借：其他支出［归属于捐出方的相关费用］ 贷：资金结存
		无偿调出无形资产	借：无偿调拨净资产 无形资产累计摊销 贷：无形资产［账面余额］ 借：资产处置费用 贷：银行存款等［归属于调出方的相关费用］	借：其他支出［归属于调出方的相关费用］ 贷：资金结存
		置换换出无形资产	参照“库存物品”科目中置换取得库存物品的规定进行账务处理	

续表

序号	业务		财务会计处理	预算会计处理
（3）	无形资产处置	经批准核销无形资产时	借：资产处置费用 无形资产累计摊销 贷：无形资产［账面余额］	—

2.24.4 案例分析

1. 外购无形资产

【例 2-65】某事业单位取得一项专利，使用财政授权支付方式支付价款 200 000 元。账务处理如下。

财务会计：

借：无形资产 200 000

贷：零余额账户用款额度 200 000

预算会计：

借：事业支出 200 000

贷：资金结存——零余额账户用款额度 200 000

2. 委托软件公司开发软件

【例 2-66】某事业单位与软件公司合作，委托其开发软件，价款 500 000 元。根据合同，该事业单位预付 40% 的开发费用，剩余费用完工交付后支付。所有款项使用财政授权支付方式支付。该事业单位的账务处理如下。

（1）预付开发费用。

财务会计：

借：预付账款 200 000

贷：零余额账户用款额度 200 000

预算会计：

借：事业支出 200 000

贷：资金结存——零余额账户用款额度 200 000

（2）完工交付。

财务会计：

借：无形资产 500 000

贷：预付账款　　200 000

　　零余额账户用款额度　　300 000

预算会计：

借：事业支出　　300 000

　　贷：资金结存——零余额账户用款额度　　300 000

3. 自行开发无形资产

【例 2-67】某事业单位自行开发一项技术，并申请专利，申请专利时发生的注册费、聘请律师费等共计 100 000 元。在开发阶段共发生研发费用 200 000 元。所有款项均使用财政授权支付方式支付。账务处理如下。

（1）取得专利前发生研发费用。

财务会计：

借：研发支出　　200 000

　　贷：零余额账户用款额度　　200 000

预算会计：

借：事业支出　　200 000

　　贷：资金结存——零余额账户用款额度　　200 000

（2）依法取得专利。

财务会计：

借：无形资产　　300 000

　　贷：研发支出　　200 000

　　　　零余额账户用款额度　　100 000

预算会计：

借：事业支出　　100 000

　　贷：资金结存——零余额账户用款额度　　100 000

4. 置换取得无形资产

【例 2-68】某事业单位用一项专利置换换入一批材料，换出专利的原价为 500 000 元，已计提摊销 300 000 元，评估价值为 200 000 元。置换换出专利收到补价 50 000 元，当日收到材料并验收入库。账务处理如下。

借：库存物品　　150 000

　　无形资产累计摊销　　300 000

　　银行存款　　50 000

贷：无形资产　　500 000

5．接受捐赠的无形资产

【例2-69】某事业单位接受A公司捐赠的一项专利，价值200 000元，用银行存款支付相关税费2 000元。账务处理如下。

财务会计：

借：无形资产　　202 000

　　贷：银行存款　　2 000

　　　　捐赠收入　　200 000

预算会计：

借：其他支出　　2 000

　　贷：资金结存——货币资金　　2 000

6．无偿调入的无形资产

【例2-70】某事业单位接受无偿调入的无形资产，资产价值50 000元，其间发生运输费400元，以银行存款支付。账务处理如下。

财务会计：

借：无形资产　　50 400

　　贷：无偿调拨净资产　　50 000

　　　　银行存款　　400

预算会计：

借：其他支出　　400

　　贷：资金结存——货币资金　　400

7．后续支出

【例2-71】某事业单位拥有一项软件技术，账面价值为50 000元，已摊销5 000元，现为提升该软件技术的效用发生后续支出20 000元。若该支出符合无形资产的确认条件，则账务处理如下。

财务会计：

借：在建工程　　45 000

　　无形资产累计摊销　　5 000

　　贷：无形资产　　50 000

借：在建工程　　20 000

贷：银行存款　　20 000

预算会计：

借：其他支出　　20 000

贷：资金结存——货币资金　　20 000

【例 2-72】某事业单位拥有一项软件技术，账面价值为 50 000 元，已摊销 5 000 元，现为维护该软件技术的正常使用发生后续支出 20 000 元。若该支出不符合无形资产确认条件，则账务处理如下。

财务会计：

借：业务活动费用　　20 000

贷：银行存款　　20 000

预算会计：

借：事业支出　　20 000

贷：资金结存——货币资金　　20 000

8．无形资产处置

【例 2-73】某事业单位打算无偿调出内部的一项无形资产。该无形资产的原值为 100 000 元，已计提摊销 20 000 元。账务处理如下。

借：无偿调拨净资产　　80 000

无形资产累计摊销　　20 000

贷：无形资产　　100 000

【例 2-74】某事业单位将一批不再能为事业单位带来经济利益的著作权予以核销。该批著作权原价 100 000 元，已计提摊销 85 000 元。账务处理如下。

借：资产处置费用　　15 000

无形资产累计摊销　　85 000

贷：无形资产　　100 000

2.25　无形资产累计摊销

2.25.1　业务简介

在事业单位会计实务中，“无形资产累计摊销”科目用于核算事业单位对使用年限有限的无形资产计提的累计摊销。

2.25.2 账务处理

在财务会计中，与“无形资产累计摊销”科目相关的账务处理如下。

（1）按月对无形资产进行摊销时，按照应摊销的金额，借记“业务活动费用”“单位管理费用”“加工物品”“在建工程”等科目，贷记本科目。

（2）经批准处置无形资产时，按照所处置无形资产的账面价值，借记“资产处置费用”“无偿调拨净资产”“待处理财产损溢”等科目；按照已计提的摊销，借记本科目；按照无形资产的账面余额，贷记“无形资产”科目。

在事业单位会计实务中，无形资产累计摊销的主要账务处理见表 2-24。

表 2-24　　无形资产累计摊销的主要账务处理

序号	业务	财务会计处理	预算会计处理
（1）	按月进行无形资产摊销时	借：业务活动费用 / 单位管理费用 / 加工物品 / 在建工程等 贷：无形资产累计摊销	—
（2）	处置无形资产时	借：资产处置费用 / 无偿调拨净资产 / 待处理财产损溢等 无形资产累计摊销 贷：无形资产［账面余额］	—

2.25.3 案例分析

【例 2-75】 2×19 年 3 月 9 日，某事业单位购入一项专利，总价款 360 000 元，按规定，摊销年限为 10 年。账务处理如下。

（1）2×19 年 3 月 31 日，当月购入的无形资产不计提摊销。

（2）2×19 年 4 月 30 日，计提专利权摊销。

专利权月摊销额 =360 000 ÷ 10 ÷ 12=3 000（元）。

借：单位管理费用　　3 000

　　贷：无形资产累计摊销　　3 000

2.26　研发支出

2.26.1　业务简介

在事业单位会计实务中，“研发支出”科目用于核算事业单位在自行研究开发项目的研究阶段和开发阶段发生的各项支出。建设项目中的软件研发支出，应当通过“在建工程”科目核算，不通过本科目核算。

2.26.2　账务处理

在财务会计中，与“研发支出”科目相关的账务处理如下。

（1）自行研究开发项目研究阶段的支出，应当先在本科目归集。按照从事研究及其辅助活动人员计提的薪酬，研究活动领用的库存物品，发生的与研究活动相关的管理费、间接费和其他各项费用，借记本科目（研究支出），贷记“应付职工薪酬”“库存物品”“财政拨款收入”“零余额账户用款额度”“固定资产累计折旧”“银行存款”等科目。

期（月）末，应当将本科目归集的研究阶段的支出金额转入当期费用，借记“业务活动费用”等科目，贷记本科目（研究支出）。

（2）自行研究开发项目开发阶段的支出，先通过本科目进行归集。按照从事开发及其辅助活动人员计提的薪酬，开发活动领用的库存物品，发生的与开发活动相关的管理费、间接费和其他各项费用，借记本科目（开发支出），贷记“应付职工薪酬”“库存物品”“财政拨款收入”“零余额账户用款额度”“固定资产累计折旧”“银行存款”等科目。自行研究开发项目完成，达到预定用途形成无形资产的，按照本科目归集的开发阶段的支出金额，借记“无形资产”科目，贷记本科目（开发支出）。

单位应于每年年度终了评估研究开发项目是否能达到预定用途，如预计不能达到预定用途（如无法最终完成开发项目并形成无形资产的），则应当将已发生的开发支出金额全部转入当期费用，借记“业务活动费用”等科目，贷记本科目（开发支出）。

自行研究开发项目时涉及增值税业务的，相关账务处理参见“应交增值税”科目。

在事业单位会计实务中，研发支出的主要账务处理见表 2-25。

表 2–25　　　　研发支出的主要账务处理

业务			财务会计处理	预算会计处理
单位自行研究开发无形资产	自行研究开发项目研究阶段的支出	应当按照合理的方法先归集	借：研发支出——研究支出 贷：应付职工薪酬 / 库存物品 / 财政拨款收入 / 零余额账户用款额度 / 银行存款 / 固定资产累计折旧等	借：事业支出 / 经营支出等[实际支付的款项] 贷：财政拨款预算收入 / 资金结存
		期（月）末转入当期费用	借：业务活动费用等 贷：研发支出——研究支出	—
	自行研究开发项目开发阶段的支出		借：研发支出——开发支出 贷：应付职工薪酬 / 库存物品 / 财政拨款收入 / 零余额账户用款额度 / 银行存款 / 固定资产累计折旧等	借：事业支出 / 经营支出等[实际支付的款项] 贷：财政拨款预算收入 / 资金结存
	自行研究开发项目完成，达到预定用途形成无形资产		借：无形资产 贷：研发支出——开发支出	—
	年末经评估，研发项目预计不能达到预定用途		借：业务活动费用等 贷：研发支出——开发支出	—

2.26.3　案例分析

【例 2–76】某事业单位于 2×19 年 1 月 1 日自行研究开发出一项新产品专利技术。在研究开发过程中，该单位耗费价值 50 万元的材料 A 一批，发生人工工资 90 万元，以及用银行存款支付其他费用 20 万元，总计 160 万元。其中，符合资本化条件的支出为 130 万元。假定不考虑相关税费，则该事业单位的账务处理如下。

财务会计：

借：研发支出——研究支出　　　　300 000

　　　　　　——开发支出　　　　1 300 000

　贷：库存物品——材料 A　　　　500 000

　　　应付职工薪酬　　　　900 000

　　　银行存款　　　　200 000

预算会计：

借：事业支出　　200 000

　　贷：资金结存——货币资金　　200 000

2.27　公共基础设施及其累计折旧（摊销）

2.27.1　业务简介

公共基础设施是指事业单位为满足社会公共需求而控制的有形资产，它具有以下特征：是一个有形资产系统或网络的组成部分；具有特定用途；一般不可移动。

一般情况下，公共基础设施需要计提折旧。不得计提折旧的公共基础设施包括：①事业单位持续进行良好的维护使其性能得到永久维持的公共基础设施；②确认为公共基础设施的单独计价入账的土地使用权；③已经提足折旧的公共基础设施；④提前报废的公共基础设施。

2.27.2　公共基础设施的分类与确认

1. 分类

（1）市政基础设施（如城市道路、桥梁、隧道、公交场站、路灯、广场公园绿地、室外公共健身器材，以及环卫、排水、供水、供电、供气、供热、污水处理、垃圾处理系统等）。

（2）交通基础设施（如公路、航道、港口等）。

（3）水利基础设施（大坝、堤防、水闸、泵站、渠道等）。

（4）其他公共基础设施。

2. 分类确认

（1）事业单位应当根据公共基础设施提供公共产品或服务的性质或功能特征对其进行分类确认。

（2）公共基础设施的各组成部分具有不同使用年限或者以不同方式提供公共产品或服务，适用不同折旧率或折旧方法且可以分别确定各自原价的，应当将各组成部分分别确认为该类公共基础设施的一个单项公共基础设施。

（3）土地使用权问题：能够分清购建成本中的构筑物部分与土地使用权

部分的，应当分别确认为公共基础设施；不能分清购建成本中的构筑物部分与土地使用权部分的，应当全部确认为公共基础设施。

3. 后续支出确认

为提升公共基础设施使用效能或延长其使用年限而发生的改建、扩建等后续支出，应当计入公共基础设施成本；为维护公共基础设施的正常使用而发生的日后维修、养护等后续支出，应当计入当期费用。

2.27.3 账务处理

在财务会计中，与“公共基础设施”科目和“公共基础设施累计折旧（摊销）”科目相关的账务处理如下。

1. 公共基础设施的主要账务处理

（1）取得时，应当按照其成本入账。

①自行建造的公共基础设施完工并交付使用时，按照在建工程的成本，借记“公共基础设施”科目，贷记 “在建工程”科目。

②接受其他单位无偿调入的公共基础设施时，按照确定的成本，借记“公共基础设施”科目；按照发生的归属于调入方的相关费用，贷记“财政拨款收入”“零余额账户用款额度”“银行存款”等科目；按照其差额，贷记“无偿调拨净资产”科目。

无偿调入的公共基础设施成本无法可靠取得的，按照发生的相关税费、运输费等金额，借记“其他费用”科目，贷记“财政拨款收入”“零余额账户用款额度”“银行存款”等科目。

③接受捐赠的公共基础设施，按照确定的成本，借记“公共基础设施”科目；按照发生的相关费用，贷记“财政拨款收入”“零余额账户用款额度”“银行存款”等科目；按照其差额，贷记“捐赠收入”科目。

接受捐赠的公共基础设施成本无法可靠取得的，按照发生的相关税费等金额，借记“其他费用”科目，贷记“财政拨款收入”“零余额账户用款额度”“银行存款”等科目。

④外购的公共基础设施，按照确定的成本，借记“公共基础设施”科目，贷记“财政拨款收入”“零余额账户用款额度”“银行存款”“应付账款”等科目。

⑤对于成本无法可靠取得的公共基础设施，单位应当设置备查簿进行登记，

待成本能够可靠确定后按照规定及时入账。

（2）与公共基础设施有关的后续支出。

将公共基础设施转入改建、扩建时，按照公共基础设施的账面价值，借记“在建工程”科目；按照公共基础设施已计提的折旧（摊销），借记“公共基础设施累计折旧（摊销）”科目；按照公共基础设施的账面余额，贷记“公共基础设施”科目。

为提升公共基础设施使用效能或延长其使用年限而发生的改建、扩建等后续支出，借记“在建工程”科目，贷记“财政拨款收入”“零余额账户用款额度”“银行存款”“应付账款”等科目。

为保证公共基础设施正常使用发生的日常维修等支出，借记“业务活动费用”“单位管理费用”等科目，贷记“财政拨款收入”“零余额账户用款额度”“银行存款”等科目。

（3）按照规定报经批准后处置公共基础设施时，分别按照以下情况进行处理。

①报经批准后对外捐赠公共基础设施时，按照公共基础设施已计提的折旧或摊销，借记“公共基础设施累计折旧（摊销）”科目；按照被处置的公共基础设施的账面余额，贷记“公共基础设施”科目；按照捐赠过程中发生的归属于捐出方的相关费用，贷记“银行存款”等科目；按照其差额，借记“资产处置费用”科目。

②报经批准无偿调出公共基础设施，按照公共基础设施已计提的折旧或摊销，借记“公共基础设施累计折旧（摊销）”科目；按照被处置公共基础设施账面余额，贷记“公共基础设施”科目；按照其差额，借记“无偿调拨净资产”科目。同时，按照无偿调出过程中发生的归属于调出方的相关费用，借记“资产处置费用”科目，贷记“银行存款”等科目。

（4）单位应当定期对公共基础设施进行清查盘点。对于发生的公共基础设施盘盈或盘亏、毁损、报废，应当先记入“待处理财产损溢”科目，再按照规定报经批准后及时进行后续账务处理。

①盘盈的公共基础设施，其成本按照有关凭据注明的金额确定；没有相关凭据，但按照规定经过资产评估的，其成本按照评估价值确定；没有相关凭据，也未经过资产评估的，其成本按照重置成本确定。盘盈的公共基础设施成本无法可靠取得的，单位应当设置备查簿进行登记，待成本确定后按照规定及时

入账。

②盘亏、毁损或报废公共基础设施时，按照待处置公共基础设施的账面价值，借记“待处理财产损溢”科目；按照已计提的折旧或摊销，借记“公共基础设施累计折旧（摊销）”科目；按照公共基础设施的账面余额，贷记“公共基础设施”科目。

2. 公共基础设施累计折旧（摊销）的主要账务处理

（1）按月计提公共基础设施折旧时，按照应计提的折旧额，借记“业务活动费用”科目，贷记“公共基础设施累计折旧（摊销）”科目。

（2）按月对确认为公共基础设施的单独计价入账的土地使用权进行摊销时，按照应计提的摊销额，借记“业务活动费用”科目，贷记“公共基础设施累计折旧（摊销）”科目。

（3）处置公共基础设施时，按照所处置的公共基础设施的账面价值，借记“资产处置费用”“无偿调拨净资产”“待处理财产损溢”等科目；按照已提取的折旧和摊销，借记“公共基础设施累计折旧（摊销）”科目；按照公共基础设施账面余额，贷记“公共基础设施”科目。

在事业单位会计实务中，公共基础设施及其累计折旧（摊销）的主要账务处理分别见表 2-26 和表 2-27。

表 2-26　　公共基础设施的主要账务处理

序号	业务		财务会计处理	预算会计处理
（1）	取得公共基础设施	自行建造公共基础设施完工交付使用时	借：公共基础设施 　贷：在建工程	—
		接受无偿调入的公共基础设施	借：公共基础设施 　贷：无偿调拨净资产 　　财政拨款收入 / 零余额账户用款额度 / 银行存款等 [发生的归属于调入方的相关费用] 如无偿调入的公共基础设施成本无法可靠取得 借：其他费用 [发生的归属于调入方的相关费用] 　贷：财政拨款收入 / 零余额账户用款额度 / 银行存款等	借：其他支出 [支付的归属于调入方的相关费用] 　贷：财政拨款预算收入 / 资金结存

续表

序号	业务		财务会计处理	预算会计处理
（1）	取得公共基础设施	接受捐赠的公共基础设施	借：公共基础设施 　贷：捐赠收入 　　财政拨款收入 / 零余额账户用款额度 / 银行存款等 [发生的归属于捐入方的相关费用] 如接受捐赠的公共基础设施成本无法可靠取得 借：其他费用 [发生的归属于捐入方的相关费用] 　贷：财政拨款收入 / 零余额账户用款额度 / 银行存款等	借：其他支出 [支付的归属于捐入方的相关费用] 　贷：财政拨款预算收入 / 资金结存
		外购的公共基础设施	借：公共基础设施 　贷：财政拨款收入 / 零余额账户用款额度 / 应付账款 / 银行存款等	借：事业支出 　贷：财政拨款预算收入 / 资金结存
（2）	与公共基础设施有关的后续支出	将公共基础设施转入改扩建及为提升公共基础设施使用效能或延长其使用年限而发生的改建、扩建等后续支出	借：在建工程 　公共基础设施累计折旧（摊销） 　贷：公共基础设施 [账面余额] 借：在建工程 [发生的相关后续支出] 　贷：财政拨款收入 / 零余额账户用款额度 / 应付账款 / 银行存款等	借：事业支出 [实际支付的款项] 　贷：财政拨款预算收入 / 资金结存
		为维护公共基础设施的正常使用而发生的日常维修、养护等后续支出	借：业务活动费用 / 单位管理费用 　贷：财政拨款收入 / 零余额账户用款额度 / 银行存款等	借：事业支出 [实际支付的款项] 　贷：财政拨款预算收入 / 资金结存

续表

<table>
<tr><th>序号</th><th colspan="2">业务</th><th>财务会计处理</th><th>预算会计处理</th></tr>
<tr><td rowspan="2">（3）</td><td rowspan="2">按照规定处置公共基础设施</td><td>对外捐赠公共基础设施</td><td>借：资产处置费用
公共基础设施累计折旧（摊销）
贷：公共基础设施[账面余额]
银行存款等[归属于捐出方的相关费用]</td><td>借：其他支出[支付的归属于捐出方的相关费用]
贷：资金结存等</td></tr>
<tr><td>无偿调出公共基础设施</td><td>借：无偿调拨净资产
公共基础设施累计折旧（摊销）
贷：公共基础设施[账面余额]
借：资产处置费用
贷：银行存款等[归属于调出方的相关费用]</td><td>借：其他支出[支付的归属于调出方的相关费用]
贷：资金结存等</td></tr>
<tr><td>（4）</td><td>盘亏、报废、毁损的公共基础设施</td><td colspan="2">借：待处理财产损溢
公共基础设施累计折旧（摊销）
贷：公共基础设施[账面余额]</td><td>—</td></tr>
</table>

表 2–27　公共基础设施累计折旧（摊销）的主要账务处理

序号	业务	财务会计处理	预算会计处理
（1）	按月计提公共基础设施折旧或摊销时	借：业务活动费用 贷：公共基础设施累计折旧（摊销）	—
（2）	处置公共基础设施时	借：待处理财产损溢/资产处置费用/无偿调拨净资产等 公共基础设施累计折旧（摊销） 贷：公共基础设施[账面余额]	—

2.27.4 案例分析

1. 自行建造

【例 2–77】某事业单位根据市政规划自行建造市民广场。该项公共基础设施至交付使用前所发生的全部必要支出为 3 000 000 元。账务处理如下。

借：公共基础设施　3 000 000

　贷：在建工程　3 000 000

2. 接受无偿调入

【例 2-78】某事业单位接受上级无偿调入的健身设施。经评估，该项公共基础设施的价值为 200 000 元。该单位为此用银行存款支付安装费 10 000 元。账务处理如下。

财务会计：

借：公共基础设施	210 000	
贷：无偿调拨净资产		200 000
银行存款		10 000

预算会计：

借：其他支出	10 000	
贷：资金结存——货币资金		10 000

3. 外购

【例 2-79】某事业单位外购一批防灾设施，使用财政授权支付方式支付款项 100 000 元，支付运费等相关支出 2 000 元。账务处理如下。

财务会计：

借：公共基础设施	102 000	
贷：零余额账户用款额度		102 000

预算会计：

借：事业支出	102 000	
贷：资金结存——零余额账户用款额度		102 000

4. 后续支出

【例 2-80】某事业单位为延长市民广场的使用年限对其进行改扩建。该市民广场账面价值 1 000 000 元，计提累计折旧 200 000 元，发生的后续支出共 200 000 元。若该事业单位使用财政授权支付方式进行支付，则账务处理如下。

财务会计：

借：在建工程	800 000	
公共基础设施累计折旧（摊销）	200 000	
贷：公共基础设施		1 000 000
借：在建工程	200 000	
贷：零余额账户用款额度		200 000

预算会计：

借：事业支出　　200 000

　　贷：资金结存——零余额账户用款额度　　200 000

【例 2-81】某事业单位对其所管理的市民广场进行了日常维护，发生的日常维护支出共 100 000 元，使用财政授权支付方式进行支付。账务处理如下。

财务会计：

借：业务活动费用　　100 000

　　贷：零余额账户用款额度　　100 000

预算会计：

借：事业支出　　100 000

　　贷：资金结存——零余额账户用款额度　　100 000

5. 毁损

【例 2-82】某事业单位管理的市民广场因洪灾遭到毁损，其原价为 3 000 000 元，已计提折旧 1 000 000 元。账务处理如下。

借：待处理财产损溢　　2 000 000

　　公共基础设施累计折旧（摊销）　　1 000 000

　　贷：公共基础设施　　3 000 000

6. 处置

【例 2-83】某事业单位对外捐赠公共基础设施。该设施的账面余额为 100 000 元，已计提折旧 30 000 元。另外，该事业单位用银行存款支付运输费 3 000 元。账务处理如下。

财务会计：

借：资产处置费用　　73 000

　　公共基础设施累计折旧（摊销）　　30 000

　　贷：公共基础设施　　100 000

　　　　银行存款　　3 000

预算会计：

借：其他支出　　3 000

　　贷：资金结存——货币资金　　3 000

2.28　政府储备物资

2.28.1　业务简介

在事业单位会计实务中，“政府储备物资”科目用于核算事业单位控制的政府储备物资的成本。

对政府储备物资不负有行政管理职责但接受委托具体负责执行其存储保管等工作的单位，其受托代储的政府储备物资应当通过“受托代理资产”科目核算，不通过本科目核算。

政府储备物资，是指事业单位为满足实施国家安全与发展战略、进行抗灾救灾、应对公共突发事件等特定公共需求而控制的，同时具有下列特征的有形资产：

（1）在应对可能发生的特定事件或情形时动用；

（2）其购入、存储保管、更新（轮换）、动用等由政府及相关部门发布的专门管理制度规范。

2.28.2　政府储备物资的确认与计量

1. 政府储备物资的确认

政府储备物资是政府资产的重要组成部分。我国政府储备物资包括战略及能源物资、抢险抗灾救灾物资、农产品、医药物资和其他重要商品物资，对保障国家安全、服务国计民生具有重要意义。政府储备物资通常情况下由事业单位委托承储单位存储。

从资产物质形态角度来说，政府储备物资与存货具有一定相似性，但政府储备物资在功能作用、管理方式、资金来源、业务流程等方面与存货存在着显著差异。

首先，从管理方式角度来看，事业单位对于存货一般采取由其自身直接储存的方式进行管理，而我国政府储备物资主要采取委托存储的管理模式。

其次，政府储备物资需要根据特定文件规定进行采购、存储保管、更新（轮换）、动用等，发出物资收回往往具有不确定性。

最后，不同于事业单位通常对自身控制的存货拥有所有权，政府会计准则规定政府储备物资，应当由按规定对其负有行政管理职责的事业单位予以确认。

所谓行政管理职责，主要指提出或拟订收储计划、更新（轮换）计划、动用方案等。如果是对政府储备物资不负有行政管理职责但接受委托具体负责执行其存储保管等工作的事业单位，只能将受托代储的政府储备物资作为受托代理资产核算。相关行政管理职责由不同事业单位行使的政府储备物资，由负责提出收储计划的事业单位予以确认。

2. 政府储备物资的计量

（1）政府储备物资的初始计量。

在取得政府储备物资时，应当按照成本进行初始计量。

第一，外购的政府储备物资，其成本包括购买价款和事业单位承担的相关税费、运输费、装卸费、保险费、检测费以及使政府储备物资达到目前场所和状态所发生的归属于政府储备物资成本的其他支出。

第二，委托加工的政府储备物资，其成本包括委托加工前的物料成本、委托加工的成本（如委托加工费以及按规定应计入委托加工政府储备物资成本的相关税费等）以及事业单位承担的使政府储备物资达到目前场所和状态所发生的归属于政府储备物资成本的其他支出。

第三，接受捐赠的政府储备物资，其成本有 3 种确定方式：按照有关凭据注明的金额加上事业单位承担的相关税费、运输费等确定；没有相关凭据可供取得，但按规定经过资产评估的，其成本按照评估价值加上事业单位承担的相关税费、运输费等确定；没有相关凭据可供取得也未经资产评估的，其成本比照同类或类似资产的市场价格加上事业单位承担的相关税费、运输费等确定。不能使用名义金额。

第四，接受无偿调入的政府储备物资，其成本按照调出方账面价值加上归属于事业单位的相关税费、运输费等确定。

第五，盘盈的政府储备物资，其成本确定方式有 3 种：按照有关凭据注明的金额确定；没有相关凭据，但按规定经过资产评估的，其成本按照评估价值确定；没有相关凭据，也未经资产评估的，其成本按照重置成本确定。

第六，下列各项不计入政府储备物资成本：

①仓储费用；

②日常维护费用；

③不能归属于使政府储备物资达到目前场所和状态所发生的其他支出。

（2）政府储备物资的后续计量。

第一，发出政府储备物资的成本计价方法与存货的相同，可以采用先进先出法、加权平均法或者个别计价法确定发出的政府储备物资成本。计价方法一经确定，不得随意变更。对于性质和用途相似的政府储备物资，事业单位应当采用相同的成本计价方法确定发出物资的成本。对于不能替代使用的政府储备物资、为特定项目专门购入或加工的政府储备物资，事业单位通常应采用个别计价法确定发出物资的成本。

第二，因动用而发出无须收回的政府储备物资的，应当在发出物资时将其账面余额予以转销，计入当期费用。

第三，因动用而发出需要收回或者预期可能收回的政府储备物资的，应当在按规定的质量验收标准收回物资时，将未收回物资的账面余额予以转销，计入当期费用。

第四，因管理主体变动等原因而将政府储备物资调拨给其他主体的，事业单位应当在发出物资时将其账面余额予以转销。

第五，事业单位对外销售政府储备物资的，应当在发出物资时将其账面余额转销计入当期费用，并按规定确认相关销售收入或将销售取得的价款大于所承担的相关税费后的差额做应缴款项处理。

第六，事业单位采取销售采购方式对政府储备物资进行更新（轮换）的，应当将物资轮出视为物资销售，按照对外销售处理；将物资轮入视为物资采购，按照外购处理。

第七，政府储备物资报废、毁损的，事业单位应当按规定报经批准后将报废、毁损的政府储备物资的账面余额予以转销，确认应收款项（确定追究相关赔偿责任的）或计入当期费用（因储存年限到期报废或非人为因素致使报废、毁损的）；同时，将报废、毁损过程中取得的残值变价收入扣除事业单位承担的相关费用后的差额按规定进行上缴款项处理（差额为净收益时）或计入当期费用（差额为净损失时）。

第八，政府储备物资盘亏的，事业单位应当按规定报经批准后将盘亏的政府储备物资的账面余额予以转销，确定追究相关赔偿责任的，确认应收款项；属于正常耗费或不可抗力造成的，计入当期费用。

2.28.3 账务处理

在财务会计中，与“政府储备物资”科目相关的账务处理如下。

1. 取得时的账务处理

（1）购入的政府储备物资验收入库时，按照确定的成本，借记本科目，贷记“财政拨款收入”“零余额账户用款额度”“银行存款”“应付账款”等科目。

（2）涉及委托加工政府储备物资业务的，相关账务处理参照“加工物品”科目。

（3）接受捐赠的政府储备物资验收入库时，按照确定的成本，借记本科目，按照单位承担的相关税费、运输费等，贷记“零余额账户用款额度”“银行存款”“财政拨款收入”等科目，按照其差额，贷记“捐赠收入”科目。

（4）接受无偿调入的政府储备物资验收入库时，按照确定的成本，借记本科目；按照单位承担的相关税费、运输费等，贷记“零余额账户用款额度”“财政拨款收入”“银行存款”等科目；按照其差额，贷记“无偿调拨净资产”科目。

2. 发出时的账务处理

（1）因动用而发出无须收回的政府储备物资的，按照发出物资的账面余额，借记“业务活动费用”科目，贷记本科目。

（2）因动用而发出需要收回或者预期可能收回的政府储备物资的，在发出物资时，按照发出物资的账面余额，借记本科目（发出），贷记本科目（在库）。按照规定的质量验收标准收回物资时，按照收回物资账面余额，借记本科目（在库），按照未收回物资的账面余额，借记“业务活动费用”科目，按照物资发出时登记在本科目“发出”明细科目中的余额，贷记本科目（发出）。

（3）因管理主体变动等原因而将政府储备物资调拨给其他主体的，按照无偿调出政府储备物资的账面余额，借记“无偿调拨净资产”科目，贷记本科目。

（4）对外销售政府储备物资并将销售收入纳入单位预算统一管理的，发出物资时，按照发出物资的账面余额，借记“业务活动费用”科目，贷记本科目；实现销售收入时，按照确认的收入金额，借记“银行存款”“应收账款”等科目，贷记“事业收入”等科目。

对外销售政府储备物资并按照规定将销售净收入上缴财政的，发出物资时，按照发出物资的账面余额，借记“资产处置费用”科目，贷记本科目；取得销售价款时，按照实际收到的款项金额，借记“银行存款”等科目，按照发生的相关税费，贷记“银行存款”等科目，按照销售价款大于所承担的相关税费后的差额，贷记“应缴财政款”科目。

3．盘点时的账务处理

单位应当定期对政府储备物资进行清查、盘点，每年至少盘点一次。对于发生的政府储备物资盘盈或者盘亏、报废、毁损，应当先记入“待处理财产损溢”科目，按照规定报经批准后及时进行后续账务处理。

（1）盘盈政府储备物资时，按照确定的入账成本，借记本科目，贷记“待处理财产损溢”科目。

（2）盘亏或者毁损、报废政府储备物资时，按照待处理政府储备物资的账面余额，借记“待处理财产损溢”科目，贷记本科目。

在事业单位会计实务中，政府储备物资的主要账务处理见表 2-28。

表 2-28　　政府储备物资的主要账务处理

序号	业务		财务会计处理	预算会计处理
（1）	取得政府储备物资	购入的政府储备物资	借：政府储备物资 贷：财政拨款收入 / 零余额账户用款额度 / 应付账款 / 银行存款等	借：事业支出 贷：财政拨款预算收入 / 资金结存
		接受捐赠的政府储备物资	借：政府储备物资 贷：捐赠收入 财政拨款收入 / 零余额账户用款额度 / 银行存款 [捐入方承担的相关税费]	借：其他支出 [捐入方承担的相关税费] 贷：财政拨款预算收入 / 资金结存
		无偿调入的政府储备物资	借：政府储备物资 贷：无偿调拨净资产 财政拨款收入 / 零余额账户用款额度 / 银行存款 [调入方承担的相关税费]	借：其他支出 [调入方承担的相关税费] 贷：财政拨款预算收入 / 资金结存
（2）	发出政府储备物资	动用发出无须收回的政府储备物资	借：业务活动费用 贷：政府储备物资 [账面余额]	—

续表

<table>
<tr><th>序号</th><th colspan="3">业务</th><th>财务会计处理</th><th>预算会计处理</th></tr>
<tr><td rowspan="4">（2）</td><td rowspan="4">发出政府储备物资</td><td colspan="2">动用发出需要收回或预期可能收回的政府储备物资</td><td>发出物资时
借：政府储备物资——发出
贷：政府储备物资——在库
按照规定的质量验收标准收回物资时
借：政府储备物资——在库 [收回物资的账面余额]
业务活动费用 [未收回物资的账面余额]
贷：政府储备物资——发出</td><td>—</td></tr>
<tr><td colspan="2">因管理主体变动等原因而将政府储备物资调拨给其他主体的</td><td>借：无偿调拨净资产
贷：政府储备物资 [账面余额]</td><td>—</td></tr>
<tr><td rowspan="2">对外销售政府储备物资的</td><td>按照规定，物资销售收入纳入本单位预算的</td><td>借：业务活动费用
贷：政府储备物资
借：银行存款 / 应收账款等
贷：事业收入等
借：业务活动费用
贷：银行存款等 [发生的相关税费]</td><td>借：资金结存 [收到的销售价款]
贷：事业预算收入等
借：事业支出
贷：资金结存 [支付的相关税费]</td></tr>
<tr><td>按照规定，销售收入扣除相关税费后上缴财政的</td><td>借：资产处置费用
贷：政府储备物资
借：银行存款等[收到的销售价款]
贷：银行存款 [发生的相关税费]
应缴财政款</td><td>—</td></tr>
<tr><td rowspan="2">（3）</td><td rowspan="2">政府储备物资盘盈、盘亏、报废或毁损</td><td colspan="2">盘盈的政府储备物资</td><td>借：政府储备物资
贷：待处理财产损溢</td><td>—</td></tr>
<tr><td colspan="2">盘亏、报废或毁损的政府储备物资</td><td>借：待处理财产损溢
贷：政府储备物资</td><td>—</td></tr>
</table>

2.28.4　案例分析

1．购入的政府储备物资

【例 2-84】 某事业单位购入一批抗震救灾政府储备物资，价款为 5 000 000 元，相关税费为 850 000 元，运费、保险费共计 20 000 元。该事业单位使用财政授权支付方式进行结算。目前，购入的政府储备物资验收入库。账务处理如下。

财务会计：

借：政府储备物资	5 870 000	
贷：零余额账户用款额度		5 870 000

预算会计：

借：事业支出	5 870 000	
贷：资金结存——零余额账户用款额度		5 870 000

2．接受捐赠、无偿调入的政府储备物资

【例 2-85】 某事业单位接受一批抗震救灾政府储备物资的捐赠。该批物资价值 2 000 000 元，目前已验收入库。该事业单位为此用银行存款支付运输费用 5 000 元。账务处理如下。

财务会计：

借：政府储备物资	2 005 000	
贷：捐赠收入		2 000 000
银行存款		5 000

预算会计：

借：其他支出	5 000	
贷：资金结存——货币资金		5 000

3．盘点政府储备物资

【例 2-86】 沿用【例 2-85】。该批政府储备物资由于洪灾毁损，报经批准后予以核销。账务处理如下。

借：待处理财产损溢	2 005 000	
贷：政府储备物资		2 005 000

2.29 文物文化资产

2.29.1 业务简介

在事业单位会计实务中，“文物文化资产”科目用于核算事业单位为满足社会公共需求而控制的文物文化资产的成本。

事业单位为满足自身开展业务活动或其他活动需要而控制的文物和陈列品，应当通过“固定资产”科目核算，不通过本科目核算。

2.29.2 账务处理

在财务会计中，与“文物文化资产”科目相关的账务处理如下。

1. 取得文物文化资产时，应当按照其成本入账

（1）外购的文物文化资产，其成本包括购买价款、相关税费以及可归属于该项资产达到预定用途前所发生的其他支出（如运输费、安装费、装卸费等）。

外购文物文化资产时，按照确定的成本，借记本科目，贷记“财政拨款收入”“零余额账户用款额度”“银行存款”“应付账款”等科目。

（2）接受其他单位无偿调入的文物文化资产，其成本按照该项资产在调出方的账面价值加上归属于调入方的相关费用确定。

调入文物文化资产时，按照确定的成本，借记本科目；按照发生的归属于调入方的相关费用，贷记“零余额账户用款额度”“银行存款”“财政拨款收入”等科目；按照其差额，贷记“无偿调拨净资产”科目。

无偿调入的文物文化资产的成本无法可靠取得的，按照发生的归属于调入方的相关费用，借记“其他费用”科目，贷记“零余额账户用款额度”“财政拨款收入”“银行存款”等科目。

（3）接受捐赠的文物文化资产，其成本按照有关凭据注明的金额加上相关费用确定；没有相关凭据可供取得，但按照规定经过资产评估的，其成本按照评估价值加上相关费用确定；没有相关凭据可供取得，也未经资产评估的，其成本比照同类或类似资产的市场价格加上相关费用确定。

接受捐赠的文物文化资产，按照确定的成本，借记本科目；按照发生的相关税费、运输费等金额，贷记“零余额账户用款额度”“银行存款”“财政拨款收入”等科目；按照其差额，贷记“捐赠收入”科目。

接受捐赠的文物文化资产的成本无法可靠取得的，按照发生的相关税费、运输费等金额，借记“其他费用”科目，贷记“零余额账户用款额度”“财政拨款收入”“银行存款”等科目。

2. 与文物文化资产有关的后续支出

参照“公共基础设施”科目相关规定进行处理。

3. 报经批准后处置文物文化资产

按照规定报经批准后处置文物文化资产,应当按照以下情况进行账务处理。

（1）报经批准对外捐赠文物文化资产时，按照被处置的文物文化资产的账面余额和捐赠过程中发生的归属于捐出方的相关费用的合计数，借记“资产处置费用”科目；按照被处置文物文化资产账面余额，贷记本科目；按照捐赠过程中发生的归属于捐出方的相关费用，贷记“银行存款”等科目。

（2）报经批准无偿调出文物文化资产时，按照被处置文物文化资产账面余额，借记“无偿调拨净资产”科目，贷记本科目；同时，按照无偿调出过程中发生的归属于调出方的相关费用，借记“资产处置费用”科目，贷记“银行存款”等科目。

4. 盘点文物文化资产时的账务处理

单位应当定期对文物文化资产进行清查盘点，每年至少盘点一次。对于发生的文物文化资产盘盈或盘亏、毁损、报废等，参照“公共基础设施”科目相关规定进行账务处理。

在事业单位会计实务中，文物文化资产的主要账务处理见表 2-29。

表 2-29　　文物文化资产的主要账务处理

序号	业务		财务会计处理	预算会计处理
（1）	取得文物文化资产	外购的文物文化资产	借：文物文化资产 　贷：财政拨款收入 / 零余额账户用款额度 / 应付账款 / 银行存款等	借：事业支出 　贷：财政拨款预算收入 / 资金结存

续表

<table>
<tr><th>序号</th><th colspan="2">业务</th><th>财务会计处理</th><th>预算会计处理</th></tr>
<tr><td rowspan="2">（1）</td><td rowspan="2">取得文物文化资产</td><td>接受无偿调入的文物文化资产</td><td>借：文物文化资产
贷：无偿调拨净资产
财政拨款收入 / 零余额账户用款额度 / 银行存款等 [发生的归属于调入方的相关费用]
如无偿调入的文物文化资产成本无法可靠取得
借：其他费用 [发生的归属于调入方的相关费用]
贷：财政拨款收入 / 零余额账户用款额度 / 银行存款等</td><td>借：其他支出 [支付的归属于调入方的相关费用]
贷：财政拨款预算收入 / 资金结存</td></tr>
<tr><td>接受捐赠的文物文化资产</td><td>借：文物文化资产
贷：捐赠收入
财政拨款收入 / 零余额账户用款额度 / 银行存款 [发生的归属于捐入方的相关费用]
接受捐赠的文物文化资产成本无法可靠取得的
借：其他费用 [发生的归属于捐入方的相关费用]
贷：财政拨款收入 / 零余额账户用款额度 / 银行存款等</td><td>借：其他支出 [支付的归属于捐入方的相关费用]
贷：资金结存等</td></tr>
<tr><td rowspan="2">（2）</td><td rowspan="2">按照规定处置文物文化资产</td><td>对外捐赠文物文化资产</td><td>借：资产处置费用
贷：文物文化资产 [账面余额]
银行存款等 [归属于捐出方的相关费用]</td><td>借：其他支出 [支付的归属于捐出方的相关费用]
贷：资金结存等</td></tr>
<tr><td>无偿调出文物文化资产</td><td>借：无偿调拨净资产
贷：文物文化资产 [账面余额]
借：资产处置费用
贷：银行存款等 [归属于调出方的相关费用]</td><td>借：其他支出 [支付的归属于调出方的相关费用]
贷：资金结存等</td></tr>
<tr><td rowspan="2">（3）</td><td rowspan="2">盘点文物文化资产</td><td>盘盈时</td><td>借：文物文化资产
贷：待处理财产损溢</td><td rowspan="2">—</td></tr>
<tr><td>盘亏、毁损、报废时</td><td>借：待处理财产损溢
贷：文物文化资产 [账面余额]</td></tr>
</table>

2.29.3　案例分析

1. 外购的文物文化资产

【例 2-87】 某事业单位用事业经费购入一批文物文化资产，买价为 10 000 元，运杂费为 1 000 元，有关款项均已使用银行存款支付。账务处理如下。

财务会计：

借：文物文化资产	11 000	
贷：银行存款		11 000

预算会计：

借：事业支出	11 000	
贷：资金结存——货币资金		11 000

2. 接受无偿调入的文物文化资产

【例 2-88】 某事业单位接受无偿调入的文物文化资产，资产价值 70 000 元，其间发生运输费 900 元，有关款项均已使用银行存款支付。账务处理如下。

财务会计：

借：文物文化资产	70 900	
贷：无偿调拨净资产		70 000
银行存款		900

预算会计：

借：其他支出	900	
贷：资金结存——货币资金		900

3. 接受捐赠的文物文化资产

【例 2-89】 某事业单位接受社会捐赠的文物文化资产，资产价值 50 000 元，其间发生运输费 800 元，有关款项均已使用银行存款支付。账务处理如下。

财务会计：

借：文物文化资产	50 800	
贷：捐赠收入		50 000
银行存款		800

预算会计：

借：其他支出	800	
贷：资金结存——货币资金		800

4. 处置文物文化资产

【例 2-90】某事业单位打算无偿调出内部的一项无形资产。该无形资产的原值为 100 000 元。账务处理如下。

借：无偿调拨净资产　　100 000

　　贷：文物文化资产　　100 000

5. 盘点文物文化资产

【例 2-91】某事业单位于 2×19 年年底对单位的文物文化资产进行盘点，发现价值 3 000 元的文物文化资产毁损。账务处理如下。

借：待处理财产损溢　　3 000

　　贷：文物文化资产　　3 000

2.30 保障性住房及保障性住房累计折旧

2.30.1 业务简介

在事业单位会计实务中，“保障性住房”科目用于核算事业单位为满足社会公共需求而控制的保障性住房的原值，“保障性住房累计折旧”用于核算事业单位计提的保障性住房的累计折旧。

“保障性住房”科目应当按照保障性住房的类别、项目等进行明细核算；“保障性住房累计折旧”科目应当按照所对应的保障性住房的类别进行明细核算。

2.30.2 账务处理

在财务会计中，与“保障性住房”科目和“保障性住房累计折旧”科目的相关账务处理分别如下。

1. 保障性住房的主要账务处理

（1）取得保障性住房时，应当按其成本入账。

①外购的保障性住房，其成本包括购买价款、相关税费以及可归属于该项资产达到预定用途前所发生的其他支出。外购的保障性住房，按照确定的成本，借记“保障性住房”科目，贷记“财政拨款收入”“零余额账户用款额度”“银

行存款”等科目。

②自行建造的保障性住房交付使用时，按照在建工程的成本，借记“保障性住房”科目，贷记“在建工程”科目。已交付使用但尚未办理竣工决算手续的保障性住房，按照估计价值入账，待办理竣工决算后再按照实际成本调整原来的暂估价值。

③接受其他单位无偿调入的保障性住房，其成本按照该项资产在调出方的账面价值加上归属于调入方的相关费用确定。无偿调入的保障性住房，按照确定的成本，借记“保障性住房”科目；按照发生的归属于调入方的相关费用，贷记“零余额账户用款额度”“银行存款”等科目；按照其差额，贷记“无偿调拨净资产”科目。

④接受捐赠、融资租赁取得的保障性住房，参照“固定资产”科目的相关规定进行账务处理。

（2）与保障性住房有关的后续支出，参照“固定资产”科目的相关规定进行账务处理。

（3）按照规定出租保障性住房并将出租收入上缴同级财政的，按照收取或应收的租金金额，借记“银行存款”“应收账款”等科目，贷记“应缴财政款”科目。

（4）按照规定报经批准后处置保障性住房的，应当按照以下情况进行分别处理。

①报经批准后无偿调出保障性住房的，按照保障性住房已计提的折旧，借记“保障性住房累计折旧”科目；按照被处置保障性住房账面余额，贷记“保障性住房”科目；按照其差额，借记“无偿调拨净资产”科目。同时，按照无偿调出过程中发生的归属于调出方的相关费用，借记“资产处置费用”科目，贷记“银行存款”等科目。

②报经批准后出售保障性住房的，按照被出售的保障性住房的账面价值，借记“资产处置费用”科目；按照保障性住房已计提的折旧，借记“保障性住房累计折旧”科目；按照保障性住房账面余额，贷记“保障性住房”科目。同时，按照收到的价款，借记“银行存款”等科目；按照出售过程中发生的相关费用，贷记“银行存款”等科目；按照其差额，贷记“应缴财政款”科目。

（5）单位应当定期对保障性住房进行清查盘点。对于发生的保障性住房盘盈或盘亏、毁损、报废等，参照“固定资产”科目的相关规定进行账务处理。

2. 保障性住房累计折旧的主要账务处理

（1）按月计提保障性住房折旧时，按照应计提的折旧额，借记“业务活动费用”科目，贷记“保障性住房累计折旧”科目。

（2）报经批准处置保障性住房时，按照所处置保障性住房的账面价值，借记“资产处置费用”“无偿调拨净资产”“待处理财产损溢”等科目；按照已计提的折旧，借记“保障性住房累计折旧”科目；按照保障性住房的账面余额，贷记“保障性住房”科目。

在事业单位会计实务中，保障性住房及其折旧的主要账务处理分别见表 2-30 和表 2-31。

表 2-30　　保障性住房的主要账务处理

序号	业务		财务会计处理	预算会计处理
（1）	取得保障性住房	外购的保障性住房	借：保障性住房 贷：财政拨款收入 / 零余额账户用款额度 / 银行存款等	借：事业支出 贷：财政拨款预算收入 / 资金结存
		自行建造的保障性住房，工程完工并交付使用时	借：保障性住房 贷：在建工程	—
		无偿调入的保障性住房	借：保障性住房 贷：银行存款 / 零余额账户用款额度等 [发生的相关费用] 无偿调拨净资产 [差额]	借：其他支出 [支付的相关税费] 贷：资金结存等
（2）	出租保障性住房	按照收取或应收的租金	借：银行存款 / 应收账款 贷：应缴财政款	—
（3）	处置保障性住房	出售保障性住房	借：资产处置费用 保障性住房累计折旧 贷：保障性住房 [账面余额]	—
			借：银行存款 [处置保障性住房收到的价款] 贷：应缴财政款 银行存款等 [发生的相关费用]	—

续表

序号	业务		财务会计处理	预算会计处理
（3）	处置保障性住房	无偿调出保障性住房	借：无偿调拨净资产 保障性住房累计折旧 贷：保障性住房 [账面余额]	—
			借：资产处置费用 贷：银行存款等 [归属于调出方的相关费用]	借：其他支出 贷：资金结存等
（4）	保障性住房定期盘点清查	盘盈的保障性住房	借：保障性住房 贷：待处理财产损溢	—
		盘亏、毁损或报废的保障性住房	借：待处理财产损溢 [账面价值] 保障性住房累计折旧 贷：保障性住房 [账面余额]	—

表 2-31　　保障性住房累计折旧的主要账务处理

序号	业务	财务会计处理	预算会计处理
（1）	按月计提保障性住房折旧时	借：业务活动费用 贷：保障性住房累计折旧	—
（2）	处置保障性住房时	借：待处理财产损溢 / 无偿调拨净资产 / 资产处置费用等 保障性住房累计折旧 贷：保障性住房 [账面余额]	涉及资金支付的，参照“保障性住房”科目的相关账务处理

2.30.3　案例分析

【例 2-92】2×19 年 3 月 15 日，某事业单位外购一批保障性住房，支付价款 2 000 000 元，使用财政授权支付方式进行结算。账务处理如下。

财务会计：

借：保障性住房　　2 000 000

　　贷：零余额账户用款额度　　2 000 000

预算会计：

借：事业支出　　2 000 000

　　贷：资金结存——零余额账户用款额度　　2 000 000

【例 2-93】2×19 年 10 月 15 日，某事业单位自行建造的保障性住房工程完工并交付使用，前期投入工程价款 3 000 000 元。账务处理如下。

借：保障性住房　　3 000 000

　　贷：在建工程　　3 000 000

【例 2-94】 2×19 年 10 月 30 日，某事业单位接受无偿调入的保障性住房 10 套，价值 4 000 000 元。该事业单位以银行存款支付相关费用 20 000 元。账务处理如下。

财务会计：

借：保障性住房　　4 020 000

　　贷：银行存款　　20 000

　　　　无偿调拨净资产　　4 000 000

预算会计：

借：其他支出　　20 000

　　贷：资金结存——货币资金　　20 000

2.31 其他资产

事业单位中可能涉及的其他资产主要包括待摊费用、受托代理资产、长期待摊费用、待处理财产损溢四大类。

2.31.1 业务简介

1. 待摊费用

在事业单位会计实务中，“待摊费用”科目用于核算事业单位已经支付，但应当由本期和以后各期分别负担的分摊期在 1 年以内（含 1 年）的各项费用，如预付航空保险费、预付租金、供暖费等。待摊费用的特点是：虽然在某月支付或发生，但是受益期是以后的几个月甚至全年。为了正确计算各个会计期间的业务成果，必须严格划分费用的归属期，并摊入各月的成本、费用。待摊费用应当在其受益期限内分期平均摊销，如预付航空保险费应在保险期的有效期内平均摊销、预付租金应在租赁期内分期平均摊销，计入当期费用。

摊销期限在 1 年以上（不含 1 年）的租入固定资产改良支出和其他费用，应当通过“长期待摊费用”科目核算，不通过“待摊费用”科目核算。

实务中，有些费用受益期限虽然超过 1 个月，但如果费用金额较小，为了简化核算工作，也可以不作为待摊费用处理，而直接计入当期费用。

2．受托代理资产

在事业单位会计实务中，“受托代理资产”科目用于核算事业单位接受委托方委托管理的各项资产的成本，包括受托指定转赠的物资、受托存储保管的物资等的成本。单位管理的罚没物资也应当通过“受托代理资产”科目核算。单位收到的受托代理资产为现金和银行存款的，不通过“受托代理资产”科目核算，应当通过“库存现金”“银行存款”科目进行核算。

3．长期待摊费用

在事业单位会计实务中，“长期待摊费用”科目核算事业单位已经支出，但应由本期和以后各期负担的分摊期限在 1 年以上（不含 1 年）的各项费用，如以经营租赁方式租入的固定资产发生的改良支出等。

4．待处理财产损溢

在事业单位会计实务中，“待处理财产损溢”科目用于核算事业单位待处置资产的价值及处置损溢。

事业单位资产处置包括资产的出售、出让、转让、对外捐赠、无偿调出、盘亏、报废、毁损以及货币性资产损失核销等。

“待处理财产损溢”科目应当按照待处置资产项目进行明细核算；对于在处置过程中取得的相关收入、发生的相关费用，还应设置“处置资产价值”“处置净收入”明细科目，进行明细核算。

2.31.2　账务处理

在财务会计中，与“待摊费用”“受托代理资产”“长期待摊费用”“待处理财产损溢”科目相关的账务处理分别如下。

1．待摊费用

（1）发生待摊费用时，按照实际预付的金额，借记“待摊费用”科目，贷记“财政拨款收入”“零余额账户用款额度”“银行存款”等科目。

（2）按照受益期限分期平均摊销时，按照摊销金额，借记“业务活动费用”“单位管理费用”“经营费用”等科目，贷记“待摊费用”科目。

（3）如果某项待摊费用已经不能使单位受益，应当将其摊余金额一次全部转入当期费用。按照摊销金额，借记“业务活动费用”“单位管理费用”“经营费用”等科目，贷记“待摊费用”科目。

2. 受托代理资产

（1）受托转赠物资。

①接受委托人委托需要转赠给受赠人的物资，其成本按照有关凭据注明的金额确定。接受委托转赠的物资验收入库时，按照确定的成本，借记“受托代理资产”科目，贷记“受托代理负债”科目。

受托协议约定由受托方承担相关税费、运输费等的，还应当按照实际支付的相关税费、运输费等金额，借记“其他费用”科目，贷记“银行存款”“财政拨款收入”“零余额账户用款额度”等科目。

②将受托转赠物资交付受赠人时，按照转赠物资的成本，借记“受托代理负债”科目，贷记“受托代理资产”科目。

③转赠物资的委托人取消了对转赠物资的转赠要求，且不再收回转赠物资的，应当将转赠物资转为单位的存货、固定资产等。按照转赠物资的成本，借记“受托代理负债”科目，贷记“受托代理资产”科目；同时，借记“库存物品”“固定资产”等科目，贷记“其他收入”科目。

（2）受托存储保管物资。

①接受委托人委托存储保管的物资，其成本按照有关凭据注明的金额确定。接受委托存储的物资验收入库，按照确定的成本，借记“受托代理资产”科目，贷记“受托代理负债”科目。

②发生由受托单位承担的与受托存储保管的物资相关的运输费、保管费等费用时，按照实际发生的费用金额，借记“其他费用”等科目，贷记“银行存款”“财政拨款收入”“零余额账户用款额度”等科目。

③根据委托人要求交付或发出受托存储保管的物资时，按照发出物资的成本，借记“受托代理负债”科目，贷记“受托代理资产”科目。

（3）罚没物资。

①取得的罚没物资，其成本按照有关凭据注明的金额确定。罚没物资验收（入库），按照确定的成本，借记“受托代理资产”科目，贷记“受托代理负债”科目。罚没物资成本无法可靠确定的，单位应当设置备查簿进行登记。

②按照规定处置或移交罚没物资时，按照罚没物资的成本，借记“受托代理负债”科目，贷记“受托代理资产”科目。处置时取得款项的，按照实际取得的款项金额，借记“银行存款”等科目，贷记“应缴财政款”等科目。

单位受托代理的其他实物资产，参照“受托代理资产”科目有关受托转赠物资、受托存储保管物资的规定进行账务处理。

3. 长期待摊费用

（1）发生长期待摊费用时，按照支出的金额，借记“长期待摊费用”科目，贷记“财政拨款收入”“零余额账户用款额度”“银行存款”等科目。

（2）按照受益期间摊销长期待摊费用时，按照摊销的金额，借记“业务活动费用”“单位管理费用”“经营费用”等科目，贷记“长期待摊费用”科目。

（3）如果某项长期待摊费用已经不能使单位受益，应当将其摊余金额一次全部转入当期费用，按照摊销的金额，借记“业务活动费用”“单位管理费用”“经营费用”等科目，贷记“长期待摊费用”科目。

4. 待处理财产损溢

（1）账款核对时发现的库存现金短缺或溢余。

①在每日账款核对中，若发现现金短缺，则按照实际短缺的金额，借记“待处理财产损溢”科目，贷记“库存现金”科目；若发现现金溢余，则按照实际溢余的金额，借记“库存现金”科目，贷记“待处理财产损溢”科目。

②如为现金短缺，属于应由责任人赔偿或向有关人员追回的，借记“其他应收款”科目，贷记“待处理财产损溢”科目；属于无法查明原因的，报经批准核销时，借记“资产处置费用”科目，贷记“待处理财产损溢”科目。

③如为现金溢余，属于应支付给有关人员或单位的，借记“待处理财产损溢”科目，贷记“其他应付款”科目；属于无法查明原因的，报经批准后，借记“待处理财产损溢”科目，贷记“其他收入”科目。

（2）资产清查过程中发现的存货、固定资产、无形资产、公共基础设施、政府储备物资、文物文化资产、保障性住房等各种资产盘盈或盘亏、报废、毁损。

①盘盈的各类资产。

a. 转入待处理资产时，按照确定的成本，借记“库存物品”“固定资产”“无形资产”“公共基础设施”“政府储备物资”“文物文化资产”“保障性住房”等科目，贷记“待处理财产损溢”科目。

b. 按照规定报经批准后处理时，对于盘盈的流动资产，借记“待处理财产损溢”科目，贷记“单位管理费用”科目。对于盘盈的非流动资产，如属于本年度取得的，按照当年新取得的相关资产进行账务处理；如属于以前年度取得的，按照前期差错处理，借记“待处理财产损溢”科目，贷记“以前年度盈余调整”科目。

②盘亏或者毁损、报废的各类资产。

a. 转入待处理资产时，借记“待处理财产损溢”科目（待处理财产价值）[盘亏、毁损、报废固定资产、无形资产、公共基础设施、保障性住房的，还应借记“固定资产累计折旧”“无形资产累计摊销”“公共基础设施累计折旧（摊销）”“保障性住房累计折旧”科目]，贷记“库存物品”“固定资产”“无形资产”“公共基础设施”“政府储备物资”“文物文化资产”“保障性住房”“在建工程”等科目。涉及增值税业务的，相关账务处理参见“应交增值税”科目。报经批准处理时，借记“资产处置费用”科目，贷记“待处理财产损溢”科目（待处理财产价值）。

b. 处理毁损、报废实物资产过程中取得的残值或残值变价收入、保险理赔和过失人赔偿等，借记“库存现金”“银行存款”“库存物品”“其他应收款”等科目，贷记“待处理财产损溢”科目（处理净收入）；处理毁损、报废实物资产过程中发生的相关费用，借记“待处理财产损溢”科目（处理净收入），贷记“库存现金”“银行存款”等科目。处理收支结清，如果处理收入大于相关费用，按照处理收入减去相关费用后的净收入，借记“待处理财产损溢”科目（处理净收入），贷记“应缴财政款”等科目；如果处理收入小于相关费用，按照相关费用减去处理收入后的净支出，借记“资产处置费用”科目，贷记“待处理财产损溢”科目（处理净收入）。

在事业单位会计实务中，其他资产的主要账务处理见表 2-32。

表 2-32　　其他资产的主要账务处理

序号		业务	财务会计处理	预算会计处理
（1）	待摊费用	发生待摊费用时	借：待摊费用 贷：财政拨款收入 / 零余额账户用款额度 / 银行存款等	借：事业支出等 贷：财政拨款预算收入 / 资金结存
（2）	待摊费用	按照受益期限分期平均摊销时	借：业务活动费用 / 单位管理费用 / 经营费用等 贷：待摊费用[每期摊销金额]	—
（3）	待摊费用	将摊余金额一次全部转入当期费用时	借：业务活动费用 / 单位管理费用 / 经营费用等 贷：待摊费用[全部未摊销金额]	—

续表

序号	业务			财务会计处理	预算会计处理
（4）	受托代理资产	受托转赠物资	接受委托人委托需要转赠给受赠人的物资	借：受托代理资产 贷：受托代理负债	—
			受托协议约定由受托方承担相关税费、运输费的	借：其他费用 贷：财政拨款收入 / 零余额账户用款额度 / 银行存款等	借：其他支出 [实际支付的相关税费、运输费等] 贷：财政拨款预算收入 / 资金结存
			将受托转赠物资交付受赠人时	借：受托代理负债 贷：受托代理资产	—
			转赠物资的委托人取消了对转赠物资的转赠要求，且不再收回转赠物资的	借：受托代理负债 贷：受托代理资产 借：库存物品 / 固定资产等 贷：其他收入	—
（5）		受托储存保管物资	接受委托人委托储存保管的物资	借：受托代理资产 贷：受托代理负债	—
			支付由受托单位承担的与受托储存保管的物资相关的运输费、保管费等	借：其他费用等 贷：财政拨款收入 / 零余额账户用款额度 / 银行存款等	借：其他支出等 [实际支付的运输费、保管费等] 贷：财政拨款预算收入 / 资金结存
			根据委托人要求交付受托储存保管的物资时	借：受托代理负债 贷：受托代理资产	—
（6）		罚没物资	取得罚没物资时	借：受托代理资产 贷：受托代理负债	—
			按照规定处置罚没物资时	借：受托代理负债 贷：受托代理资产 处置时取得款项的 借：银行存款等 贷：应缴财政款等	—
（7）	长期待摊费用	发生长期待摊费用		借：长期待摊费用 贷：财政拨款收入 / 零余额账户用款额度 / 银行存款等	借：事业支出等 贷：财政拨款预算收入 / 资金结存

续表

序号	业务				财务会计处理	预算会计处理
（8）	长期待摊费用	按期摊销或一次转销长期待摊费用剩余账面余额			借：业务活动费用 / 单位管理费用 / 经营费用等 贷：长期待摊费用	—
（9）	长期待摊费用	账款核对时发现的现金短缺或溢余			参照“库存现金”科目的账务处理	
（10）	待处理财产损溢	盘盈的非现金资产	转入待处理财产时		借：库存物品 / 固定资产 / 无形资产 / 公共基础设施 / 政府储备物资 / 文物文化资产 / 保障性住房等 贷：待处理财产损溢	—
（10）	待处理财产损溢	盘盈的非现金资产	报经批准后处理时	对于流动资产	借：待处理财产损溢 贷：单位管理费用	—
（10）	待处理财产损溢	盘盈的非现金资产	报经批准后处理时	对于非流动资产	借：待处理财产损溢 贷：以前年度盈余调整	—
（11）	待处理财产损溢	盘亏或毁损、报废的非现金资产	转入待处理财产时		借：待处理财产损溢——待处理财产价值 固定资产累计折旧 / 公共基础设施累计折旧（摊销）/ 无形资产累计摊销 / 保障性住房累计折旧 贷：库存物品 / 固定资产 / 公共基础设施 / 无形资产 / 政府储备物资 / 文物文化资产 / 保障性住房 / 在建工程等	—
（11）	待处理财产损溢	盘亏或毁损、报废的非现金资产	报经批准处理时		借：资产处置费用 贷：待处理财产损溢——待处理财产价值	—
（11）	待处理财产损溢	盘亏或毁损、报废的非现金资产	处理毁损、报废实物资产过程中取得的残值或残值变价收入、保险理赔或过失人赔偿等		借：库存现金 / 银行存款 / 库存物品 / 其他应收款等 贷：待处理财产损溢——处理净收入	—
（11）	待处理财产损溢	盘亏或毁损、报废的非现金资产	处理毁损、报废实物资产过程中发生的相关费用		借：待处理财产损溢——处理净收入 贷：库存现金 / 银行存款等	—

续表

序号		业务		财务会计处理	预算会计处理
（11）	待处理财产损溢	盘亏或毁损、报废的非现金资产	处理收支结清，处理收入大于相关费用的	借：待处理财产损溢——处理净收入 贷：应缴财政款	—
			处理收支结清，处理收入小于相关费用的	借：资产处置费用 贷：待处理财产损溢——处理净收入	借：其他支出 贷：资金结存等［支付的处理净支出］

2.31.3　案例分析

1. 待摊费用

【例 2-95】某事业单位于 2×19 年 3 月 1 日向 A 公司租赁一间房屋作为仓库，当日支付了 1 年的房租 12 000 元。该事业单位的账务处理如下。

财务会计：

借：待摊费用　　12 000

　　贷：银行存款　　12 000

预算会计：

借：事业支出　　12 000

　　贷：资金结存——货币资金　　12 000

【例 2-96】沿用【例 2-95】。该事业单位以后每月按照收益期限分期平均摊销，其在 2×19 年 3 月 31 日的账务处理如下。

借：业务活动费用　　1 000

　　贷：待摊费用　　1 000

【例 2-97】沿用【例 2-96】。2×19 年 8 月 31 日，该事业单位因情况发生变化不再需要使用租赁的该房屋。账务处理如下。

借：业务活动费用　　6 000

　　贷：待摊费用　　6 000

2. 受托代理资产

【例 2-98】2×19 年 6 月 3 日，某事业单位接受 E 公司受托转赠物资一批，验收入库。该批物资的实际成本为 360 000 元。该事业单位使用银行存款支付运费 5 000

元。该事业单位的账务处理如下。

（1）2×19年6月3日，接受受托转赠物资。

财务会计：

借：受托代理资产　　360 000

　　贷：受托代理负债　　360 000

借：其他费用　　5 000

　　贷：银行存款　　5 000

预算会计：

借：其他支出　　5 000

　　贷：资金结存——货币资金　　5 000

（2）2×19年7月5日，该事业单位将物资交付受赠人甲希望小学，账务处理如下。

借：受托代理负债　　360 000

　　贷：受托代理资产　　360 000

若2×19年6月15日，E公司取消了对转赠物资的转赠要求并不再收回，账务处理如下。

借：受托代理负债　　360 000

　　贷：受托代理资产　　360 000

借：库存物品　　360 000

　　贷：其他收入　　360 000

【例2–99】2×19年7月7日，某事业单位接受F公司委托储存物资一批，实际成本为480 000元。该事业单位用银行存款支付运费6 000元，并将物资验收入库。该事业单位的账务处理如下。

（1）2×19年7月7日，接受受托储存物资。

财务会计：

借：受托代理资产　　480 000

　　贷：受托代理负债　　480 000

借：其他费用　　6 000

　　贷：银行存款　　6 000

预算会计：

借：其他支出　　6 000

贷：资金结存——货币资金　　6 000

（2）2×19 年 7 月 16 日，该事业单位根据委托将受托储存物资交付。账务处理如下。

借：受托代理负债　　480 000

　　贷：受托代理资产　　480 000

【例 2-100】 2×19 年 10 月 1 日，某事业单位取得一批罚没物资。该物资成本为 30 000 元。账务处理如下。

借：受托代理资产　　30 000

　　贷：受托代理负债　　30 000

2×19 年 12 月 1 日，该事业单位按照规定处置罚没物资，取得款项 30 500 元。账务处理如下。

借：受托代理负债　　30 000

　　贷：受托代理资产　　30 000

借：银行存款　　30 500

　　贷：应缴财政款　　30 500

3．长期待摊费用

【例 2-101】 2×19 年 4 月 1 日，某事业单位对其以经营租赁方式新租入的办公楼进行装修，一共发生 120 000 元的支出，使用财政授权支付方式进行结算。假定不考虑其他因素，则该事业单位于 2×19 年 4 月 1 日的账务处理如下。

财务会计：

借：长期待摊费用　　120 000

　　贷：零余额账户用款额度　　120 000

预算会计：

借：事业支出　　120 000

　　贷：资金结存——零余额账户用款额度　　120 000

【例 2-102】 沿用【例 2-101】。2×19 年 11 月 30 日，该办公楼装修完工，达到预定可使用状态并交付使用，按租赁期 10 年开始进行摊销。假定不考虑其他因素，则该事业单位在 2×19 年 12 月摊销装修支出时的账务处理如下。

借：业务活动费用　　1 000

　　贷：长期待摊费用　　1 000

4. 待处理财产损溢

【例 2-103】某事业单位在 2×19 年 11 月 10 日对固定资产进行盘点时，盘盈一台设备。该设备账面价值 3 000 元。报经批准后，该事业单位于 2×19 年 12 月 10 日对该设备进行处理。账务处理如下。

（1）2×19 年 11 月 10 日。

借：固定资产——设备　3 000

　　贷：待处理财产损溢　3 000

（2）2×19 年 12 月 10 日。

借：待处理财产损溢　3 000

　　贷：以前年度盈余调整　3 000

【例 2-104】某事业单位在 2×19 年 6 月 1 日对固定资产进行盘点时，发现一台设备 B 毁损，B 的账面价值为 5 000 元，已计提折旧 4 000 元。2×19 年 6 月 10 日，报经批准处理。2×19 年 6 月 30 日，该事业单位将毁损的设备 B 变卖，获取 300 元，另用银行存款支付运费 100 元。账务处理如下。

（1）2×19 年 6 月 1 日。

借：待处理财产损溢——待处理财产价值　1 000

　　固定资产累计折旧　4 000

　　贷：固定资产　5 000

（2）2×19 年 6 月 10 日。

借：资产处置费用　1 000

　　贷：待处理财产损溢——待处理财产价值　1 000

（3）2×19 年 6 月 30 日。

借：银行存款　300

　　贷：待处理财产损溢——处理净收入　300

借：待处理财产损溢——处理净收入　100

　　贷：银行存款　100

借：待处理财产损溢——处理净收入　200

　　贷：应缴财政款　200

第 3 章
负债

3.1　负债概述

在政府会计中，负债是指事业单位在过去的经济业务或者事项中形成的，预期会导致经济资源流出政府会计主体的现时义务。现时义务是指事业单位在现行条件下已承担的义务。未来发生的经济业务或者事项形成的义务不属于现时义务，不应当确认为负债。因此，某项义务在同时满足以下条件时，确认为事业单位的负债：

（1）履行该义务很可能导致含有服务潜力或者经济利益的经济资源流出事业单位；

（2）该义务的金额能够可靠地计量。

负债分为流动负债和非流动负债。流动负债是指预计在 1 年内（含 1 年）偿还的负债。事业单位的流动负债包括短期借款、应交增值税、其他应交税费、应缴财政款、应付票据、预提费用、应付账款、预收账款和应付职工薪酬等。非流动负债是指流动负债以外的负债。事业单位的非流动负债包括长期应付款、长期借款、预计负债和受托代理负债。

负债的计量属性主要包括历史成本、现值和公允价值。在对负债进行计量时，一般应当采用历史成本，负债按照因承担现时义务而实际收到的款项或者资产的金额，或者承担现时义务的合同金额，或者按照为偿还负债预期需要支付的现金计量。而在现值计量属性下，负债按照预计期限内需要偿还的未来净现金流出量的折现金额计量。在公允价值计量属性下，负债按照市场参与者在计量日发生的有序交易中，转移负债所需支付的价格计量。若采用现值、公允价值计量，则应当保证所确定的负债金额能够持续、可靠计量。

3.2 短期借款

3.2.1 业务简介

在事业单位会计实务中，短期借款实质上反映了事业单位与资金供给方之间的短期资金借贷关系。事业单位的短期借款业务主要包含以下 3 种。

一是事业单位因生产经营需要，而向银行或其他金融机构取得的借款。办理该项借款时，事业单位应按有关规定向银行提出年度、季度借款计划，经银行核定后，在借款计划中根据借款借据办理借款，并在期限届满之后归还相应的金额。

二是事业单位银行承兑汇票到期但是由于资金不足或者其他原因暂时无法偿付资金时，应该将到期需要承兑的银行承兑汇票的账面余额转入短期借款。

三是事业单位借入短期借款应支付利息。“短期借款”科目核算的是事业单位经批准向银行或其他金融机构等借入的期限在 1 年内（含 1 年）的各种借款，按照债权人和借款种类进行明细核算。本科目期末贷方余额，反映事业单位尚未偿还的短期借款本金。

3.2.2 账务处理

在财务会计中，与“短期借款”科目相关的账务处理如下。

（1）借入各种短期借款时，按照实际借入的金额，借记“银行存款”科目，贷记本科目。

（2）银行承兑汇票到期，本单位无力支付票款的，按照应付票据的账面余额，借记“应付票据”科目，贷记本科目。

（3）归还短期借款时，借记本科目，贷记“银行存款”科目。

在事业单位会计实务中，短期借款的主要账务处理见表 3-1。

表 3-1 短期借款的主要账务处理

序号	业务	财务会计处理	预算会计处理
（1）	借入各种短期借款	借：银行存款 　贷：短期借款	借：资金结存——货币资金 　贷：债务预算收入

续表

序号	业务	财务会计处理	预算会计处理
（2）	银行承兑汇票到期，本单位无力支付票款	借：应付票据 　　贷：短期借款	借：经营支出等 　　贷：债务预算收入
（3）	归还短期借款	借：短期借款 　　贷：银行存款	借：债务还本支出 　　贷：资金结存——货币资金

3.2.3 案例分析

1. 借入各种短期借款

【例 3-1】某事业单位为满足业务发展的资金需要，从中国建设银行 A 支行借入 100 000 元，借款期限 8 个月，年利率 6%。账务处理如下。

财务会计：

借：银行存款　　100 000

　　贷：短期借款——中国建设银行 A 支行　　100 000

预算会计：

借：资金结存——货币资金　　100 000

　　贷：债务预算收入　　100 000

2. 银行承兑汇票到期，事业单位无力支付票款，转入“短期借款”科目

【例 3-2】2×19 年 3 月 1 日，某事业单位因采购需要，向 B 银行申请了银行承兑汇票 50 000 元。至到期日 2×19 年 9 月 1 日，本单位无力支付票款。账务处理如下。

财务会计：

借：应付票据　　50 000

　　贷：短期借款　　50 000

预算会计：

借：经营支出　　50 000

　　贷：债务预算收入　　50 000

3. 归还短期借款本息

【例 3-3】沿用【例 3-1】。该事业单位到期归还短期借款，并支付借款利息。账务处理如下。

借款利息 =100 000×6%×8÷12=4 000（元）。

财务会计：

借：短期借款　　100 000

　　其他费用　　4 000

　　贷：银行存款　　104 000

预算会计：

借：债务还本支出　　100 000

　　其他支出　　4 000

　　贷：资金结存——货币资金　　104 000

3.3 应交增值税

3.3.1 业务简介

在事业单位会计实务中，“应交增值税”科目核算的是事业单位按照税法规定计算出的应交的增值税。

3.3.2 科目介绍

“应交增值税”科目下应设“应交税金”“未交税金”“预交税金”“待抵扣进项税额”“待认证进项税额”“待转销项税额”“简易计税”“转让金融商品应交增值税”“代扣代交增值税”等明细科目。增值税小规模纳税人只需在“应交增值税”科目下设置“转让金融商品应交增值税”“代扣代交增值税”明细科目。

（1）“应交税金”明细科目内应当设置“进项税额”“已交税金”“转出未交增值税”“减免税款”“销项税额”“进项税额转出”“转出多交增值税”等专栏。其中，“进项税额”专栏记录单位购进货物、加工修理修配劳务、服务、无形资产或不动产而支付或负担的、准予从当期销项税额中抵扣的增值税额；“已交税金”专栏记录单位当月已缴纳的应交增值税额；“转出未交增值税”和“转出多交增值税”专栏分别记录一般纳税人月度终了转出当月应交未交或多交的增值税额；“减免税款”专栏记录单位按照现行增值税制度规定准予减免的增值税额；“销项税额”专栏记录单位销售货物、加工修理修配劳务、服务、无形资产或不动产应收取的增值税额；“进项税额转出”专栏记录单位购进货物、加工修理修配劳务、服务、无形资产或不动产等发生非正常损失以及其他原因而不应从销项税额中抵扣、按照规定转出的进项税额。

（2）“未交税金”明细科目，核算单位月度终了从“应交税金”或“预交税金”明细科目转入当月应交未交、多交或预缴的增值税额，以及当月缴纳以前期间未交的增值税额。

（3）“预交税金”明细科目，核算单位转让不动产、提供不动产经营租赁服务等，以及其他按照现行增值税制度规定应预缴的增值税额。

（4）“待抵扣进项税额”明细科目，核算单位已取得增值税扣税凭证并经税务机关认证，按照现行增值税制度规定准予以后期间从销项税额中抵扣的进项税额。

（5）“待认证进项税额”明细科目，核算单位由于未经税务机关认证而不得从当期销项税额中抵扣的进项税额，包括一般纳税人已取得的增值税扣税凭证并按规定准予从销项税额中抵扣，但尚未经税务机关认证的进项税额；一般纳税人已申请稽核但尚未取得稽核相符结果的海关缴款书进项税额。

（6）“待转销项税额”明细科目，核算单位销售货物、加工修理修配劳务、服务、无形资产或不动产，已确认相关收入（或利得）但尚未发生增值税纳税义务而需于以后期间确认为销项税额的增值税额。

（7）“简易计税”明细科目，核算单位采用简易计税方法发生的增值税计提、扣减、预缴、缴纳等业务。

（8）“转让金融商品应交增值税”明细科目，核算单位转让金融商品发生的增值税额。

（9）“代扣代交增值税”明细科目，核算单位购进在境内未设经营机构的境外单位或个人在境内的应税行为代扣代缴的增值税。

3.3.3　账务处理

在财务会计中，与“应交增值税”科目相关的账务处理如下。

1. 取得资产或接受劳务等

（1）允许抵扣的采购等业务的进项税额。

单位购买属于增值税应税项目的资产或服务等时，按照应计入相关成本费用或资产的金额，借记“业务活动费用”“在途物品”“库存物品”“工程物资”“在建工程”“固定资产”“无形资产”等科目；按照当月已认证的可抵扣增值税额，借记“应交增值税——应交税金（进项税额）”科目；按照当月未认证的可抵扣增值税额，借记“应交增值税——待认证进项税额”科目；按照应付或实际支付的金额，贷记“应付账款”“应付票据”“银行存款”“零余额账户用款额度”等科目。发生退货的，如原增值税专用发票已做认证，应根据税务机关开具的红字增值税专用发票做相反的会计分录；如原增值税专用发票未做认证，则应将发票退回并做相反的会计分录。

小规模纳税人购买应税资产或服务等时不能抵扣增值税，发生的增值税计入资产成本或相关成本费用。按价税合计金额，借记“业务活动费用”“在途物品”“库存物品”等科目；按支付或应付的金额，借记“银行存款”“应付票据”“应付账款”等科目。

（2）不得抵扣的采购等业务的进项税额。

单位购进资产或服务等，用于简易计税方法计税项目、免征增值税项目、集体福利或个人消费等，其进项税额按照现行增值税制度规定不得从销项税额中抵扣的，取得增值税专用发票时，应按照增值税专用发票注明的金额，借记相关成本费用或资产科目，按照待认证的增值税进项税额，借记“应交增值税——待认证进项税额”科目；按照实际支付或应付的金额，贷记“银行存款”“应付账款”“零余额账户用款额度”等科目。经税务机关认证为不可抵扣进项税时，借记“应交增值税——应交税金（进项税额）”科目，贷记“应交增值税——待认证进项税额”科目；同时，将进项税额转出，借记“业务活动费用”等科目，贷记“应交增值税——应交税金（进项税额转出）”科目。

（3）购进不动产或不动产在建工程时，按照规定分年抵扣进项税额。

单位取得应税项目为不动产或者不动产在建工程，其进项税额按照现行增值税制度规定自取得之日起分2年从销项税额中抵扣的，应当按照取得的成本，借记“固定资产”“在建工程”等科目；按照当期可抵扣的增值税额，借记“应交增值税——应交税金（进项税额）”科目；按照以后期间可抵扣的增值税额，借记“应交增值税——待抵扣进项税额”科目，按照应付或实际支付的金额，贷记“应付账款”“应付票据”“银行存款”“零余额账户用款额度”等科目。尚未抵扣的进项税额待以后期间允许抵扣时，按照允许抵扣的金额，借记“应交增值税——应交税金（进项税额）”科目，贷记“应交增值税——待抵扣进项税额”科目。

（4）进项税额抵扣情况发生改变。

单位因发生非正常损失或改变用途等，原已计入进项税额、待抵扣进项税额或待认证进项税额，但按照现行增值税制度规定不得从销项税额中抵扣的，借记“待处理财产损溢”“固定资产”“无形资产”等科目，贷记“应交增值税——应交税金（进项税额转出）”“应交增值税——待抵扣进项税额”“应交增值税——待认证进项税额”科目；原不得抵扣且未抵扣进项税额的固定资产、无形资产等，因改变用途等用于允许抵扣进项税额的应税项目的，应按照允许抵扣的进项税额，借记“应交增值税——应交税金（进项税额）”科目，贷记“固定资产”“无形资产”等科目。固定资产、无形资产等经上述调整后，应按照调整后的账面价值在剩余尚可使用年限内计提折旧或摊销。

单位购进时已全额计入进项税额的货物或服务等转用于不动产在建工程的，对于结转以后期间的进项税额，应借记“应交增值税——待抵扣进项税额”科目，贷记“应交增值税——应交税金（进项税额转出）”科目。

（5）购买方作为扣缴义务人。

按照现行增值税制度的规定，境外单位或个人在境内发生应税行为，在境内未设有经营机构的，以购买方为增值税扣缴义务人。境内一般纳税人购进服务或资产时，按照应计入相关成本费用或资产的金额，借记“业务活动费用”“在途物品”“库存物品”“工程物资”“在建工程”“固定资产”“无形资产”等科目；按照可抵扣的增值税额，借记“应交增值税——应交税金（进项税额）”科目［小规模纳税人应借记相关成本费用或资产科目，如“在途物品”“库存物品”“固定资产”“无形资产”等科目］；按照实际支付或应付的金额，贷记“银行存款”“应付账款”等科目；按照应代扣代缴的增值税额，贷记“应交增值税——代扣代交增值税”科目。实际缴纳代扣代缴增值税时，按照代扣代缴的增值税额，借记“应交增值税——代扣代交增值税”科目，贷记“银行存款”“零余额账户用款额度”等科目。

2. 单位销售资产或提供服务等业务

（1）销售资产或提供服务业务。

单位销售应税货物或提供应税服务时，应当按照应收或已收的金额，借记“应收账款”“应收票据”“银行存款”等科目；按照确认的收入金额，贷记“经营收入”“事业收入”等科目；按照现行增值税制度规定计算的销项税额（或采用简易计税方法计算的应纳增值税额），贷记“应交增值税——应交税金（销项税额）”科目或“应交增值税——简易计税”科目［小规模纳税人应贷记本科目］。发生销售退回的，应根据按照规定开具的红字增值税专用发票做相反的会计分录。

按照政府会计制度及相关政府会计准则确认收入的时点早于按照增值税制度确认增值税纳税义务发生时点的，应将相关销项税额记入“应交增值税——待转销项税额”科目，待实际发生纳税义务时再转入“应交增值税——应交税金（销项税额）”科目或“应交增值税——简易计税”科目。

按照增值税制度确认增值税纳税义务的时点早于按照政府会计制度及相关政府会计准则确认收入的时点的，应按照应纳增值税额，借记“应收账款”科目，贷记“应交增值税——应交税金（销项税额）”科目或“应交增值税——简易计税”科目。

（2）金融商品转让按照规定以盈亏相抵后的余额作为销售额。

金融商品实际转让月末，如产生转让收益，则按照应纳税额，借记“投资收益”科目，贷记“应交增值税——转让金融商品应交增值税”科目；如产生转让损失，则按照可结转下月抵扣税额，借记“应交增值税——转让金融商品应交增值税”科目，贷记“投资收益”科目。缴纳增值税时，应借记“应交增值税——转让金融商品应交增值税”科目，贷记“银行存款”等科目。年末，若“应交增值税——转让金融商品应交增值税”科目有借方余额，则借记“投资收益”科目，贷记“应交增值税——转让金融商品应交增值税”科目。

3. 月末转出多交增值税和未交增值税

月度终了，单位应当将当月应交未交或多交的增值税自“应交税金”明细科目转入“未交税金”明细科目。对于当月应交未交的增值税，借记“应交增值税——应交税金（转出未交增值税）”科目，贷记“应交增值税——未交税金”科目；对于当月多交的增值税，借记“应交增值税——未交税金”科目，贷记“应交增值税——应交税金（转出多交增值税）”科目。

4. 缴纳增值税

（1）缴纳当月应交增值税。

单位缴纳当月应交的增值税时，借记“应交增值税——应交税金（已交税金）”科目[小规模纳税人借记本科目]，贷记“银行存款”或“零余额账户用款额度”等科目。

（2）缴纳以前期间未交的增值税。

单位缴纳以前期间未交的增值税时，借记“应交增值税——未交税金”科目[小规模纳税人借记本科目]，贷记“银行存款”或“零余额账户用款额度”等科目。

（3）预缴增值税。

单位预缴增值税时，借记“应交增值税——预交税金”科目，贷记“银行存款”“零余额账户用款额度”等科目。月末，单位应将“预交税金”明细科目余额转入“未交税金”明细科目，借记“应交增值税——未交税金”科目，贷记“应交增值税——预交税金”科目。

（4）减免增值税。

对于当期直接减免的增值税，借记“应交增值税——应交税金（减免税款）”科目，贷记“业务活动费用”“经营费用”等科目。

按照现行增值税制度的规定，单位初次购买增值税税控系统专用设备支付的费用以及缴纳的技术维护费允许在增值税应纳税额中全额抵减，账务处理为：按照规定抵减的增值税应纳税额，借记“应交增值税——应交税金（减免税款）”科目［小规模纳税人借记本科目］，贷记“业务活动费用”“经营费用”等科目。

在事业单位会计实务中，应交增值税的主要账务处理见表 3-2。

表 3-2　　　　应交增值税的主要账务处理

序号	业务		财务会计处理	预算会计处理
（1）	增值税一般纳税人	购入应税资产或服务时	借：业务活动费用 / 在途物品 / 库存物品 / 工程物资 / 在建工程 / 固定资产 / 无形资产等 应交增值税——应交税金（进项税额）［当月已认证可抵扣］ 应交增值税——待认证进项税额［当月未认证可抵扣］ 贷：银行存款 / 零余额账户用款额度［实际支付的金额］/ 应付票据［开出并承兑的商业汇票］/ 应付账款［应付的金额］等	借：事业支出 / 经营支出等 贷：资金结存等［实际支付的金额］
		经税务机关认证为不可抵扣进项税时	借：应交增值税——应交税金（进项税额） 贷：应交增值税——待认证进项税额 同时： 借：业务活动费用等 贷：应交增值税——应交税金（进项税额转出）	—

续表

序号	业务		财务会计处理	预算会计处理
（1）	增值税一般纳税人	购进应税不动产或在建工程按规定分年抵扣进项税额的	借：固定资产 / 在建工程等 应交增值税——应交税金（进项税额）[当期可抵扣] 应交增值税——待抵扣进项税额 [以后期间可抵扣] 贷：银行存款 / 零余额账户用款额度 [实际支付的金额] / 应付票据 [开出并承兑的商业汇票] / 应付账款 [应付的金额] 等	借：事业支出 / 经营支出等 贷：资金结存等 [实际支付的金额]
		尚未抵扣的进项税额以后期间抵扣时	借：应交增值税——应交税金（进项税额） 贷：应交增值税——待抵扣进项税额	—
		购进属于增值税应税项目的资产后，发生非正常损失或改变用途的	借：待处理财产损溢 / 固定资产 / 无形资产等 [按照现行增值税制度规定不得从销项税额中抵扣的进项税额] 贷：应交增值税——应交税金（进项税额转出）/ 应交增值税——待认证进项税额 / 应交增值税——待抵扣进项税额	—
		原不得抵扣且未抵扣进项税额的固定资产、无形资产等，因改变用途等用于允许抵扣进项税额的应税项目	借：应交增值税——应交税金（进项税额）[可以抵扣的进项税额] 贷：固定资产 / 无形资产等	—
		购进时已全额计入进项税额的货物或服务等转用于不动产在建工程的，对于结转以后期间的进项税额	借：应交增值税——待抵扣进项税额 贷：应交增值税——应交税金（进项税额转出）	—

续表

序号	业务			财务会计处理	预算会计处理
（1）	增值税一般纳税人	购进资产或服务时，作为扣缴义务人		借：业务活动费用 / 在途物品 / 库存物品 / 工程物资 / 固定资产 / 无形资产等 应交增值税——应交税金（进项税额）[当期可抵扣] 贷：银行存款 [实际支付的金额]/ 应付账款 [应支付的金额] 等 应交增值税——代扣代交增值税	借：事业支出 / 经营支出等 贷：资金结存 [实际支付的金额]
				实际缴纳代扣代缴增值税时： 借：应交增值税——代扣代交增值税 贷：银行存款 / 零余额账户用款额度等	借：事业支出 / 经营支出等 贷：资金结存 [实际支付的金额]
		销售应税产品或提供应税服务时		借：银行存款 / 应收账款 / 应收票据等 [包含增值税的价款总额] 贷：事业收入 / 经营收入等 [扣除增值税销项税额后的价款] 应交增值税——应交税金（销项税额）/ 应交增值税——简易计税	借：资金结存 [实际收到的含税金额] 贷：事业预算收入 / 经营预算收入等
		金融商品转让	产生收益	借：投资收益 [按净收益计算的应纳增值税] 贷：应交增值税——转让金融商品应交增值税	—
			产生损失	借：应交增值税——转让金融商品应交增值税 贷：投资收益 [按净损失计算的应纳增值税]	—

续表

<table>
<tr><th>序号</th><th colspan="3">业务</th><th>财务会计处理</th><th>预算会计处理</th></tr>
<tr><td rowspan="8">（1）</td><td rowspan="8">增值税一般纳税人</td><td rowspan="2">金融商品转让</td><td>缴纳增值税</td><td>借：应交增值税——转让金融商品应交增值税
贷：银行存款等</td><td>借：投资预算收益等
贷：资金结存［实际支付的金额］</td></tr>
<tr><td>年末，如有借方余额</td><td>借：投资收益
贷：应交增值税——转让金融商品应交增值税</td><td>—</td></tr>
<tr><td colspan="2">月末转出本月未交增值税</td><td>借：应交增值税——应交税金（转出未交增值税）
贷：应交增值税——未交税金</td><td>—</td></tr>
<tr><td colspan="2">月末转出本月多交增值税</td><td>借：应交增值税——未交税金
贷：应交增值税——应交税金（转出多交增值税）</td><td>—</td></tr>
<tr><td colspan="2">本月缴纳本月增值税时</td><td>借：应交增值税——应交税金（已交税金）
贷：银行存款／零余额账户用款额度等</td><td>借：事业支出／经营支出等
贷：资金结存</td></tr>
<tr><td colspan="2">本月缴纳以前期间未交增值税</td><td>借：应交增值税——未交税金
贷：银行存款／零余额账户用款额度等</td><td>借：事业支出／经营支出等
贷：资金结存</td></tr>
<tr><td colspan="2">按规定预缴增值税</td><td>预缴时：
借：应交增值税——预交税金
贷：银行存款／零余额账户用款额度等
月末：
借：应交增值税——未交税金
贷：应交增值税——预交税金</td><td>借：事业支出／经营支出等
贷：资金结存</td></tr>
<tr><td colspan="2">当期直接减免的增值税应纳税额</td><td>借：应交增值税——应交税金（减免税款）
贷：业务活动费用／经营费用等</td><td>—</td></tr>
</table>

续表

序号	业务			财务会计处理	预算会计处理
（2）	增值税小规模纳税人	购入应税资产或服务时		借：业务活动费用 / 在途物品 / 库存物品等 [按价税合计金额] 贷：银行存款 [实际支付的金额]/ 应付票据 [开出并承兑的商业汇票]/ 应付账款 [应付的金额] 等	借：事业支出 / 经营支出等 贷：资金结存 [实际支付的金额]
		购进资产或服务时作为扣缴义务人		借：在途物品 / 库存物品 / 固定资产 / 无形资产等 贷：应付账款 / 银行存款等应交增值税——代扣代交增值税 实际缴纳增值税时参见一般纳税人的账务处理	借：事业支出 / 经营支出等 贷：资金结存 [实际支付的金额]
		销售资产或提供服务		借：银行存款 / 应收账款 / 应收票据 [包含增值税的价款总额] 贷：事业收入 / 经营收入等 [扣除增值税金额后的价款] 应交增值税——简易计税	借：资金结存 [实际收到的含税金额] 贷：事业预算收入 / 经营预算收入等
		金融商品转让	产生收益	借：投资收益 [按净收益计算的应纳增值税] 贷：应交增值税——转让金融商品应交增值税	—
			产生损失	借：应交增值税——转让金融商品应交增值税 贷：投资收益 [按净损失计算的应纳增值税]	—
			实际缴纳时	参见一般纳税人的账务处理	
		缴纳增值税时		借：应交增值税 贷：银行存款 / 零余额账户用款额度等	借：事业支出 / 经营支出等 贷：资金结存
		减免增值税		借：应交增值税——应交税金（减免税款） 贷：业务活动费用 / 经营费用等	—

3.3.4 案例分析

由于大多数事业单位都属于增值税一般纳税人，下例涉及的事业单位都为一般纳税人。

1. 取得资产或接受服务等

【例 3-4】2×19 年 5 月 1 日，某事业单位买了一座办公楼，价款为 2 000 万元，进项税额为 260 万元，款项由财政直接支付。账务处理如下。

购入时，可抵扣进项税 =260×60%=156（万元）。

待抵扣进项税 =260×40%=104（万元）。

财务会计：

借：固定资产　　20 000 000

　　应交增值税——应交税金（进项税额）　　1 560 000

　　应交增值税——待抵扣进项税额　　1 040 000

　　贷：零余额账户用款额度　　22 600 000

预算会计：

借：事业支出　　22 600 000

　　贷：资金结存——零余额账户用款额度　　22 600 000

【例 3-5】沿用【例 3-4】。在 2×20 年 4 月，该单位将办公楼改造成员工食堂，用于集体福利。假设 2×20 年 4 月该不动产的净值为 1 800 万元。账务处理如下。

不动产净值率 =1 800÷2 000×100%=90%。

不得抵扣的进项税额 =260×90%=234（万元）。

由于不得抵扣的进项税额为 234 万元，大于已抵扣的进项税额 156 万元，所以：

借：固定资产　　2 340 000

　　贷：应交增值税——应交税金（进项税额转出）　　1 560 000

　　　　应交增值税——待抵扣进项税额　　780 000

2×20 年 5 月，该事业单位抵扣待抵扣进项税余额 26（104−78）万元。账务处理如下。

借：应交增值税——待抵扣进项税额　　260 000

　　贷：应交增值税——应交税金（进项税额）　　260 000

【例 3-6】沿用【例 3-5】。假设 2×20 年 4 月，该不动产的净值为 1 000 万元，则该事业单位进行的账务处理如下。

不动产净值率 =1 000÷2 000×100%=50%。

不得抵扣的进项税额 =260×50%=130（万元）。

由于不得抵扣的进项税额为 130 万元，小于已抵扣的进项税额 156 万元，所以：

借：固定资产　　1 300 000

　　贷：应交增值税——应交税金（进项税额）　　1 300 000

2×20 年 5 月，该事业单位抵扣待抵扣进项税余额 104 万元。账务处理如下。

借：应交增值税——待抵扣进项税额　　1 040 000

　　贷：应交增值税——应交税金（进项税额）　　1 040 000

【例 3-7】 2×19 年 7 月 9 日，某事业单位购入一台打印机用于办公，取得增值税专用发票并认证通过，专用发票上注明的金额为 20 000 元，增值税额为 2 600 元。账务处理如下。

财务会计：

借：固定资产　　20 000

　　应交增值税——应交税金（进项税额）　　2 600

　　贷：财政拨款收入　　22 600

预算会计：

借：事业支出　　22 600

　　贷：财政拨款收入　　22 600

假定该打印机分 10 年按直线法计提折旧，无残值。2×21 年 8 月 20 日，该打印机改用于免税项目。

打印机每年计提折旧 =20 000÷10=2 000（元）。

2×21 年 8 月，打印机净值 =20 000−2 000=18 000（元）。

打印机转出进项税额 =18 000×13%=2 340（元）。

借：固定资产　　2 340

　　贷：应交增值税——应交税金（进项税额转出）　　2 340

2. 销售资产或提供服务等

【例 3-8】 某事业单位的经营业务为销售商品，销售商品不含税价格共计 20 000 元，增值税销项税额 2 600 元，货款共计 22 600 元，款项尚未收到。账务处理如下。

借：应收账款　　22 600

　　贷：经营收入　　20 000

　　　　应交增值税——应交税金（销项税额）　　2 600

3.4 其他应交税费

3.4.1 业务概述

“其他应交税费”科目用于核算单位按照税法等规定计算出的应缴纳的除增值税以外的各种税费，包括城市维护建设税、教育费附加、地方教育附加、车船税、房产税、城镇土地使用税、企业所得税和单位代扣代缴的个人所得税等。印花税直接通过“业务活动费用”“单位管理费用”“经营费用”等科目核算，不通过本科目核算。本科目按照税费种类进行明细核算，期末贷方余额反映单位应交未交的除增值税以外的税费金额，期末借方余额则反映单位多交的除增值税以外的税费金额。

3.4.2 账务处理

在财务会计中，与“其他应交税费”科目相关的账务处理如下。

（1）发生城市维护建设税、教育费附加、地方教育附加、车船税、房产税、城镇土地使用税等纳税义务时，按照税法规定计算的应交税费金额，借记“业务活动费用”“单位管理费用”“经营费用”等科目，贷记本科目（应交城市维护建设税、应交教育费附加、应交地方教育附加、应交车船税、应交房产税、应交城镇土地使用税等）。

（2）按照税法规定计算应代扣代缴职工（含长期聘用人员）的个人所得税，借记“应付职工薪酬”科目，贷记本科目（应交个人所得税）。

按照税法规定计算应代扣代缴支付给职工（含长期聘用人员）以外人员劳务费的个人所得税，借记“业务活动费用”“单位管理费用”等科目，贷记本科目（应交个人所得税）。

（3）发生企业所得税纳税义务的，按照税法规定计算的应交所得税额，借记“所得税费用”科目，贷记本科目（单位应交所得税）。

（4）单位实际缴纳上述各种税费时，借记本科目（应交城市维护建设税、应交教育费附加、应交地方教育附加、应交车船税、应交房产税、应交城镇土地使用税、应交个人所得税、单位应交所得税等），贷记“财政拨款收入”“零余额账户用款额度”“银行存款”等科目。

在事业单位会计实务中，其他应交税费的主要账务处理见表 3-3。

表 3-3　　其他应交税费的主要账务处理

序号	业务		财务会计处理	预算会计处理
（1）	城市维护建设税、教育费附加、地方教育附加、车船税、房产税、城镇土地使用税等	发生时，按照税法规定计算的应交税费金额	借：业务活动费用 / 单位管理费用 / 经营费用等 　贷：其他应交税费——应交城市维护建设税 / 应交教育费附加 / 应交地方教育附加 / 应交车船税 / 应交房产税 / 应交城镇土地使用税等	—
		实际缴纳时	借：其他应交税费——应交城市维护建设税 / 应交教育费附加 / 应交地方教育附加 / 应交车船税 / 应交房产税 / 应交城镇土地使用税等 　贷：银行存款 / 财政拨款收入 / 零余额账户用款额度等	借：事业支出 / 经营支出等 　贷：资金结存
（2）	代扣代缴职工个人所得税	计算应代扣代缴职工的个人所得税金额	借：应付职工薪酬 　贷：其他应交税费——应交个人所得税	—
		计算应代扣代缴职工以外人员劳务费的个人所得税	借：业务活动费用 / 单位管理费用等 　贷：其他应交税费——应交个人所得税	—
		实际缴纳时	借：其他应交税费——应交个人所得税 　贷：财政拨款收入 / 零余额账户用款额度 / 银行存款等	借：事业支出 / 经营支出等 　贷：财政拨款预算收入 / 资金结存
（3）	发生企业所得税纳税义务	按照税法规定计算的应交税费金额	借：所得税费用 　贷：其他应交税费——单位应交所得税	—
		实际缴纳时	借：其他应交税费——单位应交所得税 　贷：银行存款 / 财政拨款收入 / 零余额账户用款额度等	借：非财政拨款结余 　贷：资金结存

3.4.3 案例分析

1. 单位发生城市维护建设税、教育费附加、地方教育附加、车船税、房产税、城镇土地使用税等

【例 3-9】某事业单位本年应缴纳车船税 1 000 元。账务处理如下。

借：业务活动费用　　1 000

　　贷：其他应交税费——应交车船税　　1 000

该事业单位实际缴纳时，账务处理如下。

财务会计：

借：其他应交税费——应交车船税　　1 000

　　贷：银行存款　　1 000

预算会计：

借：事业支出　　1 000

　　贷：资金结存——货币资金　　1 000

2. 代扣代缴职工个人所得税

【例 3-10】某事业单位从职工工资中代扣个人所得税 60 000 元，从劳务费中代扣个人所得税 30 000 元。财务处理如下。

（1）计算代扣代缴个人所得税时。

借：应付职工薪酬　　60 000

　　业务活动费用　　30 000

　　贷：其他应交税费——应交个人所得税　　90 000

（2）实际缴纳代扣代缴个人所得税时。

财务会计：

借：其他应交税费——应交个人所得税　　90 000

　　贷：银行存款　　90 000

预算会计：

借：事业支出　　90 000

　　贷：资金结存——货币资金　　90 000

3. 单位发生企业所得税纳税义务

【例 3-11】某事业单位按照税法规定计算得出应缴纳企业所得税 10 000 元。账务处理如下。

借：所得税费用　　　　　　　　　　　　　　　　　　10 000

　　贷：其他应交税费——单位应交所得税　　　　　　　　10 000

该事业单位实际缴纳企业所得税 10 000 元时，账务处理如下。

财务会计：

借：其他应交税费——单位应交所得税　　　　　　　　10 000

　　贷：银行存款　　　　　　　　　　　　　　　　　　10 000

预算会计：

借：非财政拨款结余　　　　　　　　　　　　　　　10 000

　　贷：资金结存——货币资金　　　　　　　　　　　　10 000

3.5 应缴财政款

3.5.1 业务简介

应缴财政款是指事业单位因相关制度法规的要求向上级缴纳的款项，包括按规定取得的应上缴国家预算的各种款项，如代收的纳入预算管理的基金、纳入预算管理的行政性收费收入、罚没收入和其他按预算管理规定应上缴预算的款项。除此之外，应缴财政款还包括按规定代收的应上缴财政专户的事业单位收入：根据国家法律法规收取、提取的各种行政性收费、基金和附加收入等；国务院或省级人民政府及其财政、计划（物价）部门审批的行政性收费；主管部门从所属单位集中的上缴资金；用于乡镇政府开支的自筹资金和统筹资金；其他未纳入预算管理的财政性资金。“应缴财政款”科目核算的是事业单位取得或应收的按照规定应当上缴财政的款项，包括应缴国库的款项和应缴财政专户的款项。本科目按照应缴财政款的类别进行明细核算，期末贷方余额反映的是单位应当上缴财政但尚未缴纳的款项，但年终清缴后，本科目一般无余额。

3.5.2 账务处理

在财务会计中，与“应缴财政款”科目相关的账务处理如下。

（1）单位取得或应收按照规定应缴财政的款项时，借记“银行存款”“应收账款”等科目，贷记本科目。

（2）单位处置资产取得的应上缴财政的处置净收入的账务处理，参见“待处理财产损溢”科目。

（3）单位上缴应缴财政的款项时，按照实际上缴的金额，借记本科目，贷记“银行存款”等科目。

应缴财政款的主要账务处理见表 3-4。

表 3-4　　应缴财政款的主要账务处理

序号	业务	财务会计处理	预算会计处理
（1）	取得或应收按照规定应缴财政的款项时	借：银行存款 / 应收账款等 　贷：应缴财政款	—
（2）	处置资产取得应上缴财政的处置净收入	参照“待处理财产损溢”科目的相关账务处理	
（3）	上缴财政款项时	借：应缴财政款 　贷：银行存款等	—

3.5.3　案例分析

1. 取得或应收按照规定应上缴财政的款项

【例 3-12】某事业单位收到一项事业性收费 5 000 元，已经存入银行账户。此款项按规定需要全额上缴财政专户。账务处理如下。

（1）收到款项时。

借：银行存款　　5 000

　贷：应缴财政款　　5 000

（2）上缴财政款时。

借：应缴财政款　　5 000

　贷：银行存款　　5 000

2. 处置资产时取得应上缴财政的处置净收入

【例 3-13】某事业单位经批准将一项专利权出售。该项专利权原价 600 000 元，已计提摊销 400 000 元，售价 250 000 元。账务处理如下。

（1）处置时。

借：待处理财产损溢——待处理财产价值　　200 000

　　无形资产累计摊销　　400 000

贷：无形资产　600 000

借：资产处置费用　200 000

贷：待处理财产损溢——待处理财产价值　200 000

借：银行存款　250 000

贷：待处理财产损溢——处理净收入　250 000

借：待处理财产损溢——处理净收入　250 000

贷：应缴财政款　250 000

（2）上缴财政款时。

借：应缴财政款　250 000

贷：银行存款　250 000

3.6　应付职工薪酬

3.6.1　业务简介

在事业单位会计实务中，“应付职工薪酬”科目核算的是单位按照有关规定应付给职工（含长期聘用人员）及为职工支付的各种薪酬，包括基本工资、国家统一规定的津贴补贴、规范津贴补贴（绩效工资）、改革性补贴、社会保险费（如职工基本养老保险费、职业年金、基本医疗保险费等）、住房公积金等。

本科目按照“基本工资（含离退休费）”“国家统一规定的津贴补贴”“规范津贴补贴（绩效工资）”“改革性补贴”“社会保险费”“住房公积金”“其他个人收入”等进行明细核算，期末贷方余额反映的是单位应付未付的职工薪酬。

3.6.2　账务处理

在财务会计中，与“应付职工薪酬”科目相关的账务处理如下。

（1）确认当期应付职工薪酬（含单位为职工计算缴纳的社会保险费、住房公积金）。

①计提从事专业及其辅助活动人员的职工薪酬时，借记“业务活动费用”“单位管理费用”科目，贷记本科目。

②计提应由在建工程、加工物品、自行研发无形资产负担的职工薪酬时，借记“在建工程”“加工物品”“研发支出”等科目，贷记本科目。

③计提从事专业及其辅助活动之外的经营活动人员的职工薪酬，借记“经营费用”科目，贷记本科目。

④因解除与职工的劳动关系而给予的补偿，借记“单位管理费用”等科目，贷记本科目。

（2）向职工支付工资、津贴补贴等薪酬时，按照实际支付的金额，借记本科目，贷记“财政拨款收入”“零余额账户用款额度”“银行存款”等科目。

（3）按照税法规定代扣职工个人所得税时，借记“应付职工薪酬——基本工资”科目，贷记“其他应交税费——应交个人所得税”科目。

从应付职工薪酬中代扣为职工垫付的水电费、房租等费用时，按照实际扣除的金额，借记“应付职工薪酬——基本工资”科目，贷记“其他应收款”等科目。

从应付职工薪酬中代扣社会保险费和住房公积金时，按照代扣的金额，借记“应付职工薪酬——基本工资”科目，贷记“应付职工薪酬——社会保险费”“应付职工薪酬——住房公积金”科目。

（4）按照国家有关规定缴纳职工社会保险费和住房公积金时，按照实际支付的金额，借记“应付职工薪酬——社会保险费”“应付职工薪酬——住房公积金”科目，贷记“财政拨款收入”“零余额账户用款额度”“银行存款”等科目。

（5）从应付职工薪酬中支付的其他款项，借记本科目，贷记“零余额账户用款额度”“银行存款”等科目。

在事业单位会计实务中，应付职工薪酬的主要账务处理见表 3-5。

表 3-5　　应付职工薪酬的主要账务处理

序号	业务		财务会计处理	预算会计处理
（1）	计算确认当期应付职工薪酬	从事专业及其辅助活动人员的职工薪酬	借：业务活动费用 / 单位管理费用 贷：应付职工薪酬	—

续表

序号	业务		财务会计处理	预算会计处理
（1）	计算确认当期应付职工薪酬	应由在建工程、加工物品、自行研发无形资产负担的职工薪酬	借：在建工程 / 加工物品 / 研发支出等 　贷：应付职工薪酬	—
		从事专业及其辅助活动以外的经营活动人员的职工薪酬	借：经营费用 　贷：应付职工薪酬	—
		因解除与职工的劳动关系而给予的补偿	借：单位管理费用等 　贷：应付职工薪酬	—
（2）	向职工支付工资、津贴补贴等薪酬		借：应付职工薪酬 　贷：财政拨款收入 / 零余额账户用款额度 / 银行存款等	借：事业支出 / 经营支出等 　贷：财政拨款预算收入 / 资金结存
（3）	从职工薪酬中代扣各种款项	代扣代缴个人所得税	借：应付职工薪酬——基本工资 　贷：其他应交税费——应交个人所得税	—
		代扣社会保险费和住房公积金	借：应付职工薪酬——基本工资 　贷：应付职工薪酬——社会保险费 / 住房公积金	—
		代扣为职工垫付的水电费、房租等费用时	借：应付职工薪酬——基本工资 　贷：其他应收款等	—
（4）	按照规定缴纳职工社会保险费和住房公积金		借：应付职工薪酬——社会保险费 / 住房公积金 　贷：财政拨款收入 / 零余额账户用款额度 / 银行存款等	借：事业支出 / 经营支出等 　贷：财政拨款预算收入 / 资金结存
（5）	从应付职工薪酬中支付的其他款项		借：应付职工薪酬 　贷：零余额账户用款额度 / 银行存款等	借：事业支出 / 经营支出等 　贷：资金结存等

3.6.3 案例分析

确认当期应付职工薪酬

【例 3–14】 某事业单位本月应付职工薪酬的总额为 900 000 元，其中，从事专业及其辅助活动的职工的工资为 720 000 元，离退休费 80 000 元，地方津贴补贴 50 000 元，住房公积金 50 000 元，代扣代缴住房公积金 50 000 元，代扣代缴社会保险费 12 000 元，代扣代缴个人所得税 36 000 元，代扣为职工垫付的房租、水电费共 75 000 元。账务处理如下。

（1）计算本月应付职工薪酬。

借：业务活动费用　　900 000
　　贷：应付职工薪酬——基本工资（含退休费）　　800 000
　　　　　　　　　——地方津贴补贴　　50 000
　　　　　　　　　——住房公积金　　50 000

（2）计算本月代扣代缴税费和代扣垫付费用。

借：其他应收款　　75 000
　　贷：银行存款　　75 000
借：应付职工薪酬——基本工资　　173 000
　　贷：应付职工薪酬——住房公积金　　50 000
　　　　　　　　　——社会保险费　　12 000
　　　　其他应交税费——应交个人所得税　　36 000
　　　　其他应收款　　75 000

（3）通过财政直接支付方式支付职工薪酬和代缴住房公积金、社会保险费和个人所得税。

财务会计：

借：应付职工薪酬——基本工资（含离退休费）　　627 000
　　　　　　　——地方津贴补贴　　50 000
　　　　　　　——住房公积金　　50 000
　　　　　　　——住房公积金　　50 000
　　　　　　　——社会保险费　　12 000
　　其他应交税费——应交个人所得税　　36 000
　　贷：财政拨款收入　　825 000

预算会计：

借：事业支出　　825 000

　　贷：财政拨款预算收入　　825 000

3.7　应付票据

3.7.1　业务简介

按规定，行政事业单位之间只有在商品交易的情况下，才能使用商业汇票结算方式，因此事业单位应付票据是指因购买材料、物资时所开出、承兑的商业汇票，包括银行承兑汇票和商业承兑汇票。若事业单位开出的是商业承兑汇票，必须由事业单位承兑；如果开出的是银行承兑汇票，必须经银行承兑。事业单位应在商业汇票到期前，及时将款项足额交存其开户银行，以使银行在到期日凭票将款项划转给收款人、被背书人或贴现银行。“应付票据”科目核算的是事业单位因购买材料、物资等而开出、承兑的商业汇票的金额，包括银行承兑汇票和商业承兑汇票。本科目按照债权人进行明细核算，期末贷方余额反映事业单位开出、承兑的尚未到期的应付票据金额。

3.7.2　账务处理

在财务会计中，与“应付票据”科目相关的账务处理如下。

（1）开出、承兑商业汇票时，借记“库存物品”“固定资产”等科目，贷记本科目。涉及增值税业务的，相关账务处理参见“应交增值税”科目。

以商业汇票抵付应付账款时，借记“应付账款”科目，贷记本科目。

（2）支付银行承兑汇票的手续费时，借记“业务活动费用”“经营费用”等科目，贷记“银行存款”“零余额账户用款额度”等科目。

（3）商业汇票到期时，应当按照以下情况进行处理。

①收到银行支付到期票据的付款通知时，借记本科目，贷记“银行存款”科目。

②银行承兑汇票到期，单位无力支付票款的，按照应付票据的账面余额，借记本科目，贷记“短期借款”科目。

③商业承兑汇票到期，单位无力支付票款的，按照应付票据的账面余额，借记本科目，贷记“应付账款”科目。

（4）单位应当设置应付票据备查簿，详细登记应付票据的种类、号数、出票日期、到期日、票面金额、交易合同号、收款人姓名或单位名称，以及付款日期和金额等。

应付票据到期结清票款后，应当在应付票据备查簿内逐笔注销。

在事业单位会计实务中，应付票据的主要账务处理见表 3-6。

表 3-6　　应付票据的主要账务处理

<table>
<tr><th>序号</th><th colspan="2">业务</th><th>财务会计处理</th><th>预算会计处理</th></tr>
<tr><td>（1）</td><td colspan="2">开出、承兑商业汇票</td><td>借：库存物品 / 固定资产等
贷：应付票据</td><td>—</td></tr>
<tr><td>（2）</td><td colspan="2">以商业汇票抵付应付账款时</td><td>借：应付账款
贷：应付票据</td><td>—</td></tr>
<tr><td>（3）</td><td colspan="2">支付银行承兑汇票的手续费</td><td>借：业务活动费用 / 经营费用等
贷：银行存款 / 零余额账户用款额度等</td><td>借：事业支出 / 经营支出
贷：资金结存——货币资金</td></tr>
<tr><td rowspan="3">（4）</td><td rowspan="3">商业汇票到期时</td><td>收到银行支付到期票据的付款通知时</td><td>借：应付票据
贷：银行存款</td><td>借：事业支出 / 经营支出
贷：资金结存——货币资金</td></tr>
<tr><td>银行承兑汇票到期，本单位无力支付票款</td><td>借：应付票据
贷：短期借款</td><td>借：事业支出 / 经营支出
贷：债务预算收入</td></tr>
<tr><td>商业承兑汇票到期，本单位无力支付票款</td><td>借：应付票据
贷：应付账款</td><td>—</td></tr>
</table>

3.7.3　案例分析

1. 开出、承兑商业汇票

【例 3–15】某事业单位于 2×19 年 3 月 2 日购入所需物资。该物资价值 60 000 元，目前已经验收入库。为此，该事业单位交付供货方金额 60 000 元的银行承兑汇票，同时支付银行承兑汇票的手续费 2 000 元。账务处理如下。

财务会计：

借：库存物品　　60 000

　　贷：应付票据　　60 000

借：业务活动费用　　2 000

　　贷：银行存款　　2 000

预算会计：

借：事业支出　　2 000

　　贷：资金结存——货币资金　　2 000

2. 商业汇票到期时

【例 3-16】沿用【例 3-15】。假设该银行承兑汇票已到期。账务处理如下。

（1）收到银行支付到期票据的付款通知时。

财务会计：

借：应付票据　　60 000

　　贷：银行存款　　60 000

预算会计：

借：事业支出　　60 000

　　贷：资金结存——货币资金　　60 000

（2）若该事业单位无力支付票据。

财务会计：

借：应付票据　　60 000

　　贷：短期借款　　60 000

预算会计：

借：事业支出　　60 000

　　贷：债务预算收入　　60 000

3.8　应付账款

3.8.1　业务简介

在事业单位会计实务中，应付账款是指事业单位因购买物资或服务、工程建设等而应付的偿还期限在 1 年以内（含 1 年）的款项。该款项应当在收到所购物资或服务、完成工程时确认。"应付账款"科目应按照债权人进行明细核算，此外，对于建设项目，还应在其下设置"应付器材款""应付工程款"等明细科目，期末贷方余额反映的是单位尚未支付的应付账款。

3.8.2 账务处理

在财务会计中，与"应付账款"科目相关的账务处理如下。

（1）收到所购材料、物资、设备或服务以及确认完成工程进度但尚未付款时，根据发票及账单等有关凭证，按照应付未付款项的金额，借记"库存物品""固定资产""在建工程"等科目，贷记本科目。涉及增值税业务的，相关账务处理参见"应交增值税"科目。

（2）偿付应付账款时，按照实际支付的金额，借记本科目，贷记"财政拨款收入""零余额账户用款额度""银行存款"等科目。

（3）开出、承兑商业汇票抵付应付账款时，借记本科目，贷记"应付票据"科目。

（4）无法偿付或债权人豁免偿还的应付账款，应当按照规定报经批准后进行账务处理。经批准核销时，借记本科目，贷记"其他收入"科目。

核销的应付账款应在备查簿中保留登记。

在事业单位会计实务中，应付账款的主要账务处理见表 3-7。

表 3-7　应付账款的主要账务处理

序号	业务	财务会计处理	预算会计处理
（1）	购入物资、设备或服务以及确认完成工程进度但尚未付款	借：库存物品 / 固定资产 / 在建工程等 贷：应付账款	—
（2）	偿付应付账款	借：应付账款 贷：财政拨款收入 / 零余额账户用款额度 / 银行存款等	借：事业支出 贷：财政拨款预算收入 / 资金结存
（3）	开出、承兑商业汇票抵付应付账款	借：应付账款 贷：应付票据	—
（4）	无法偿付或债权人豁免偿还的应付账款	借：应付账款 贷：其他收入	—

3.8.3　案例分析

【例 3-17】某事业单位在 2×19 年 4 月发生以下相关业务：

（1）4 月 1 日，向甲公司购买一批设备，共计 50 000 元，款项尚未支付；

（2）4 月 10 日，开出商业承兑汇票来抵付乙公司的货款 10 000 元；

（3）4 月 20 日，丙公司同意豁免货款 5 000 元。

账务处理如下。

（1）购买设备未付款。

借：固定资产　　50 000

　　贷：应付账款——甲公司　　50 000

（2）开具商业汇票，抵付应付账款。

借：应付账款——乙公司　　10 000

　　贷：应付票据——乙公司　　10 000

（3）豁免货款。

借：应付账款——丙公司　　5 000

　　贷：其他收入　　5 000

3.9　应付利息

3.9.1　业务简介

在事业单位会计实务中，“应付利息”科目核算的是事业单位按照合同约定应支付的借款利息，包括短期借款、分期付息到期还本的长期借款等应支付的利息。本科目应按照债权人进行明细核算，期末贷方余额反映的是事业单位应付未付的利息金额。

3.9.2　账务处理

在财务会计中，与“应付利息”科目相关的账务处理如下。

（1）为建造固定资产、公共基础设施等借入的专门借款的利息，属于建设期间发生的，按期计提利息费用时，按照计算确定的金额，借记“在建工程”科目，贷记本科目；不属于建设期间发生的，按期计提利息费用时，按照计算确定的金额，借记“其他费用”科目，贷记本科目。

（2）对于其他借款，按期计提利息费用时，按照计算确定的金额，借记“其他费用”科目，贷记本科目。

（3）实际支付应付利息时，按照支付的金额，借记本科目，贷记“银行存款”等科目。

在事业单位会计实务中，应付利息的主要账务处理见表3-8。

表3-8 应付利息的主要账务处理

序号	业务	财务会计处理	预算会计处理
（1）	按期计提利息费用	借：在建工程/其他费用 贷：应付利息	—
（2）	实际支付利息时	借：应付利息 贷：银行存款等	借：其他支出 贷：资金结存——货币资金

3.9.3 案例分析

【例3-18】 某事业单位为建造新办公楼向银行借款10 000 000元，借款年利率为5%，分期付息，到期还本。该事业单位每年计提利息费用的账务处理如下。

借：在建工程 500 000

贷：应付利息 500 000

3.10 预收账款

3.10.1 业务简介

在事业单位会计实务中，“预收账款”科目核算的是事业单位预先收取但尚未结算的款项。本科目应按照债权人进行明细核算，期末贷方余额反映的是事业单位预收但尚未结算的款项。

3.10.2 账务处理

在财务会计中，与“预收账款”科目相关的账务处理如下。

（1）向付款方预收款项时，按照实际预收的金额，借记“银行存款”等科目，贷记本科目。

（2）确认有关收入时，按照预收账款账面余额，借记本科目；按照应确认的收入金额，贷记“事业收入”“经营收入”等科目；按照付款方补付或退回付款方的金额，借记或贷记“银行存款”等科目。涉及增值税业务的，相关账务处理参见“应交增值税”科目。

（3）无法偿付或债权人豁免偿还的预收账款，应当按照规定报经批准后进行账务处理。经批准核销时，借记本科目，贷记“其他收入”科目。

核销的预收账款应在备查簿中保留登记。

在事业单位会计实务中，预收账款的主要账务处理见表 3-9。

表 3-9　预收账款的主要账务处理

序号	业务	财务会计处理	预算会计处理
（1）	从付款方预收款项时	借：银行存款等 贷：预收账款	借：资金结存——货币资金 贷：事业预算收入 / 经营预算收入等
（2）	确认有关收入时	借：预收账款 银行存款 [收到补付款] 贷：事业收入 / 经营收入等 银行存款 [退回预收款]	借：资金结存——货币资金 贷：事业预算收入 / 经营预算收入等 [收到补付款] 退回预收款做相反会计分录
（3）	经批准核销无法偿付或债权人豁免偿还的预收账款	借：预收账款 贷：其他收入	—

3.10.3　案例分析

1. 向付款方预收款项

【例 3-19】2×19 年 5 月，某事业单位与甲企业签订购货协议，甲企业在事业单位订购 A 产品，共计 500 000 元。按照购货协议，甲企业需要将 20% 的购货金额预先支付给该事业单位。该事业单位的账务处理如下。

财务会计：

借：银行存款　　100 000

　　贷：预收账款——甲企业　　100 000

预算会计：

借：资金结存——货币资金　　100 000

　　贷：经营预算收入　　100 000

2. 确认有关收入时

【例 3-20】沿用【例 3-19】。A 产品于 9 月全部交付，并验收入库，且该事业单位已经收到相应货款。该事业单位的账务处理如下。

财务会计：

借：银行存款　　400 000

　　预收账款——甲企业　　100 000

　　贷：经营收入　　500 000

预算会计：

借：资金结存——货币资金　　400 000

　　贷：经营预算收入　　400 000

3. 无法偿还或豁免偿还

【例 3-21】沿用【例 3-19】。若甲企业无法偿付剩余价款，则该事业单位报经批准核销该笔款项的账务处理如下。

借：预收账款——甲企业　　100 000

　　贷：其他收入　　100 000

3.11 其他应付款

3.11.1 业务简介

在事业单位会计实务中，“其他应付款”科目核算的是事业单位除应交增值税、其他应交税费、应缴财政款、应付职工薪酬、应付票据、应付账款、应付利息、预收账款以外，其他各项偿还期限在 1 年内（含 1 年）的应付及暂收款项，如收取的押金、存入保证金、已经报销但尚未偿还银行的本单位公务卡欠款等。

同级政府财政部门预拨的下期预算款和没有纳入预算的暂付款项，以及采用实拨资金方式通过事业单位转拨给下属单位的财政拨款等也通过本科目核算。

本科目应当按照其他应付款的类别以及债权人等进行明细核算，期末贷方余额反映的是事业单位尚未支付的其他应付款金额。

3.11.2　账务处理

在财务会计中，与“其他应付款”科目相关的账务处理如下。

（1）发生其他应付及暂收款项时，借记“银行存款”等科目，贷记本科目。支付（或退回）其他应付及暂收款项时，借记本科目，贷记“银行存款”等科目。将暂收款项转为收入时，借记本科目，贷记“事业收入”等科目。

（2）收到同级政府财政部门预拨的下期预算款和没有纳入预算的暂付款项时，按照实际收到的金额，借记“银行存款”等科目，贷记本科目；待到下一预算期或批准纳入预算时，借记本科目，贷记“财政拨款收入”科目。

采用实拨资金方式通过本单位转拨给下属单位的财政拨款，按照实际收到的金额，借记“银行存款”科目，贷记本科目；向下属单位转拨财政拨款时，按照转拨的金额，借记本科目，贷记“银行存款”科目。

（3）本单位公务卡持卡人报销时，按照审核报销的金额，借记“业务活动费用”“单位管理费用”等科目，贷记本科目；偿还公务卡欠款时，借记本科目，贷记“零余额账户用款额度”等科目。

（4）涉及质保金形成其他应付款的，相关账务处理参见“固定资产”科目。

（5）无法偿付或债权人豁免偿还的其他应付款项，应当按照规定报经批准后进行账务处理。经批准核销时，借记本科目，贷记“其他收入”科目。

核销的其他应付款应在备查簿中保留登记。

在事业单位会计实务中，其他应付款的主要账务处理见表 3-10。

表 3-10　　其他应付款的主要账务处理

序号	业务		财务会计处理	预算会计处理
（1）	发生其他应付及暂收款项	取得暂收款项时	借：银行存款等 　贷：其他应付款	—
		确认收入时	借：其他应付款 　贷：事业收入等	借：资金结存 　贷：事业预算收入等
		退回（转拨）暂收款时	借：其他应付款 　贷：银行存款等	—

续表

<table>
<tr><th>序号</th><th colspan="2">业务</th><th>财务会计处理</th><th>预算会计处理</th></tr>
<tr><td rowspan="2">（2）</td><td rowspan="2">收到同级财政部门预拨的下期预算款和没有纳入预算的暂付款项</td><td>按照实际收到的金额</td><td>借：银行存款等
贷：其他应付款</td><td>—</td></tr>
<tr><td>待到下一预算期或批准纳入预算时</td><td>借：其他应付款
贷：财政拨款收入</td><td>借：资金结存
贷：财政拨款预算收入</td></tr>
<tr><td rowspan="2">（3）</td><td rowspan="2">发生其他应付义务</td><td>确认其他应付款项时</td><td>借：业务活动费用 / 单位管理费用等
贷：其他应付款</td><td>—</td></tr>
<tr><td>支付其他应付款项</td><td>借：其他应付款
贷：银行存款等</td><td>借：事业支出等
贷：资金结存</td></tr>
<tr><td>（4）</td><td colspan="2">经批准核销无法偿付或债权人豁免偿还的其他应付款项</td><td>借：其他应付款
贷：其他收入</td><td>—</td></tr>
</table>

3.11.3 案例分析

1. 发生暂收款项

【例 3-22】2×19 年 5 月 1 日，某事业单位将办公楼出租给 F 公司，收取 F 公司押金 10 000 元。该事业单位的账务处理如下。

借：银行存款　　10 000

　　贷：其他应付款——F 公司——押金　　10 000

2×19 年 5 月 10 日，将押金确认为收入。账务处理如下。

财务会计：

借：其他应付款——F 公司——押金　　10 000

　　贷：事业收入　　10 000

预算会计：

借：资金结存——货币资金　　10 000

　　贷：事业预算收入　　10 000

若 2×20 年 5 月 1 日该事业单位与 F 公司的租赁合约到期，F 公司不再租用办公楼，该事业单位返还押金，则账务处理如下。

借：其他应付款——F 公司——押金　　10 000

　　贷：银行存款　　10 000

2. 预拨款项

【例 3-23】 2×19 年 12 月 6 日，某事业单位收到同级财政部门预拨的下期预算款 100 000 元。2×20 年 1 月 6 日，批准纳入该年的预算。账务处理如下。

（1）2×19 年 12 月 6 日。

借：银行存款	100 000	
贷：其他应付款		100 000

（2）2×20 年 1 月 6 日。

财务会计：

借：其他应付款	100 000	
贷：财政拨款收入		100 000

预算会计：

借：资金结存——货币资金	100 000	
贷：财政拨款预算收入		100 000

3. 其他应付款的豁免

【例 3-24】沿用【例 3-22】。F 公司因破产清算而无法偿还租金，该事业单位按规定报经批准后核销该笔押金。该事业单位的账务处理如下。

借：其他应付款——F 公司——押金	10 000	
贷：其他收入		10 000

3.12　预提费用

3.12.1　业务简介

在事业单位会计实务中，“预提费用”科目核算的是事业单位预先提取的已经发生但尚未支付的费用（如预提租金费用），也用于核算事业单位按规定从科研项目收入中提取的项目间接费用或管理费等。事业单位计提的借款利息费用不通过本科目核算。本科目应当按照预提费用的种类（如项目间接费用或管理费等）进行明细核算，期末贷方余额反映的是单位已预提但尚未支付的各项费用。

3.12.2 账务处理

在财务会计中，与“预提费用”科目相关的账务处理如下。

1. 项目间接费用或管理费

按规定从科研项目收入中提取项目间接费用或管理费时，按照提取的金额，借记“单位管理费用”科目，贷记“预提费用——项目间接费用或管理费”科目。

实际使用计提的项目间接费用或管理费时，按照实际支付的金额，借记“预提费用——项目间接费用或管理费”科目，贷记“银行存款”“库存现金”等科目。

2. 其他预提费用

按期预提租金等费用时，按照预提的金额，借记“业务活动费用”“单位管理费用”“经营费用”等科目，贷记本科目。

实际支付款项时，按照支付的金额，借记本科目，贷记“零余额账户用款额度”“银行存款”等科目。

在事业单位会计实务中，预提费用的主要账务处理见表 3-11。

表 3-11 预提费用的主要账务处理

序号	业务	财务会计处理	预算会计处理
（1）	按规定计提项目间接费用或管理费时	借：单位管理费用 贷：预提费用——项目间接费用或管理费	借：非财政拨款结转——项目间接费用或管理费 贷：非财政拨款结余——项目间接费用或管理费
（2）	实际使用计提的项目间接费用或管理费时	借：预提费用——项目间接费用或管理费 贷：银行存款 / 库存现金等	借：事业支出等 贷：资金结存
（3）	按照规定预提每期租金等费用	借：业务活动费用 / 单位管理费用 / 经营费用等 贷：预提费用	—
（4）	实际支付款项时	借：预提费用 贷：银行存款 / 零余额账户用款额度等	借：事业支出 / 经营支出等 贷：资金结存

3.12.3　案例分析

1. 计提间接费用或管理费

【例 3-25】 2×19 年 6 月 6 日，某事业单位按规定从科研项目收入中提取项目间接费用 20 000 元。账务处理如下。

财务会计：

借：单位管理费用　　20 000

　　贷：预提费用——项目间接费用或管理费　　20 000

预算会计：

借：非财政拨款结转——项目间接费用或管理费　　20 000

　　贷：非财政拨款结余——项目间接费用或管理费　　20 000

2×19 年 12 月 6 日，该事业单位实际使用计提的项目间接费用 15 000 元。账务处理如下。

财务会计：

借：预提费用——项目间接费用或管理费　　15 000

　　贷：银行存款　　15 000

预算会计：

借：事业支出　　15 000

　　贷：资金结存——货币资金　　15 000

2. 预提租金

【例 3-26】 甲事业单位供销部门于 2×19 年 7 月 1 日租入一台运输设备，合同规定租期半年，租赁期满一次付清租金 6 000 元。账务处理如下。

（1）2×19 年 7 月至 11 月，甲事业单位每月月末应做以下相同会计分录。

借：经营费用　　1 000

　　贷：预提费用　　1 000

（2）2×19 年 12 月末开出转账支票支付租金时。

财务会计：

借：经营费用　　1 000

　　预提费用　　5 000

　　贷：银行存款　　6 000

预算会计：

借：经营支出　　6 000

　　贷：资金结存——货币资金　　6 000

3.13 长期借款

3.13.1 业务简介

在事业单位会计实务中，“长期借款”科目用于核算事业单位经批准向银行或其他金融机构等借入的期限超过1年（不含1年）的各种借款本息，其下设“本金”和“应计利息”明细科目，并按照贷款单位和贷款种类进行明细核算。此外，对于建设项目借款，还应按照具体项目进行明细核算。本科目期末贷方余额反映事业单位尚未偿还的长期借款本息金额。

3.13.2 账务处理

在财务会计中，与“长期借款”科目相关的账务处理如下。

（1）借入各项长期借款时，按照实际借入的金额，借记“银行存款”科目，贷记本科目（本金）。

（2）为建造固定资产、公共基础设施等应支付的专门借款利息，按期计提利息时，按照以下情况分别进行处理。

①属于工程项目建设期间发生的利息，计入工程成本，按照计算确定的应支付的利息金额，借记“在建工程”科目，贷记“应付利息”科目或“长期借款——应计利息”科目。

②属于工程项目完工交付使用后发生的利息，计入当期费用，按照计算确定的应支付的利息金额，借记“其他费用”科目，贷记“应付利息”科目或“长期借款——应计利息”科目。

（3）按期计提其他长期借款的利息时，按照计算确定的应支付的利息金额，借记“其他费用”科目，贷记“应付利息”科目[分期付息、到期还本]或“长期借款——应计利息”科目[到期一次还本付息]。

（4）到期归还长期借款本金、利息时，借记“长期借款——本金”“长期借款——应计利息”科目，贷记“银行存款”科目。

在事业单位会计实务中，长期借款的主要账务处理见表 3-12。

表 3-12　　　　长期借款的主要账务处理

<table>
<tr><th>序号</th><th colspan="2">业务</th><th>财务会计处理</th><th>预算会计处理</th></tr>
<tr><td>（1）</td><td colspan="2">借入各项长期借款时</td><td>借：银行存款
　贷：长期借款——本金</td><td>借：资金结存——货币资金
　贷：债务预算收入 [本金]</td></tr>
<tr><td rowspan="3">（2）</td><td rowspan="3">为购建固定资产、公共基础设施等应支付的专门借款利息</td><td>属于工程项目建设期间发生的</td><td>借：在建工程
　贷：应付利息 [分期付息、到期还本]
　　长期借款——应计利息 [到期一次还本付息]</td><td>—</td></tr>
<tr><td>属于工程项目完工交付使用后发生的</td><td>借：其他费用
　贷：应付利息 [分期付息、到期还本]
　　长期借款——应计利息 [到期一次还本付息]</td><td>—</td></tr>
<tr><td>实际支付利息时</td><td>借：应付利息
　贷：银行存款等</td><td>借：其他支出
　贷：资金结存</td></tr>
<tr><td rowspan="2">（3）</td><td rowspan="2">其他长期借款利息</td><td>计提利息时</td><td>借：其他费用
　贷：应付利息 [分期付息、到期还本]
　　长期借款——应计利息 [到期一次还本付息]</td><td>—</td></tr>
<tr><td>分期实际支付利息时</td><td>借：应付利息
　贷：银行存款等</td><td>借：其他支出
　贷：资金结存</td></tr>
<tr><td>（4）</td><td colspan="2">归还长期借款本息</td><td>借：长期借款——本金
　　　　　——应计利息 [到期一次还本付息]
　贷：银行存款</td><td>借：债务还本支出 [支付的本金]
　贷：资金结存
借：其他支出 [支付的利息]
　贷：资金结存</td></tr>
</table>

3.13.3 案例分析

1. 借入长期借款

【例 3-27】某事业单位于 2×19 年 1 月 1 日从银行借入资金 300 000 元，借款期限为 5 年，年利率为 8%，按年支付利息，到期一次还本。账务处理如下。

财务会计：

借：银行存款　　300 000

　　贷：长期借款——本金　　300 000

预算会计：

借：资金结存——货币资金　　300 000

　　贷：债务预算收入　　300 000

2. 为购建固定资产等而支付利息

【例 3-28】沿用【例 3-27】。该事业单位借入长期借款用以建设办公楼。该办公楼于 2×19 年 1 月 1 日开工，2×23 年 1 月 1 日完工并交付使用。2×23 年 12 月 31 日，该事业单位归还长期借款并支付本年利息。

（1）2×19 年末至 2×22 年末的账务处理。

财务会计：

借：在建工程　　24 000

　　贷：应付利息　　24 000

借：应付利息　　24 000

　　贷：银行存款　　24 000

预算会计：

借：其他支出　　24 000

　　贷：资金结存——货币资金　　24 000

（2）2×23 年末的账务处理。

财务会计：

借：其他费用　　24 000

　　贷：应付利息　　24 000

借：应付利息　　24 000

　　贷：银行存款　　24 000

借：长期借款——本金　　300 000

贷：银行存款　　300 000

预算会计：

借：其他支出　　24 000

贷：资金结存——货币资金　　24 000

借：债务还本支出　　300 000

贷：资金结存——货币资金　　300 000

3.14　长期应付款

3.14.1　业务简介

在事业单位会计实务中，“长期应付款”科目用于核算事业单位发生的偿还期限超过 1 年（不含 1 年）的应付款项，如以融资租赁方式取得固定资产应付的租赁费、以分期付款方式购入固定资产发生的应付款等。本科目应当按照长期应付款的类别以及债权人进行明细核算，并且期末贷方余额反映单位尚未支付的长期应付款金额。

3.14.2　账务处理

在财务会计中，与“长期应付款”科目相关的账务处理如下。

（1）发生长期应付款时，借记“固定资产”“在建工程”等科目，贷记本科目。

（2）支付长期应付款时，按照实际支付的金额，借记本科目，贷记“财政拨款收入”“零余额账户用款额度”“银行存款”等科目。涉及增值税业务的，相关账务处理参见“应交增值税”科目。

（3）无法偿付或债权人豁免偿还的长期应付款，应当按照规定报经批准后进行账务处理。经批准核销时，借记本科目，贷记“其他收入”科目。

核销的长期应付款应在备查簿中保留登记。

（4）涉及质保金形成长期应付款的，相关账务处理参见“固定资产”科目。

在事业单位会计实务中，长期应付款的主要账务处理见表 3-13。

表 3–13　　　　长期应付款的主要账务处理

序号	业务	财务会计处理	预算会计处理
（1）	发生长期应付款时	借：固定资产 / 在建工程等 　贷：长期应付款	—
（2）	支付长期应付款	借：长期应付款 　贷：财政拨款收入 / 零余额账户用款额度 / 银行存款	借：事业支出 / 经营支出等 　贷：财政拨款预算收入 / 资金结存
（3）	经批准核销无法偿付或债权人豁免偿还的长期应付款	借：长期应付款 　贷：其他收入	—

3.14.3　案例分析

1. 发生长期应付款

【例 3–29】某事业单位以分期付款方式从 G 公司购入一台仪器，总价款为 270 000 元，分三年支付，于每年年末支付。购入时，该事业单位的账务处理如下。

借：固定资产　　270 000

　贷：长期应付款　　270 000

2. 支付长期应付款

【例 3–30】沿用【例 3–29】。该事业单位年末使用财政直接支付方式支付款项。账务处理如下。

财务会计：

借：长期应付款　　90 000

　贷：财政拨款收入　　90 000

预算会计：

借：事业支出　　90 000

　贷：财政拨款预算收入　　90 000

3. 长期应付款的核销

【例 3–31】沿用【例 3–29】。连续两年支付该笔长期应付款后，G 公司豁免最后一年应付的款项。该事业单位按照规定报经批准后予以核销，账务处理如下。

借：长期应付款　　90 000

　贷：其他收入　　90 000

3.15　预计负债

3.15.1　业务简介

在事业单位会计实务中，“预计负债”科目用于核算事业单位对因或有事项所产生的现时义务而确认的负债，如对未决诉讼等确认的负债。本科目应当按照预计负债的项目进行明细核算，期末贷方余额反映单位已确认但尚未支付的预计负债金额。

3.15.2　账务处理

在财务会计中，与“预计负债”科目相关的账务处理如下。

（1）确认预计负债时，按照预计负债的金额，借记“业务活动费用”“经营费用”“其他费用”等科目，贷记本科目。

（2）实际偿付预计负债时，按照偿付的金额，借记本科目，贷记“银行存款”“零余额账户用款额度”等科目。

（3）根据确凿证据需要对已确认的预计负债账面余额进行调整的，按照调整增加的金额，借记“业务活动费用”“经营费用”“其他费用”科目，贷记本科目；按照调整减少的金额，借记本科目，贷记“业务活动费用”“经营费用”“其他费用”科目。

在事业单位会计实务中，预计负债的主要账务处理见表 3-14。

表 3-14　　预计负债的主要账务处理

序号	业务	财务会计处理	预算会计处理
（1）	确认预计负债	借：业务活动费用 / 经营费用 / 其他费用等 　贷：预计负债	—
（2）	实际偿付预计负债	借：预计负债 　贷：银行存款 / 零余额账户用款额度等	借：事业支出 / 经营支出 / 其他支出等 　贷：资金结存
（3）	对预计负债账面余额进行调整	借：业务活动费用 / 经营费用 / 其他费用等 　贷：预计负债 或做相反会计分录	—

3.15.3 案例分析

【例 3-32】 2×19 年 11 月 1 日，某事业单位因合同违约而被甲公司起诉。2×19 年 12 月 31 日，该事业单位尚未接到法院的判决。在咨询了单位的法律顾问后，该事业单位认为最终的法律判决很可能对单位不利。假定该事业单位预计将要支付的赔偿金额、诉讼费等费用在 1 600 000 元至 2 000 000 元，而且这个区间内每个金额的发生可能性都大致相同。

该事业单位应在资产负债表中确认一项预计负债，金额计算如下。

（1 600 000+2 000 000）÷2 =1 800 000（元）。

同时在 2×19 年 12 月 31 日的附注中进行披露。

该事业单位的有关账务处理如下。

借：业务活动费用　　1 800 000

　　贷：预计负债——未决诉讼　　1 800 000

2×20 年 3 月 1 日，法律判决表明该事业单位要支付赔偿金额等 1 900 000 元，账务处理如下。

财务会计：

借：预计负债——未决诉讼　　1 800 000

　　业务活动费用　　100 000

　　贷：银行存款　　1 900 000

预算会计：

借：事业支出　　1 900 000

　　贷：资金结存——货币资金　　1 900 000

3.16 受托代理负债

3.16.1 业务简介

在事业单位会计中，“受托代理负债”科目用于核算事业单位接受委托取得受托代理资产时形成的负债。本科目期末贷方余额反映单位尚未交付或发出受托代理资产形成的受托代理负债金额。

3.16.2　账务处理

在事业单位会计实务中，受托代理负债的主要账务处理参见“受托代理资产”“库存现金”“银行存款”等科目。

3.16.3　案例分析

【例 3-33】2×19 年 11 月 1 日，某事业单位接受外市事业单位委托将一设备转赠给科研所。该设备价值 200 000 元，已于该事业单位验收入库。账务处理如下。

借：受托代理资产——受托存储保管物资　　200 000

　贷：受托代理负债　　200 000

第4章 净资产

4.1 净资产概述

事业单位净资产是指事业单位拥有的资产总额扣除了事业单位负债后的资产净额，即事业单位资产总额在抵偿了一切现存义务以后的差额部分。它是属于事业单位所有，并可以自由支配的资产。净资产金额取决于资产和负债的计量，即净资产 = 资产 – 负债。净资产项目应当列入资产负债表。

事业单位的净资产包括累计盈余、专用基金、权益法调整、本期盈余、本年盈余分配、无偿调拨净资产、以前年度盈余调整。

4.2 盈余及分配

4.2.1 累计盈余

4.2.1.1 累计盈余的概念

累计盈余是指核算单位历年实现的盈余扣除盈余分配后滚存的金额，以及因无偿调入调出资产产生的净资产变动额。按照规定上缴、缴回、单位间调剂结转结余资金产生的净资产变动额，以及对以前年度盈余的调整金额，都通过“累计盈余”科目核算。

4.2.1.2 累计盈余的账务处理

在财务会计中，与“累计盈余”科目相关的账务处理如下。

1. 年末结转“本年盈余分配”科目的余额

（1）账务处理。

事业单位在年末需要将“本年盈余分配”科目的余额转入本科目，借记或贷记“本年盈余分配”科目，贷记或借记本科目。

事业单位年末结转“本年盈余分配”科目的账务处理见表 4-1。

表 4-1　　年末结转“本年盈余分配”科目的账务处理

业务	财务会计处理	预算会计处理
年末，将“本年盈余分配”科目余额转入	借：本年盈余分配 　贷：累计盈余 或做相反会计分录	—

（2）案例解析。

【例 4-1】 2×19 年 12 月 31 日，某事业单位的“本年盈余分配”科目的贷方余额为 45 000 元。其年末结转的账务处理如下。

借：本年盈余分配　　45 000

　贷：累计盈余　　45 000

2. 年末结转“无偿调拨净资产”科目的余额

（1）业务概述。

事业单位在各会计年度中发生了无偿调入或调出净资产的业务后，除了在专设的“无偿调拨净资产”科目予以日常核算外，在年度终了时还要将“无偿调拨净资产”科目的年终余额转入“累计盈余”科目，从而将“无偿调拨净资产”科目结平。

（2）账务处理。

事业单位在年末需要将“无偿调拨净资产”科目的余额转入累计盈余，借记或贷记“无偿调拨净资产”科目，贷记或借记本科目。

事业单位年末结转“无偿调拨净资产”科目的账务处理见表 4-2。

表 4-2　　年末结转“无偿调拨净资产”科目的账务处理

业务	财务会计处理	预算会计处理
年末，将“无偿调拨净资产”科目余额转入	借：无偿调拨净资产 　贷：累计盈余 或做相反会计分录	—

（3）案例解析。

【例 4-2】 2×19 年 12 月 31 日，某事业单位的“无偿调拨净资产”科目的贷方余额为 50 000 元。其年末结转的账务处理如下。

借：无偿调拨净资产　　50 000

　贷：累计盈余　　50 000

3. 结转与其他单位发生的调入、调出资金

（1）业务概述。

财政拨款结余资金是指支出预算工作目标已完成，或受政策变化、计划调整等因素影响终止工作，当年剩余的财政拨款资金。非财政拨款结转资金是指事业单位除财政拨款收支以外的各专项资金收入与其相关支出相抵后剩余滚存的、需按规定用途使用的结转资金。财政拨款结转资金是指当年支出预算工作已执行但尚未完成，或因故未执行，下年需按原用途继续使用的财政拨款资金。

（2）财务处理。

事业单位在年末按照规定上缴财政拨款结转结余、缴回非财政拨款结转资金、向其他单位调出财政拨款结转资金时，按照实际上缴、缴回、调出的金额，借记本科目，贷记“财政应返还额度”“零余额账户用款额度”“银行存款”等科目。

事业单位在年末按照规定从其他单位调入财政拨款结转资金时，按照实际调入的金额，借记“零余额账户用款额度”“银行存款”等科目，贷记本科目。

事业单位结转与其他单位发生的调入、调出资金时的账务处理见表 4-3。

表 4-3　　结转与其他单位发生的调入、调出资金时的账务处理

序号	业务	财务会计处理	预算会计处理
（1）	按照规定上缴财政拨款结转结余、缴回非财政拨款结转资金、向其他单位调出财政拨款结转资金	借：累计盈余 　贷：财政应返还额度 / 零余额账户用款额度 / 银行存款等	借：财政拨款结转、财政拨款结余、非财政拨款结转、非财政拨款结余 　贷：资金结存——财政应返还额度、零余额账户用款额度、货币资金
（2）	按照规定从其他单位调入财政拨款结转资金	借：零余额账户用款额度 / 银行存款等 　贷：累计盈余	借：资金结存——零余额账户用款额度 / 货币资金 　贷：财政拨款结转——归集调入

（3）案例解析。

【例 4-3】某事业单位2×16年财政拨款远程可视化会议设备购置项目，因政府采购公开招标确定的采购中标价格低于财政拨款预算金额，所以形成结余资金120 000元。该资金一直挂账未使用，也未编入下年预算。该项目为财政授权支付。2×19年3月7日，该事业单位按照审计整改要求，上缴该项财政拨款结余资金。2×19年3月7日的账务处理如下。

财务会计：

借：累计盈余　　120 000

　　贷：零余额账户用款额度——项目支出额度　　120 000

预算会计：

借：财政拨款结余——归集上缴　　120 000

　　贷：资金结存——零余额账户用款额度　　120 000

【例 4-4】2×19年12月31日，某事业单位与其他单位发生资金调入20 000元。账务处理如下。

财务会计：

借：零余额账户用款额度　　20 000

　　贷：累计盈余　　20 000

预算会计：

借：资金结存——零余额账户用款额度　　20 000

　　贷：财政拨款结转——归集调入　　20 000

4．年末结转“以前年度盈余调整”科目的余额

（1）业务概述。

以前年度盈余调整是对以前年度财务报表中的重大错误的更正。这种错误包括计算错误、会计分录差错及漏记事项。

（2）财务处理。

将“以前年度盈余调整”科目的余额转入本科目，借记或贷记“以前年度盈余调整”科目，贷记或借记本科目。

年末结转“以前年度盈余调整”科目余额的账务处理见表 4-4。

表 4-4　　年末结转"以前年度盈余调整"科目余额的账务处理

业务	财务会计处理	预算会计处理
将"以前年度盈余调整"科目的余额转入	借：以前年度盈余调整 　贷：累计盈余 　　或做相反会计分录	—

（3）案例解析。

【例 4-5】2×19 年 12 月 31 日，某事业单位的"以前年度盈余调整"科目的贷方余额为 20 000 元。其年末结转的账务处理如下。

借：以前年度盈余调整　　20 000

　贷：累计盈余　　20 000

5. 使用专用基金购置固定资产、无形资产

（1）业务概述。

"专用基金"科目用于核算事业单位按照规定提取或设置的具有专门用途的净资产，主要包括职工福利基金、科技成果转换基金等。

（2）财务处理。

按照规定使用专用基金购置固定资产、无形资产的，按照固定资产、无形资产成本金额，借记"固定资产""无形资产"科目，贷记"银行存款"等科目；同时，按照专用基金的使用金额，借记"专用基金"科目，贷记本科目。

使用专用基金购置固定资产、无形资产时的账务处理见表 4-5。

表 4-5　　使用专用基金购置固定资产、无形资产时的账务处理

业务	财务会计处理	预算会计处理
使用专用基金购置固定资产、无形资产的	按照固定资产、无形资产成本金额 借：固定资产 / 无形资产 　贷：银行存款等 同时，按照专用基金使用金额 借：专用基金 　贷：累计盈余	使用从非财政拨款结余或经营结余中提取的专用基金： 借：专用结余 　贷：资金结存——货币资金 使用从收入中提取并列入费用的专用基金 借：专用基金 　贷：银行存款

（3）案例解析。

【例 4-6】2×19 年 12 月 31 日，某事业单位使用从非财政拨款结余或经营结

余中提取的专用固定资产专用基金购置 200 000 元固定资产。账务处理如下。

财务会计：

借：固定资产　　200 000

　　贷：银行存款　　200 000

借：专用基金　　200 000

　　贷：累计盈余　　200 000

预算会计：

借：专用结余　　200 000

　　贷：资金结存——货币资金　　200 000

4.2.2　专用基金

在财务会计中，与“专用基金”科目相关的账务处理如下。

1．年末从本年盈余分配中提取专用基金

（1）业务概述。

事业单位在年末根据有关规定可从本年度非财政拨款结余或经营结余中提取专用基金。

（2）账务处理。

事业单位在年末需要根据有关规定从本年度非财政拨款结余或经营结余中提取专用基金的，按照预算会计下计算的提取金额，借记“本年盈余分配”科目，贷记本科目。

年末从本年盈余分配中提取专用基金时的账务处理见表 4-6。

表 4-6　　年末从本年盈余分配中提取专用基金时的账务处理

业务	财务会计处理	预算会计处理
年末，按照规定从本年度非财政拨款结余或经营结余中提取专用基金的	借：本年盈余分配 　贷：专用基金［按照预算会计下计算的提取金额］	借：非财政拨款结余分配 　贷：专用结余

（3）案例解析。

【例 4-7】某事业单位在进行 2×19 年年终分配时，非财政拨款结余总额为 400 000 元，按照结余的 40% 提取职工福利基金。账务处理如下。

财务会计：

借：本年盈余分配——提取职工福利基金　　160 000

贷：专用基金——职工福利基金　　160 000

预算会计：

借：非财政拨款结余分配　　160 000

贷：专用结余——职工福利基金　　160 000

2. 从收入中提取专用基金并计入费用

（1）业务概述。

在事业单位会计实务中，业务活动费用是指事业单位为满足业务经营的合理需要而支付的活动费用。事业单位一般会按照预算会计下计算的提取金额，从收入中提取专用基金并计入费用。

（2）账务处理。

根据有关规定从收入中提取专用基金并计入费用的，一般按照基于预算收入计算提取的金额，借记“业务活动费用”等科目，贷记本科目。国家另有规定的，从其规定。

在事业单位会计实务中，年末从收入中提取专用基金时的账务处理见表4-7。

表 4-7　　年末从收入中提取专用基金时的账务处理

业务	财务会计处理	预算会计处理
根据规定从收入中提取专用基金并计入费用的	借：业务活动费用等 贷：专用基金［一般按照预算收入计算提取的金额］	—

（3）案例解析。

【例 4-8】2×19 年某事业单位的事业收入中的横向课题收入为 5 000 000 元，按照相关规定，提取科研成果转化基金，提取比例为 5%。账务处理如下。

借：业务活动费用——计提专用基金　　250 000

贷：专用基金——科技成果转化基金　　250 000

3. 收到的其他专用基金

（1）业务概述。

其他专用基金，即事业单位按照国家有关规定提取或者设置的资金。

（2）账务处理。

根据有关规定设置其他专用基金时，按照实际收到的基金金额，借记“银行存款”等科目，贷记本科目。

收到其他专用基金时的账务处理见表 4-8。

表 4-8　　收到其他专用基金时的账务处理

业务	财务会计处理	预算会计处理
根据有关规定设置的其他专用基金	借：银行存款等 　　贷：专用基金	—

4. 使用专用基金

（1）业务概述。

专用基金应当按规定提取，按规定的用途使用。

（2）账务处理。

按照规定使用提取的专用基金时，借记本科目，贷记“银行存款”等科目。

使用提取的专用基金购置固定资产、无形资产的，按照固定资产、无形资产成本的金额，借记“固定资产”“无形资产”科目，贷记“银行存款”等科目；同时，按照专用基金使用金额，借记本科目，贷记“累计盈余”等科目。

使用专用基金时的账务处理见表 4-9。

表 4-9　　使用专用基金时的账务处理

<table>
<tr><th>业务</th><th>财务会计处理</th><th>预算会计处理</th></tr>
<tr><td rowspan="2">按照规定使用专用基金时</td><td rowspan="2">借：专用基金
　　贷：银行存款等
如果购置固定资产、无形资产的：
借：固定资产 / 无形资产
　　贷：银行存款等
借：专用基金
　　贷：累计盈余</td><td>使用从收入中提取并列入费用的专用基金：
借：事业支出等
　　贷：资金结存</td></tr>
<tr><td>使用从非财政拨款结余或经营结余中提取的专用基金：
借：专用结余
　　贷：资金结存——货币资金</td></tr>
</table>

（3）案例解析。

【**例 4-9**】某事业单位在 2×19 年利用从经营结余中提取的专用基金购置了一台固定资产，市场公允价值为 200 000 元，应缴纳的增值税额为 26 000 元。账务处理如下。

财务会计：

借：固定资产　　200 000

　　应缴增值税——应缴税金（进项税额）　　26 000

　　贷：银行存款　　226 000

借：专用基金　　226 000

贷：累计盈余　　226 000

预算会计：

借：专用结余　　226 000

贷：资金结存——货币资金　　226 000

4.2.3 本期盈余

4.2.3.1 本期盈余的概念

在事业单位会计实务中，“本期盈余”科目用于反映单位本年度截至报告期期末实现的累计盈余或亏损。本科目仅在月度报表中列示，不在年度报表中列示。在月度报表中，“本期盈余”项目应当根据“本期盈余”科目的期末余额填列；“本期盈余”科目期末为借方余额时，以“-”号填列，即代表单位自年初至当期期末累计发生的亏损；“本期盈余”科目期末为贷方余额时，以“+”号填列，即代表单位自年初至当期期末累计实现的盈余。年末结账后，本科目应无余额。

4.2.3.2 本期盈余的账务处理

在财务会计中，与“本期盈余”科目相关的账务处理如下。

1. 期末结转

（1）业务概述。

期末结转，指期末结账时将某一科目的余额或差额转入另一科目。这里涉及两个科目，前者是转出科目，后者是转入科目，一般而言，结转后，转出科目将没有余额。

（2）账务处理。

事业单位应该在期末，将各类收入科目的本期发生额转入本期盈余，借记“财政拨款收入”“事业收入”“上级补助收入”“附属单位上缴收入”“经营收入”“非同级财政拨款收入”“投资收益”“捐赠收入”“利息收入”“租金收入”“其他收入”科目，贷记本科目；将各类费用科目本期发生额转入本期盈余，借记本科目，贷记“业务活动费用”“单位管理费用”“经营费用”“所得税费用”“资产处置费用”“上缴上级费用”“对附属单位补助费用”“其他费用”科目。

期末结转各类收入和费用科目时的账务处理见表 4-10。

表 4-10　　期末结转各类收入和费用科目时的账务处理

业务		财务会计处理	预算会计处理
期末结转	结转收入	借：财政拨款收入 　　事业收入 　　上级补助收入 　　附属单位上缴收入 　　经营收入 　　非同级财政拨款收入 　　投资收益 　　捐赠收入 　　利息收入 　　租金收入 　　其他收入 　　贷：本期盈余 投资收益科目为发生额借方净额时，做相反会计分录	—
	结转费用	借：本期盈余 　　贷：业务活动费用 　　　　单位管理费用 　　　　经营费用 　　　　资产处置费用 　　　　上缴上级费用 　　　　对附属单位补助费用 　　　　所得税费用 　　　　其他费用	—

（3）案例解析。

【例 4-10】某事业单位 2×19 年收入和支出类科目余额如下。

（1）“财政拨款收入”科目的贷方余额为 20 000 元，“事业收入”科目的贷方余额为 5 000 元，“上级补助收入”科目的贷方余额为 10 000 元，“附属单位上缴收入”科目的贷方余额为 20 000 元，“经营收入”科目的贷方余额为 3 000 元，“非同级财政拨款收入”科目的贷方余额为 2 000 元，“投资收益”科目的贷方余额为 8 000 元。

（2）“业务活动费用”科目的借方余额为 9 000 元，“单位管理费用”科目的借方余额为 3 000 元，“经营费用”科目的借方余额为 3 000 元，“资产处置费用”科目的借方余额为 2 000 元，“所得税费用”科目的借方余额为 2 000 元，“其他费用”科目的借方余额为 2 000 元。

该事业单位期末结转的账务处理如下。

（1）结转本期收入。

借：财政拨款收入　　20 000

　　事业收入　　5 000

　　上级补助收入　　10 000

　　附属单位上缴收入　　20 000

　　经营收入　　3 000

　　非同级财政拨款收入　　2 000

　　投资收益　　8 000

　　贷：本期盈余　　68 000

（2）结转本期费用。

借：本期盈余　　21 000

　　贷：业务活动费用　　9 000

　　　　单位管理费用　　3 000

　　　　经营费用　　3 000

　　　　资产处置费用　　2 000

　　　　所得税费用　　2 000

　　　　其他费用　　2 000

2. 年末结转

（1）业务概述。

事业单位在每年年末，都需要将“本期盈余”科目结转，使其余额为零。

（2）账务处理。

事业单位应该于每年年末，完成上述结转后，将本科目余额转入“本期盈余分配”科目，借记或贷记本科目，贷记或借记“本年盈余分配”科目。

年末结转“本期盈余”科目时的账务处理见表 4-11。

表 4-11　　年末结转“本期盈余”科目的账务处理

业务		财务会计处理	预算会计处理
年末结转	“本期盈余”科目为贷方余额时	借：本期盈余 　　贷：本年盈余分配	—
	“本期盈余”科目为借方余额时	借：本年盈余分配 　　贷：本期盈余	—

（3）案例解析。

【例 4-11】某事业单位于 2×19 年 12 月 31 日结转“本期盈余”科目的贷方余额 47 000 元。账务处理如下。

借：本期盈余　　　　47 000

　　贷：本年盈余分配　　　　47 000

4.3　净资产调整

4.3.1　权益法调整

4.3.1.1　权益法调整概述

在事业单位会计实务中，“权益法调整”科目用于反映事业单位期末在被投资单位除净损益和利润分配以外的所有者权益变动中累积享有的份额。在报表中“权益法调整”项目应当根据“权益法调整”科目的期末余额填列，如“权益法调整”科目期末为借方余额，以“-”号填列。

4.3.1.2　权益法调整的账务处理

在财务会计中，与“权益法调整”科目相关的账务处理如下。

1. 年末长期股权投资引起的权益法调整

（1）业务概述。

年末，对于被投资单位除净损益和利润分配以外的所有者权益变动应享有（或应分担）的份额，应当调整长期股权投资的账面余额，并记入“其他权益变动”二级科目。

（2）账务处理。

事业单位年末应该按照被投资单位除净损益和利润分配以外的所有者权益变动应享有（或应分担）的份额，借记或贷记“长期股权投资——其他权益变动”科目，贷记或借记本科目。

年末长期股权投资引起的权益法调整的账务处理见表 4-12。

表 4-12　　年末长期股权投资引起的权益法调整的账务处理

业务		财务会计处理	预算会计处理
资产负债表日	按照被投资单位除净损益和利润分配以外的所有者权益变动的份额（增加）	借：长期股权投资——其他权益变动 　贷：权益法调整	—
	按照被投资单位除净损益和利润分配以外的所有者权益变动的份额（减少）	借：权益法调整 　贷：长期股权投资——其他权益变动	—

（3）案例解析。

【例 4-12】某事业单位投资的单位在 2×19 年除净损益和利润分配以外的所有者权益变动的金额为 100 000 元。该事业单位持有被投资单位 30% 的股权，不考虑相关税费。账务处理如下。

借：长期股权投资——其他权益变动　　30 000

　贷：权益法调整　　30 000

2. 处置长期股权投资时引起的权益法调整

（1）业务概述。

对于因被投资单位除净损益和利润分配以外的所有者权益变动而将应享有（或应分担）的份额计入单位净资产的，处置该项长期股权投资引起的权益法调整应当结转本科目。

（2）账务处理。

事业单位应该对采用权益法核算的长期股权投资，因被投资单位除净损益和利润分配以外的所有者权益变动而将应享有（或应分担）的份额计入单位净资产的，处置该项投资时，按照原计入净资产的相应部分金额，借记或贷记本科目，贷记或借记“投资收益”科目。

处置长期股权投资时引起的权益法调整的账务处理见表 4-13。

表 4-13　　处置长期股权投资时引起的权益法调整的账务处理

业务		财务会计处理	预算会计处理
处置长期股权投资时	“权益法调整”科目为借方余额	借：投资收益 　贷：权益法调整 [与所处置投资对应部分的金额]	—
	“权益法调整”科目为贷方余额	借：权益法调整 [与所处置投资对应部分的金额] 　贷：投资收益	—

（3）案例解析。

【例 4–13】某事业单位投资的单位在 2×19 年除净损益和利润分配以外的所有者权益变动金额为 100 000 元。该事业单位持有被投资单位 30% 的股权，不考虑相关税费。该单位在 2×20 年处置了该项投资。账务处理如下。

借：长期股权投资——其他权益变动　　30 000
　　贷：权益法调整　　30 000
借：权益法调整　　30 000
　　贷：投资收益　　30 000

4.3.2　以前年度盈余调整

在财务会计中，与“以前年度盈余调整”科目相关的账务处理如下。

1. 以前年度收入调整

（1）业务概述。

单位存在以前年度收入漏记的情况时，应当及时通过“以前年度盈余调整”科目进行账务处理。

（2）账务处理。

事业单位在调整增加以前年度收入时，按照调整增加的金额，借记有关科目，贷记本科目；调整减少的，做相反的会计分录。

以前年度收入调整的账务处理见表 4-14。

表 4–14　　以前年度收入调整的账务处理

业务		财务会计处理	预算会计处理
调整以前年度收入	增加以前年度收入时	借：有关资产或负债科目 　贷：以前年度盈余调整	按照实际收到的金额： 借：资金结存 　贷：财政拨款结转 / 财政拨款结余 / 非财政拨款结转 / 非财政拨款结余（年初余额调整）
	减少以前年度收入时	借：以前年度盈余调整 　贷：有关资产或负债科目	按照实际支付的金额： 借：财政拨款结转 / 财政拨款结余 / 非财政拨款结转 / 非财政拨款结余（年初余额调整） 　贷：资金结存

（3）案例解析。

【例 4–14】某事业单位在 2×20 年 3 月的单位账务自查中发现本单位存在上年

度应该确认但是没有确认的收入 200 000 元。账务处理如下。

财务会计：

借：预收账款　　200 000

　　贷：以前年度盈余调整　　200 000

预算会计：

借：资金结存　　200 000

　　贷：财政拨款结转　　200 000

2. 以前年度费用调整

（1）业务概述。

当事业单位存在以前年度费用漏记的情况时，应当及时通过“以前年度盈余调整”科目进行账务处理。

（2）账务处理。

事业单位在调整增加以前年度费用时，按照调整增加的金额，借记本科目，贷记有关资产或负债科目；调整减少的，做相反的会计分录。

以前年度费用调整的账务处理见表 4-15。

表 4-15　　以前年度费用调整的账务处理

业务		财务会计处理	预算会计处理
调整以前年度费用	增加以前年度费用时	借：以前年度盈余调整 　贷：有关资产或负债科目	按照实际支付的金额： 借：财政拨款结转 / 财政拨款结余 / 非财政拨款结转 / 非财政拨款结余（年初余额调整） 　贷：资金结存
	减少以前年度费用时	借：有关资产或负债科目 　贷：以前年度盈余调整	按照实际收到的金额： 借：资金结存 　贷：财政拨款结转 / 财政拨款结余 / 非财政拨款结转 / 非财政拨款结余（年初余额调整）

（3）案例解析。

【例 4-15】2×20 年 5 月 2 日，审计部门审计时发现，某事业单位 2×19 年度因评估工作失误，导致多发放某项财政贴息补助 500 000 元。审计部门责令该事业单位收回多发放的贴息补助并调账。2×20 年 9 月 1 日，该事业单位收回上述多发放的贴息补助。账务处理如下。

（1）2×20 年 5 月 2 日，通知 ×× 单位退回多收到的贴息补助。

借：其他应收款——×× 单位　　500 000

　　贷：以前年度盈余调整　　500 000

（2）2×20 年 9 月 1 日，实际收到退回款项。

财务会计：

借：零余额账户用款额度——基本支出用款额度　　500 000

　　贷：其他应收款——×× 单位　　500 000

预算会计：

借：资金结存——零余额账户用款额度　　500 000

　　贷：财政拨款结转——年初余额调整　　500 000

3. 盘盈非流动资产

（1）业务概述。

非流动资产盘盈是通过“以前年度盈余调整”科目来核算的。非流动资产出现盘盈基本也是由以前的记录错误造成的，所以不属于收入，而应该调整以前年度的损益。

（2）账务处理。

事业单位存在盘盈的各种非流动资产，报经批准后处理时，借记“待处理财产损溢”科目，贷记本科目。

盘盈非流动资产的账务处理见表 4-16。

表 4-16　盘盈非流动资产的账务处理

业务		财务会计处理	预算会计处理
盘盈非流动资产	报经批准处理时	借：待处理财产损溢 　　贷：以前年度盈余调整	—

（3）案例解析。

【例 4-16】2×18 年 12 月，某事业单位年终结算前进行资产盘点，盘盈台式计算机 3 台，按照重置成本确认资产价值 24 000 元。2×19 年 6 月 1 日，盘盈资产经批准入账。该单位 2×19 年 6 月 1 日的账务处理如下。

财务会计：

借：固定资产——台式计算机　　24 000

　　贷：待处理财产损溢——固定资产——待处理资产价值　　24 000

借：待处理财产损溢——固定资产——待处理资产价值　　24 000

　　贷：以前年度盈余调整　　24 000

4. 本科目的结转

（1）业务概述。

事业单位在每年年末应当将“以前年度盈余调整”科目结转，使其年末余额为零。

（2）账务处理。

事业单位应该在每年年末将本科目的余额转入累计盈余，借记或贷记“累计盈余”科目，贷记或借记本科目。

结转“以前年度盈余调整”科目的账务处理见表 4-17。

表 4-17　　结转“以前年度盈余调整”科目的账务处理

业务		财务会计处理	预算会计处理
将本科目余额转入累计盈余	本科目为借方余额时	借：累计盈余 　　贷：以前年度盈余调整	—
	本科目为贷方余额时	借：以前年度盈余调整 　　贷：累计盈余	—

（3）案例解析。

【例 4-17】 2×19 年末，某事业单位将“以前年度盈余调整”科目的贷方余额 500 000 元转入累计盈余。账务处理如下。

借：以前年度盈余调整　　　　500 000

　　贷：累计盈余　　　　　　　　500 000

4.3.3 无偿调拨净资产

4.3.3.1 无偿调拨净资产概述

“无偿调拨净资产”科目用于反映单位本年度截至报告期期末无偿调入的非现金资产价值扣减无偿调出的非现金资产价值后的净值。本科目仅在月度报表中列示，不在年度报表中列示。月度报表中，“无偿调拨净资产”项目应当根据“无偿调拨净资产”科目的期末余额填列；“无偿调拨净资产”科目期末为借方余额时，以“-”号填列。

4.3.3.2 无偿调拨净资产的账务处理

在财务会计中，与“无偿调拨净资产”科目相关的账务处理如下。

1. 调入净资产

（1）业务概述。

事业单位与事业单位之间调拨净资产存在调入和调出两种形式，分别是无偿调入的资产和无偿调出的资产。

（2）账务处理。

事业单位应该按照规定取得无偿调入的存货、长期股权投资、固定资产、无形资产、公共基础设施、政府储备物资、文物文化资产、保障性住房等时，按照确定的成本，借记“库存物品”“长期股权投资”“固定资产”“无形资产”“公共基础设施”“政府储备物资”“文物文化资产”“保障性住房”等科目，按照调入过程中发生的归属于调入方的相关费用，贷记“零余额账户用款额度”“银行存款”等科目；按照其差额，贷记本科目。

调入净资产的账务处理见表 4-18。

表 4-18　调入净资产的账务处理

业务	财务会计处理	预算会计处理
取得无偿调入的资产	借：库存物品 / 固定资产 / 无形资产 / 长期股权投资 / 公共基础设施 / 政府储备物资 / 保障性住房 / 文物文化资产等 贷：无偿调拨净资产 零余额账户用款额度 / 银行存款等 [发生的归属于调入方的相关费用]	借：其他支出 [发生的归属于调入方的相关费用] 贷：资金结存等

（3）案例解析。

【例 4-18】某事业单位 2×19 年取得无偿调入存货 20 000 元，长期股权投资 10 000 元，固定资产 5 000 元，同时发生调入费用 5 000 元，以银行存款支付。账务处理如下。

财务会计：

借：库存物品	20 000	
固定资产	5 000	
长期股权投资	10 000	
贷：无偿调拨净资产		30 000
银行存款		5 000

预算会计：

借：其他支出	5 000	
贷：资金结存——货币资金		5 000

【例 4-19】2×19 年 5 月 5 日，某事业单位接受其他部门无偿调入的物资一批。该批物资在调出方的账面价值为 20 000 元，经验收合格后入库。在调入物资的过程中，该单位以银行存款支付了运输费 1 000 元。不考虑相关税费。账务处理如下。

财务会计：

借：库存物品　　21 000

　　贷：银行存款　　1 000

　　　　无偿调拨净资产　　20 000

预算会计：

借：其他支出　　1 000

　　贷：资金结存——货币资金　　1 000

2. 调出净资产

事业单位经批准无偿调出存货、长期股权投资、固定资产、无形资产、公共基础设施、政府储备物资、文物文化资产、保障性住房等时，按照调出资产的账面余额或账面价值，借记本科目；按照固定资产累计折旧、无形资产累计摊销、公共基础设施累计折旧或摊销、保障性住房累计折旧的金额，借记“固定资产累计折旧”“无形资产累计摊销”“公共基础设施累计折旧（摊销）”“保障性住房累计折旧”科目；按照调出资产的账面余额，贷记“库存物品”“长期股权投资”“固定资产”“无形资产”“公共基础设施”“政府储备物资”“文物文化资产”“保障性住房”等科目；同时，按照调出过程中发生的归属于调出方的相关费用，借记“资产处置费用”科目，贷记“零余额账户用款额度”“银行存款”等科目。

调出净资产的账务处理见表 4-19。

表 4-19　　调出净资产的账务处理

业务	财务会计处理	预算会计处理
经批准无偿调出资产	借：无偿调拨净资产 　　固定资产累计折旧 / 无形资产累计摊销 / 公共基础设施累计折旧（摊销）/ 保障性住房累计折旧 　　贷：库存物品 / 固定资产 / 无形资产 / 长期股权投资 / 公共基础设施 / 政府储备物资 / 文物文化资产 / 保障性住房等［账面余额］ 借：资产处置费用 　　贷：银行存款 / 零余额账户用款额度等［发生的归属于调出方的相关费用］	借：其他支出［发生的归属于调出方的相关费用］ 　　贷：资金结存等

【例 4-20】某事业单位 2×19 年无偿调出的无形资产的原价为 20 000 元，累计摊销 2 000 元。同时，该事业单位无偿调出存货 10 000 元，无偿调出公共基础设施 2 000 元。账务处理如下。

借：无偿调拨净资产　　30 000
　　无形资产累计摊销　　2 000
　　贷：无形资产　　20 000
　　　　库存物品　　10 000
　　　　公共基础设施　　2 000

【例 4-21】2×19 年 7 月 5 日，某事业单位经批准后对外无偿调出一套设备。该设备账面价值 100 000 元，已计提折旧 40 000 元。在调拨设备的过程中，该单位以现金支付了运输费 1 000 元。在不考虑相关税费的前提下，账务处理如下。

财务会计：

借：无偿调拨净资产　　60 000
　　固定资产累计折旧　　40 000
　　贷：固定资产　　100 000
借：资产处置费用　　1 000
　　贷：库存现金　　1 000

预算会计：

借：其他支出　　1 000
　　贷：资金结存——货币资金　　1 000

第 5 章 收入与预算收入

5.1 收入与预算收入概述

5.1.1 收入与预算收入的概念与分类

1. 收入的概念与分类

在事业单位会计实务中，收入是指事业单位开展业务及其他活动依法取得的非偿还性资金。事业单位是公益性社会组织，在向社会提供服务时有一定的收入作为保障，收入的来源可以是财政补助资金，也可以是事业单位的业务收费，还可以是社会捐赠等来源于其他渠道的资金。一般来说，事业单位依法取得的各项资金不需要在未来偿还，即可确认为收入。

事业单位的收入包括财政补助收入、事业收入、上级补助收入、附属单位上缴收入、经营收入和其他收入等。事业单位的收入按取得方式，分为补助收入、业务活动收入和其他活动收入；按资金性质，分为财政性资金收入、非财政性资金收入；按限定性要求，分为基本支出补助和项目支出补助，以及专项资金收入和非专项资金收入。

事业单位收入类会计科目的分类见表 5-1。

表 5-1　　事业单位收入类会计科目的分类

<table>
<tr><th>类型</th><th>科目编号及会计科目</th><th>性质</th><th>限定性划分</th></tr>
<tr><td rowspan="2">补助收入</td><td>4001 财政拨款收入</td><td rowspan="2">财政性资金收入</td><td>基本支出补助</td></tr>
<tr><td>4201 上级补助收入</td><td>项目支出补助</td></tr>
<tr><td rowspan="2">业务活动收入</td><td>4101 事业收入</td><td rowspan="4">非财政性资金收入</td><td rowspan="2">专项资金收入</td></tr>
<tr><td>4401 经营收入</td></tr>
<tr><td rowspan="2">其他活动收入</td><td>4301 附属单位上缴收入</td><td rowspan="2">非专项资金收入</td></tr>
<tr><td>4609 其他收入</td></tr>
</table>

2. 预算收入的概念与分类

预算收入是指事业单位在履行职责或开展业务活动中依法取得的纳入部门预算管理的资金。事业单位的预算收入包括财政拨款预算收入、事业预算收入、上级补助预算收入、附属单位上缴预算收入、经营预算收入、债务预算收入、非同级财政拨款预算收入、投资预算收益和其他预算收入等。

5.1.2　收入与预算收入的确认

事业单位会计中的收入定义为“非偿还性资金”，强调在取得时予以确认。收入以收付实现制为主要确认基础，特定情况下采用权责发生制基础确认。

（1）在收付实现制基础下，收入应当在收到款项时予以确认，并按照实际收到的金额进行计量。此时，经济利益或服务潜力已经流入事业单位，并且导致事业单位资产增加或者负债减少。事业单位的补助收入、专业业务收入、其他业务收入一般要求按收付实现制基础确认。

（2）在权责发生制基础下，收入应当在发生时予以确认，并按照实际发生的数额计量。此时，经济利益或服务潜力能够流入事业单位，并且能够导致事业单位资产增加或者负债减少。事业单位的经营收入要求按权责发生制基础确认，即提供服务或者发出存货，同时收讫价款或者取得索取价款的票据时予以确认，并按照实际收到的金额或者有关凭据注明的金额计量。事业单位的经营收入以外的各项收入如果采用权责发生制基础确认，应当符合会计制度的规定。

预算收入应当按照收付实现制基础进行确认和计量。

5.2　财政拨款收入与财政拨款预算收入的核算

5.2.1　财政拨款收入与财政拨款预算收入

5.2.1.1　核算内容

财政拨款收入是指从同级政府财政部门取得的各类财政拨款。同级政府财政部门预拨的下期预算款和没有纳入预算的暂付款项，以及采用实拨资金方式通过本单位转拨给下属单位的财政拨款，通过“其他应收款”科目核算，不通过“财政拨款收入”科目进行核算。

财政拨款预算收入是指财政部门核拨给事业单位的财政预算拨款，通过“财政拨款预算收入”总账科目核算，其中包括“基本支出”和“项目支出”两个明细科目，并按照《政府收支分类科目》中的“支出功能分类科目”的项级科目，在“基本支出”明细科目下按照“人员经费”和“日常公用经费”进行明细核算，在“项目支出”明细科目下按照具体项目进行明细核算。有一般公共预算财政拨款、政府性基金预算财政拨款等两种或两种以上财政拨款的单位，还应当按照财政拨款的种类进行明细核算。

5.2.1.2 账务处理

1. 收到拨款

（1）业务概述。

取得财政拨款收入主要是指从同级政府财政部门取得各类财政拨款，主要有财政直接支付方式、财政授权支付方式和其他方式支付 3 种形式。

（2）账务处理。

①财务会计下的账务处理。

财政直接支付方式下，根据收到的财政直接支付入账通知书及相关原始凭证，按照通知书中的直接支付入账金额，借记“库存物品”“固定资产”“业务活动费用”“单位管理费用”“应付职工薪酬”等科目，贷记“财政拨款收入”科目。涉及增值税业务的，相关账务处理参见“应交增值税”科目。

财政授权支付方式下，根据收到的财政授权支付额度到账通知书，按照通知书中的授权支付额度，借记“零余额账户用款额度”科目，贷记“财政拨款收入”科目。

其他方式下，收到财政拨款收入时，按照实际收到的金额，借记“银行存款”等科目，贷记“财政拨款收入”科目。

②预算会计下的账务处理。

财政直接支付方式下，事业单位根据收到的财政直接支付入账通知书及相关原始凭证时，按照通知书中的直接支付金额，借记“事业支出”等科目，贷记“财政拨款预算收入”科目。

在财政授权支付方式下，单位根据收到的财政授权支付额度到账通知书，按照通知书中的授权支付额度，借记“资金结存——零余额账户用款额度”科目，贷记“财政拨款预算收入”科目。

在其他方式（主要是财政实拨资金方式）下，单位收到财政拨款预算收入时，按照实际收到的金额，借记“资金结存——货币资金”科目，贷记“财政拨款预算收入”科目。单位收到下期预算的财政预拨款时，应当在下个预算期，按照预收的金额，借记“资金结存——货币资金”科目，贷记“财政拨款预算收入”科目。

在同时有一般公共预算财政拨款和政府性基金预算财政拨款的情况下，财政拨款预算收入应当分为一般公共预算财政拨款和政府性基金预算财政拨款，根据以上不同的财政资金支付方式，在相应的时点按照相应的金额进行确认。

收到财政拨款时的账务处理见表 5-2。

表 5-2　　收到财政拨款时的账务处理

业务	财务会计处理	预算会计处理
财政直接支付方式下	借：库存物品 / 固定资产 / 业务活动费用 / 单位管理费用 / 应付职工薪酬等 　贷：财政拨款收入	借：事业支出等 　贷：财政拨款预算收入
财政授权支付方式下	借：零余额账户用款额度 　贷：财政拨款收入	借：资金结存——零余额账户用款额度 　贷：财政拨款预算收入
其他方式下	借：银行存款等 　贷：财政拨款收入	借：资金结存——货币资金 　贷：财政拨款预算收入

（3）案例解析。

【例 5-1】某事业单位收到财政部门委托其代理银行转来的财政直接支付入账通知书，其中明确了财政部门为事业部门支付了 150 000 元的业务活动经费，200 000 元的在职人员工资，70 000 元的为开展某项专业业务活动所发生的费用。该事业单位的账务处理如下。

财务会计：

借：业务活动费用　　220 000

　　应付职工薪酬　　200 000

　　贷：财政拨款收入　　420 000

预算会计：

借：事业支出　　420 000

贷：财政拨款预算收入　　420 000

2. 年末确认拨款差额

（1）业务简介。

每年年末，本年度财政直接支付预算指标数通常和当年财政直接支付实际支付数不一样，会存在一个差额。事业单位需要确认拨款差额。

（2）账务处理。

①财务会计下，根据本年度财政直接支付预算指标数与当年财政直接支付实际支付数的差额，借记“财政应返还额度——财政直接支付”科目，贷记“财政拨款收入”科目。本年度财政授权支付预算指标数大于零余额账户用款额度下达数的，根据未下达的用款额度，借记“财政应返还额度——财政授权支付”科目，贷记“财政拨款收入”科目。

②预算会计下，借记“资金结存——财政应返还额度”科目，贷记“财政拨款预算收入”科目。

年末确认拨款差额的账务处理见表5-3。

表5-3　　年末确认拨款差额的账务处理

业务	财务会计处理	预算会计处理
根据本年度财政直接支付预算指标数与当年财政直接支付实际支付数的差额	借：财政应返还额度——财政直接支付 贷：财政拨款收入	借：资金结存——财政应返还额度 贷：财政拨款预算收入
本年度财政授权支付预算指标数大于零余额账户用款额度下达数的差额	借：财政应返还额度——财政授权支付 贷：财政拨款收入	借：资金结存——财政应返还额度 贷：财政拨款预算收入

（3）案例解析。

【例5-2】某事业单位本年度财政直接支付的基本支出拨款预算指标数为800 000元，而当年财政直接支付实际支出为730 000元，年末确定该事业单位应收财政返还的资金额度为70 000元。账务处理如下。

财务会计：

借：财政应返还额度——财政直接支付　　70 000

贷：财政拨款收入　　70 000

预算会计：

借：资金结存——财政应返还额度　　70 000

贷：财政拨款预算收入　　　　　　　　　　　　　　　　　70 000

3. 拨款退回

（1）业务概述。

拨款退回可分为以前年度支付的款项退回和本年度支付的款项退回两种情况。因差错更正或购货退回等而发生的国库支付款项直接退回，通常为以前年度支付款项退回；本期的购货退回等，通常为本年度支付款项退回。

（2）账务处理。

①财务会计下，因差错更正或购货退回等而发生的国库直接支付款项退回的，属于以前年度支付的款项，按照退回金额，借记“财政应返还额度——财政直接支付”科目，贷记“以前年度盈余调整”“库存物品”等科目；属于本年度支付的款项，按照退回金额，借记“财政拨款收入”科目，贷记“业务活动费用”“库存物品”等科目。

②预算会计下，因差错更正或购货退回等发生国库直接支付款项退回的，属于以前年度支付的款项，按照退回金额，属于财政拨款结转资金的，借记“资金结存——财政应返还额度”科目，贷记“财政拨款结转——年初余额调整”科目；属于财政拨款结余资金的，借记“资金结存——财政应返还额度”科目，贷记“财政拨款结余——年初余额调整”科目。因差错更正或购货退回等发生国库直接支付款项退回的，属于本年度支付的款项，按照退回金额，借记“财政拨款预算收入”科目，贷记“事业支出”等科目。

拨款退回时的账务处理见表 5-4。

表 5-4　　　　拨款退回时的账务处理

<table>
<tr><th>业务</th><th>财务会计处理</th><th>预算会计处理</th></tr>
<tr><td>属于本年度支付的款项</td><td>借：财政拨款收入
贷：业务活动费用 / 库存物品等</td><td>借：财政拨款预算收入
贷：事业支出等</td></tr>
<tr><td>属于以前年度支付的款项（财政拨款结转资金）</td><td rowspan="2">借：财政应返还额度——财政直接支付
贷：以前年度盈余调整 / 库存物品等</td><td>借：资金结存——财政应返还额度
贷：财政拨款结转——年初余额调整</td></tr>
<tr><td>属于以前年度支付的款项（财政拨款结余资金）</td><td>借：资金结存——财政应返还额度
贷：财政拨款结余——年初余额调整</td></tr>
</table>

（3）案例解析。

【例 5-3】某事业单位本年度发生了一笔由购货退回引起的国库直接支付款项

退回的业务，经相关人员查证，属于本年度支付的款项，退货物品的金额为70 000元。账务处理如下。

财务会计：

借：财政拨款收入　　70 000

　　贷：库存物品　　70 000

预算会计：

借：财政拨款预算收入　　70 000

　　贷：事业支出　　70 000

4. 年末结转

（1）业务概述。

单位在每年年末，都需要将“财政拨款收入”“财政拨款预算收入”科目结转，使其余额为零。

（2）账务处理。

年末，将“财政拨款收入”科目的本期发生额转入本期盈余，借记“财政拨款收入”科目，贷记“本期盈余”科目。

年末结转“财政拨款收入”“财政拨款预算收入”科目的账务处理见表5-5。

表5-5　年末结转“财政拨款收入”“财政拨款预算收入”科目的账务处理

业务	财务会计处理	预算会计处理
期末/年末结转	借：财政拨款收入 　　贷：本期盈余	借：财政拨款预算收入 　　贷：财政拨款结转——本年收支结转

（3）案例解析。

【例5-4】某事业单位进行年终结账时，“财政拨款收入”科目的贷方余额为7 900 000元。账务处理如下。

财务会计：

借：财政拨款收入　　7 900 000

　　贷：本期盈余　　7 900 000

预算会计：

借：财政拨款预算收入　　7 900 000

　　贷：财政拨款结转——本年收支结转　　7 900 000

5.2.2　非同级财政拨款收入与非同级财政拨款预算收入

5.2.2.1　核算内容

“非同级财政拨款收入”科目用于核算单位从非同级政府财政部门取得的经费拨款，包括从同级政府其他部门取得的横向转拨财政款、从上级或下级政府财政部门取得的经费拨款等。事业单位因开展科研及其辅助活动从非同级政府财政部门取得的经费拨款，应通过“事业收入——非同级财政拨款”科目核算，不通过“非同级财政拨款收入”科目核算。

非同级财政拨款预算收入是指事业单位从非同级政府财政部门取得的财政拨款，包括本级横向转拨财政款和非本级财政拨款。事业单位设置“非同级财政拨款预算收入”总账科目进行核算。对于因开展科研及其辅助活动从非同级政府财政部门取得的经费拨款，应当通过“事业预算收入——非同级财政拨款”科目进行核算，不通过“非同级财政拨款预算收入”科目核算。“非同级财政拨款预算收入”科目应当按照非同级财政拨款预算收入的类别、来源、《政府收支分类科目》中的“支出功能分类科目”的项级科目等进行明细核算。非同级财政拨款预算收入中如有专项资金收入，还应按照具体项目进行明细核算。

5.2.2.2　账务处理

1. 确认非同级财政拨款收入

（1）业务概述。

非同级财政拨款收入是指单位的应交未交的事业性收费、罚没收入、用单位资产从事的经营服务性收入、上级主管部门直接下拨的款项、下属单位上缴收入等。

（2）账务处理。

①财务会计下，确认非同级财政拨款收入时，按照应收或实际收到的金额，借记“其他应收款”“银行存款”等科目，贷记“非同级财政拨款收入”科目。

②预算会计下，单位取得非同级财政拨款预算收入时，按照实际收到的金额，借记“资金结存——货币资金”科目，贷记“非同级财政拨款预算收入”科目。

确认非同级财政拨款收入时的账务处理见表 5-6。

表 5-6　　确认非同级财政拨款收入时的账务处理

业务	财务会计处理	预算会计处理
确认收入时	按照应收或实际收到的金额 借：其他应收款 / 银行存款等 　贷：非同级财政拨款收入	借：资金结存——货币资金 [按照实际收到的金额] 　贷：非同级财政拨款预算收入
收到应收的款项时	按照实际收到的金额 借：银行存款 　贷：其他应收款	

（3）案例解析。

【例 5-5】某事业单位收到了非同级财政部门委托其代理银行转来的财政直接支付入账通知书，包含了银行存款 900 000 元。账务处理如下。

财务会计：

借：银行存款　　900 000

　贷：非同级财政拨款收入　　900 000

预算会计：

借：资金结存——货币资金　　900 000

　贷：非同级财政拨款预算收入　　900 000

2. 年末结转

（1）业务概述。

事业单位在每年年末，都需要将“非同级财政拨款收入”“非同级财政拨款预算收入”科目结转，使其余额为零。

（2）账务处理。

①财务会计下，期末，将“非同级财政拨款收入”科目的本期发生额转入本期盈余，借记“非同级财政拨款收入”科目，贷记“本期盈余”科目。

②预算会计下，年末，将“非同级财政拨款预算收入”科目的本年发生额中的专项资金收入转入非财政拨款结转，借记“非同级财政拨款预算收入”科目下各专项资金收入明细科目，贷记“非财政拨款结转——本年收支结转”科目；将“非同级财政拨款预算收入”科目本年发生额中的非专项资金收入转入其他结余，借记“非同级财政拨款预算收入”科目下各非专项资金收入明细科目，贷记“其他结余”科目。年末结转后，“非同级财政拨款预算收入”科目应无余额。

年末结转的账务处理见表 5-7。

表 5-7　　年末结转的账务处理

<table>
<tr><th>业务</th><th>财务会计处理</th><th>预算会计处理</th></tr>
<tr><td>结转专项资金</td><td rowspan="2">借：非同级财政拨款收入
　贷：本期盈余</td><td>借：非同级财政拨款预算收入
　贷：非财政拨款结转——本年收支结转</td></tr>
<tr><td>结转非专项资金</td><td>借：非同级财政拨款预算收入
　贷：其他结余</td></tr>
</table>

（3）案例解析。

【例 5-6】某事业单位进行年终结账时，“非同级财政拨款收入”科目的贷方余额为 900 000 元，其中，专项资金收入为 300 000 元，非专项资金收入为 600 000 元。账务处理如下。

财务会计：

借：非同级财政拨款收入　　900 000

　贷：本期盈余　　900 000

预算会计：

借：非同级财政拨款预算收入　　900 000

　贷：非财政拨款结转——本年收支结转　　300 000

　　其他结余　　600 000

5.3　业务收入与业务预算收入的核算

5.3.1　事业收入与事业预算收入

5.3.1.1　核算内容

“事业收入”科目用于核算事业单位开展专业业务活动及其辅助活动实现的收入，不包括从同级政府财政部门取得的各类财政拨款。

事业预算收入是指事业单位因开展专业业务活动及其辅助活动而取得的现金流入。为核算事业预算收入业务，事业单位应设置“事业预算收入”总账科目。事业单位因开展科研及其辅助活动从非同级政府财政部门取得的经费拨款，也通过“事业预算收入”科目核算。“事业预算收入”科目应当按照事业预算收入类别、项目、来源、《政府收支分类科目》中的“支出功能分类科目”项级科目等进行明细核算。对于因开展科研及其辅助活动从非同级政府财政部门取得的经费拨款，应当在“事业预算收入”科目下单设“非同级财政拨款”明细科目进行明细核算；事业预算收入中如有专项资金收入，还应按照具体项目进行明细核算。

“事业预算收入”总账科目下明细核算科目的设置参照“财政拨款预算收入”科目。

5.3.1.2 账务处理

1. 采用财政专户返还方式

（1）业务概述。

财政专户返还收入是采用财政专户返还方式管理的事业收入。承担政府规定的社会公益性服务任务的事业单位，面向社会提供的公益服务是无偿的，或只按政府指导价格收取部分费用，其事业收费需要纳入财政专户管理。

如果事业单位的某项事业收费纳入了财政专户管理，则该事业单位需要按“收支两条线”的方式管理事业收入。在这种管理方式下，事业单位取得的各项事业型收费不能立即安排支出，而需要上缴同级财政部门设立的财政资金专户，支出时同级财政部门按资金收支计划从财政专户中拨付。事业单位经过审批取得从财政专户核拨的款项时，方可确认事业收入。

（2）账务处理。

①财务会计下，实现应上缴财政专户的事业收入时，按照实际收到或应收的金额，借记“银行存款”“应收账款”等科目，贷记“应缴财政款”科目。向财政专户上缴款项时，按照实际上缴的款项金额，借记“应缴财政款”科目，贷记“银行存款”等科目。收到从财政专户返还的事业收入时，按照实际收到的返还金额，借记“银行存款”等科目，贷记“事业收入”科目。

②预算会计下，采用财政专户返还方式管理的事业预算收入，收到从财政专户返还的事业预算收入时，按照实际收到的返还金额，借记“资金结存——货币资金”科目，贷记“事业预算收入”科目。

财政专户返还方式下的账务处理见表5-8。

表 5-8　　财政专户返还方式下的账务处理

业务	财务会计处理	预算会计处理
实际收到或应收应上缴财政专户的事业收入时	借：银行存款 / 应收账款等 　贷：应缴财政款	—
向财政专户上缴款项时	借：应缴财政款 　贷：银行存款等	—
收到从财政专户返还的款项	借：银行存款等 　贷：事业收入	借：资金结存——货币资金 　贷：事业预算收入

（3）案例解析。

【例 5-7】某事业单位因开展专业业务活动而收到事业服务费 10 000 元，款项已经存入银行账户。此款项纳入财政专户管理，按规定需要全额上缴财政专户。账务处理如下。

借：银行存款　　10 000

　贷：应缴财政款　　10 000

【例 5-8】某事业单位收到银行通知，申请财政专户核拨的基本经费 50 000 元已经到账。此款项是事业单位上缴的检测服务收费。账务处理如下。

财务会计：

借：银行存款　　50 000

　贷：事业收入——检测业务——×× 收费项目　　50 000

预算会计：

借：资金结存——货币资金　　50 000

　贷：事业预算收入　　50 000

【例 5-9】某事业单位收到国库支付执行机构委托代理银行转来的财政直接支付入账通知书。通知称，财政部门通过直接支付的方式，用财政专户管理的资金为事业单位支付相关的费用 100 000 元。此款项是事业单位上缴的检验服务收费。账务处理如下。

借：事业支出——财政补助支出——基本支出　　100 000

　贷：事业收入——检验业务——×× 收费项目　　100 000

“事业收入”科目在上述明细科目下，还需要根据事业单位的行业属性按“支出功能分类”的类、款、项进行明细核算。为了方便，此处省略了事业收入的功能分类。

【例 5-10】某事业单位收到代理银行转来的授权支付到账通知书。通知称，财政部门通过授权支付方式核拨的财政专户管理资金 10 000 元已经下达。此款项是事业单位上缴的咨询服务收费，限定用于支付相关的课题经费。账务处理如下。

财务会计：

借：零余额账户用款额度　　10 000

　贷：事业收入——科技咨询业务——×× 收费项目（课题经费）10 000

2. 采用预收款方式

（1）业务概述。

在事业单位会计实务中，预收款是指事业单位向购货方预收的购货订金或部分货款。事业单位预收的货款待实际出售商品、产品或者提供劳务时再进行冲减。预收款是以买卖双方协议或合同为依据，由购货方预先支付一部分（或全部）货款给供应方而发生的一项负债，这项负债要用以后的商品或劳务来偿付。

（2）账务处理。

①财务会计下，实际收到预收款项时，按照收到的款项，借记“银行存款”等科目，贷记“预收账款”科目。以合同完成进度确认事业收入时，按照基于合同完成进度计算的金额，借记“预收账款”科目，贷记“事业收入”科目。

②预算会计下，实际收到预收款项时，按照收到的款项，借记“资金结存——货币资金”科目，贷记“事业预算收入”科目。

预收款方式下的账务处理见表 5-9。

表 5-9　预收款方式下的账务处理

业务	财务会计处理	预算会计处理
实际收到款项时	借：银行存款等 　贷：预收账款	借：资金结存——货币资金 　贷：事业预算收入
按合同完成进度确认收入时	借：预收账款 　贷：事业收入	—

（3）案例解析。

【例 5-11】某事业单位 7 月初开展了一项鉴证服务，服务费 10 000 元，预计 2 个月完成，7 月初预收了 10 000 元的款项，7 月底按照服务完成进度确认了一半的事业收入。账务处理如下。

财务会计：

借：银行存款　　10 000

　　贷：预收账款　　10 000

借：预收账款　　5 000

　　贷：事业收入　　5 000

预算会计：

借：资金结存——货币资金　　10 000

　　贷：事业预算收入　　10 000

3．采用应收款方式

（1）业务概述。

在事业单位会计实务中，应收款是指事业单位在正常的经营过程中因销售商品、提供服务等业务，应向购买单位收取的款项，包括应由购买单位或接受服务单位负担的税金、代购买方垫付的各种运杂费等。

（2）账务处理。

①财务会计下，根据合同完成进度计算本期应收的款项，借记“应收账款”科目，贷记“事业收入”科目。实际收到款项时，借记“银行存款”等科目，贷记“应收账款”科目。

②预算会计下，实际收到款项时，借记“资金结存——货币资金”科目，贷记“事业预算收入”科目。

应收款方式下的账务处理见表 5-10。

表 5-10　　应收款方式下的账务处理

业务	财务会计处理	预算会计处理
根据合同完成进度计算本期应收的款项	借：应收账款 　贷：事业收入	—
实际收到款项时	借：银行存款等 　贷：应收账款	借：资金结存——货币资金 　贷：事业预算收入

（3）案例解析。

【例 5-12】某事业单位开展咨询服务，计提应收咨询服务费 10 000 元，目前款项尚未收到。账务处理如下。

借：应收账款　　10 000

　　贷：事业收入——咨询业务　　10 000

4. 采用其他方式

（1）业务概述。

除采用财政专户返还方式、预收款方式和应收款方式外，其他方式确认的事业收入一般表现为收到银行存款或库存现金。

（2）账务处理。

其他方式下确认的事业收入，按照实际收到的金额，财务会计下，借记“银行存款”“库存现金”等科目，贷记“事业收入”科目。预算会计下，借记“资金结存——货币资金”科目，贷记“事业预算收入”科目。

其他方式下的账务处理见表 5-11。

表 5-11 其他方式下的账务处理

业务	财务会计处理	预算会计处理
其他方式下	借：银行存款 / 库存现金等 贷：事业收入	借：资金结存——货币资金 贷：事业预算收入

（3）案例解析。

【例 5-13】某事业单位销售一批科研中间产品。该批产品单价 250 元，共 800 件，共计 200 000 元，增值税额 26 000 元，款已收到。账务处理如下。

财务会计：

借：银行存款 226 000

贷：事业收入 200 000

应缴增值税——应缴税金（销项税额） 26 000

预算会计：

借：资金结存——货币资金 226 000

贷：事业预算收入 226 000

5. 年末结转

（1）业务概述。

事业单位在每年年末，都需要将“事业收入”“事业预算收入”科目结转，使其余额为零。

（2）账务处理。

①财务会计下，期末，将“事业收入”科目本期发生额转入本期盈余，借记“事业收入”科目，贷记“本期盈余”科目。

②预算会计下，年末，将“事业预算收入”科目本年发生额中的专项资金

收入转入非财政拨款结转，借记“事业预算收入”科目下各专项资金收入明细科目，贷记“非财政拨款结转——本年收支结转”科目；将“事业预算收入”科目本年发生额中的非专项资金收入转入其他结余，借记“事业预算收入”科目下各非专项资金收入明细科目，贷记“其他结余”科目。年末结转后，“事业预算收入”科目应无余额。

年末结转时的账务处理见表 5-12。

表 5-12　　年末结转时的账务处理

业务	财务会计处理	预算会计处理
专项资金收入	借：事业收入 　贷：本期盈余	借：事业预算收入 　贷：非财政拨款结转——本年收支结转
非专项资金收入		借：事业预算收入 　贷：其他结余

（3）案例解析。

【例 5-14】某事业单位进行年终结账时，“事业收入”科目的贷方余额为 7 900 000 元，均为专项资金收入。账务处理如下。

财务会计：

借：事业收入　　7 900 000

　贷：本期盈余　　7 900 000

预算会计：

借：事业预算收入　　7 900 000

　贷：非财政拨款结转——本年收支结转　　7 900 000

5.3.2　经营收入与经营预算收入

5.3.2.1　核算内容

在事业单位会计实务中，“经营收入”科目用于核算事业单位在专业业务活动及其辅助活动之外开展非独立核算经营活动取得的现金流入。经营收入是一种有偿收入，以提供各项服务或商品为前提，是事业单位在经营活动中通过收费等方式取得的。事业单位的主营业务活动是专业业务活动，在专业业务活动及其辅助活动以外开展的各项业务活动即经营活动。事业单位开展经营活动的目的是通过经营活动获取一定的收入，以弥补事业经费的不足。

在事业单位会计实务中，经营预算收入是指事业单位在专业业务活动及其辅助活动之外开展非独立核算经营活动取得的现金流入。

5.3.2.2 账务处理

1．确认及收到经营收入时

（1）业务概述。

事业单位经营收入的确认，需满足两个条件：一是经营收入是事业单位在专业业务活动及其辅助活动之外开展经营活动取得的收入；二是经营收入是事业单位非独立核算单位取得的收入。

经营收入的分类及其主要内容如表 5-13 所示。

表 5-13　　经营收入的分类及其主要内容

分类标准	分类名称	主要内容
经营业务类型	服务收入	是事业单位非独立核算部门对外提供经营服务取得的收入
	销售收入	是事业单位非独立核算部门开展商品生产、加工对外销售商品取得的收入
	租赁收入	是事业单位对外出租房屋、场地和设备等取得的收入
	其他经营收入	是除上述收入以外的各项经营类业务收入

（2）账务处理。

①财务会计下，实现经营收入时，按照确定的收入金额，借记“银行存款”“应收账款”“应收票据”等科目，贷记“经营收入”科目；收到应收的经营收入时，借记“银行存款”等科目，贷记“应收账款”“应收票据”等科目。涉及增值税业务的，相关账务处理参见“应交增值税”科目。

②预算会计下，事业单位收到经营预算收入时，按照实际收到的金额，借记“资金结存——货币资金”科目，贷记“经营预算收入”科目。

确认及收到经营收入时的账务处理如表 5-14 所示。

表 5-14　　确认及收到经营收入时的账务处理

业务	财务会计处理	预算会计处理
确认经营收入时	借：银行存款 / 应收账款 / 应收票据等 　贷：经营收入	借：资金结存——货币资金 　贷：经营预算收入
收到应收的款项时	借：银行存款等 　贷：应收账款 / 应收票据	

（3）案例解析。

【例 5-15】某事业单位附属的服务部提供打印服务应收取打印费 1 000 元，实际收到 800 元，款项已经存入银行。账务处理如下。

财务会计：

借：银行存款　　800

　应收账款　　200

　贷：经营收入——打印服务　　1 000

预算会计：

借：资金结存——货币资金　　800

　贷：经营预算收入——打印服务　　800

2．年末结转

（1）业务概述。

事业单位在每年年末，都需要将“经营收入”和“经营预算收入”科目结转，使其余额为零。

（2）账务处理。

①财务会计下，年末，将“经营收入”科目的本年发生额转入本期盈余，借记“经营收入”科目，贷记“本期盈余”科目。

②预算会计下，年末，将“经营预算收入”科目的本年发生额转入经营结余，借记“经营预算收入”科目，贷记“经营结余”科目。年末结转后，“经营预算收入”科目应无余额。

年末结转时的账务处理如表 5-15 所示。

表 5-15　　年末结转时的账务处理

业务	财务会计处理	预算会计处理
年末结转	借：经营收入 　贷：本期盈余	借：经营预算收入 　贷：经营结余

（3）案例解析。

【例 5-16】某事业单位进行年终结账时，“经营收入”科目的贷方余额为 800 000 元。账务处理如下。

财务会计：

借：经营收入　　800 000

　　贷：本期盈余　　800 000

预算会计：

借：经营预算收入　　800 000

　　贷：经营结余　　800 000

5.3.3 投资收益与投资预算收益

5.3.3.1 核算内容

在事业单位会计实务中，“投资收益”科目用于核算事业单位股权投资和债券投资所实现的收益或发生的损失，本科目应当按照投资的种类等进行明细核算。

投资预算收益是指事业单位取得的按照规定纳入部门预算管理的属于投资收益性质的现金流入，包括股权投资收益、出售或收回债券投资所取得的收益和债券投资利息收入。为核算投资预算收益业务，事业单位应设置“投资预算收益”总账科目，该科目应当按照《政府收支分类科目》中的“支出功能分类科目”的项级科目等进行明细核算。

5.3.3.2 账务处理

1. 出售或到期收回短期债券本息

（1）业务概述。

短期债券是为筹集短期资金而发行的债券，一般期限在 1 年以内（含 1 年）。有些在市场上流通的中长期债券，其到期日不足 1 年的，也视作短期债券。短期债券具有流动性强、风险低的优点。

（2）账务处理。

①财务会计下，出售或到期收回短期债券本息时，按照实际收到的金额，

借记“银行存款”科目；按照出售或收回短期债券的成本，贷记“短期投资”科目；按照其差额，贷记或借记“投资收益”科目。涉及增值税业务的，相关账务处理参见“应交增值税”科目。

②预算会计下，事业单位出售或到期收回本年度取得的短期债券本息时，按照实际取得的价款或实际收到的本息金额，借记“资金结存——货币资金”科目；按照取得债券时“投资支出”科目的发生额，贷记“投资支出”科目；按照其差额，贷记或借记“投资预算收益”科目。出售或到期收回以前年度取得的短期债券本息时，按照实际取得的价款或实际收到的本息金额，借记“资金结存——货币资金”科目；按照取得债券时“投资支出”科目的发生额，贷记“其他结余”科目；按照其差额，贷记或借记“投资预算收益”科目。

出售或到期收回短期债券本息时的账务处理如表 5-16 所示。

表 5-16　　出售或到期收回短期债券本息时的账务处理

业务	财务会计处理	预算会计处理
出售或到期收回短期债券本息	借：银行存款 投资收益 [借差] 贷：短期投资 [成本] 投资收益 [贷差]	借：资金结存——货币资金 [实际收到的款项] 投资预算收益 [借差] 贷：投资支出 / 其他结余 [投资成本] 投资预算收益 [贷差]

（3）案例解析。

【例 5-17】某事业单位兑付一项本年度取得的到期短期国债投资，其收到国债投资本息 61 200 元，其中，短期投资成本为 60 000 元，利息为 1 200 元。账务处理如下。

财务会计：

借：银行存款　　61 200
　　贷：短期投资　　60 000
　　　　投资收益　　1 200

预算会计：

借：资金结存——货币资金　　61 200
　　贷：投资支出　　60 000
　　　　投资预算收益　　1 200

2. 持有的分期付息、一次还本的长期债券投资

（1）业务概述。

长期债券是发行者为筹集长期资金而发行的债券。各国对债券期限划分的标准不同。一般来说，偿还期限为10年以上的债券为长期债券。发行长期债券的目的主要是筹集大型工程、市政设施及一些期限较长的建设项目的建设资金。持有的分期付息、一次还本的长期债券是指每期偿还一定金额的利息，到期再还本的债券。

（2）账务处理。

①财务会计下，持有的分期付息、一次还本的长期债券投资，按期确认利息收入时，按照计算确定的应收未收利息，借记“应收利息”科目，贷记“投资收益”科目。

②预算会计下，持有的分期付息、一次还本的长期债券投资，收到利息时，按照实际收到的金额，借记“资金结存——货币资金”科目，贷记“投资预算收益”科目。

持有分期付息、一次还本的长期债券投资期间的账务处理见表5-17。

表5-17　持有分期付息、一次还本的长期债券投资期间的账务处理

业务	财务会计处理	预算会计处理
确认应收未收利息	借：应收利息 　贷：投资收益	—
实际收到利息时	借：银行存款 　贷：应收利息	借：资金结存——货币资金 　贷：投资预算收益

（3）案例解析。

【例5-18】 某事业单位投资了一项长期债券，采用的支付方式是分期付息、一次还本，每期应计的利息为5 000元，利息已收到。账务处理如下。

财务会计：

借：应收利息　　5 000

　贷：投资收益　　5 000

借：银行存款　　5 000

　贷：应收利息　　5 000

预算会计：

借：资金结存——货币资金　　5 000

贷：投资预算收益　　5 000

3. 持有的一次还本付息的长期债券投资

（1）业务概述。

持有的一次还本付息的长期债券是指到期一次性偿还本金和利息的债券。

（2）账务处理。

①财务会计下，持有的到期一次还本付息的长期债券投资，按期确认利息收入时，按照计算确定的应收未收利息，借记“长期债券投资——应计利息”科目，贷记“投资收益”科目。

②预算会计下，无账务处理。

持有一次还本付息的长期债券投资期间的账务处理见表 5-18。

表 5-18　持有一次还本付息的长期债券投资期间的账务处理

业务	财务会计处理	预算会计处理
计算确定的应收未收利息	借：长期债券投资——应计利息 贷：投资收益	—

（3）案例解析。

【例 5-19】某事业单位投资了一项长期债券，采用的支付方式是一次还本付息，当期应计利息为 5 000 元。账务处理如下。

借：长期债券投资——应计利息　　5 000

贷：投资收益　　5 000

4. 出售长期债券投资或到期收回长期债券投资本息

①财务会计下，出售长期债券投资或到期收回长期债券投资本息时，按照实际收到的金额，借记“银行存款”等科目；按照债券初始投资成本和已计未收利息金额，贷记“长期债券投资——成本、应计利息”科目 [到期一次还本付息债券] 或“长期债券投资”“应收利息”科目 [分期付息债券]；按照其差额，贷记或借记“投资收益”科目。涉及增值税业务的，相关账务处理参见“应交增值税”科目。

②预算会计下，对外出售长期债券投资或到期收回长期债券投资本息时，按照实际取得的价款扣减支付的相关费用和应上缴财政款后的余额（按照规定纳入单位预算管理的），借记“资金结存——货币资金”科目，贷记“投资预算收益”科目。

出售长期债券投资或到期收回长期债券投资本息时的账务处理如表 5-19

所示。

表 5-19　出售长期债券投资或到期收回长期债券投资本息时的账务处理

业务	财务会计处理	预算会计处理
对外出售长期债券投资	借：银行存款等 [实际收到的款项] 投资收益 [借差] 贷：长期债券投资 [账面余额] 应收利息 投资收益 [贷差]	借：资金结存——货币资金 贷：投资支出 / 其他结余 [投资成本] 投资预算收益
到期收回长期债券投资本息	借：银行存款等 贷：长期债券投资 [账面余额]/ 应收利息 投资收益	借：资金结存——货币资金 贷：投资支出 / 其他结余 [投资成本] 投资预算收益

5．成本法下被投资单位宣告分派利润或股利

（1）业务概述。

成本法是指长期股权投资按投资的实际成本计价的方法。该方法要求当事业单位增加对外长期投资时相应地增加长期股权投资的账面价值。

（2）账务处理。

①财务会计下，采用成本法核算的长期股权投资持有期间，被投资单位宣告分派股利或利润时，按照宣告分派的股利或利润中属于单位应享有的份额，借记“应收股利”科目，贷记“投资收益”科目。

②预算会计下，宣告分派利润或股利时，不做账务处理；取得分派的利润或股利时，按照实际收到的金额，借记“资金结存——货币资金”科目，贷记“投资预算收益”科目。

成本法下与被投资单位分派利润或股利相关的账务处理如表 5-20 所示。

表 5-20　成本法下与被投资单位分派利润或股利相关的账务处理

业务	财务会计处理	预算会计处理
按照宣告分派的利润或股利中属于单位应享有的份额	借：应收股利 贷：投资收益	—
取得分派的利润或股利，按照实际收到的金额	借：银行存款 贷：应收股利	借：资金结存——货币资金 贷：投资预算收益

（3）案例解析。

【例 5-20】某事业单位按成本法核算一项长期股权投资，被投资单位次年宣告分配股利 20 000 元，属于本单位享有的股利份额为 12 000 元，股利尚未收到。账务处理如下。

借：应收股利　　12 000

　　贷：投资收益　　12 000

【例 5-21】某事业单位持有 B 公司 10% 的股份，相应的长期股权投资采用成本法核算。某日，该事业单位收到 B 公司数日前宣告分派的现金股利 11 800 元，目前款项已存入开户银行。账务处理如下。

财务会计：

借：银行存款　　11 800

　　贷：应收股利　　11 800

预算会计：

借：资金结存——货币资金　　11 800

　　贷：投资预算收益　　11 800

6．权益法下持有长期股权投资

（1）业务概述。

权益法是指对长期股权投资按投资单位在被投资单位权益资本中所占比例计价的方法。长期股权投资采用权益法核算时，除增加、减少因股权影响长期股权投资而引起的账面价值的增减变动外，被投资单位发生利润或亏损时，相应要增加或减少投资单位长期股权投资的账面价值。

（2）账务处理。

①财务会计下，持有用权益法核算的长期股权投资期间，按照应分担或应享有的被投资单位实现的净损益的份额，贷记或借记“长期股权投资——损益调整”科目，借记或贷记“投资收益”科目；被投资单位发生净亏损，但以后年度又实现净利润的，行政事业单位在其收益分享额弥补未确认的亏损分担额等后，恢复确认投资收益，借记“长期股权投资——损益调整”科目，贷记“投资收益”科目。

②预算会计下，只有在收到被投资单位发放的现金股利时，才按照实际收到的金额，借记“资金结存——货币资金”科目，贷记“投资预算收益”科目。

权益法下持有长期股权投资期间的账务处理如表 5-21 所示。

表 5-21　　　　权益法下持有长期股权投资期间的账务处理

业务	财务会计处理	预算会计处理
按照应分担或应享有的被投资单位实现的净损益的份额	借：长期股权投资——损益调整 　贷：投资收益[被投资单位实现净利润] 借：投资收益[被投资单位发生净亏损] 　贷：长期股权投资——损益调整	—
收到被投资单位发放的现金股利	借：银行存款 　贷：应收股利	借：资金结存——货币资金 　贷：投资预算收益
被投资单位发生净亏损，但以后年度又实现净利润的，按规定恢复确认投资收益	借：长期股权投资——损益调整 　贷：投资收益	—

（3）案例解析。

【例 5-22】某事业单位按权益法核算一项长期股权投资，年底被投资单位实现净利润 60 000 元，按投资份额计算，属于该事业单位享有的被投资单位净利润为 30 000 元。账务处理如下。

借：长期股权投资——损益调整　　30 000
　贷：投资收益　　30 000

7. 年末结转

（1）业务概述。

行政事业单位在每年年末，都需要将“投资收益”“投资预算收益”科目结转，使其余额为零。

（2）账务处理。

期末，将“投资收益”科目本期发生额转入本期盈余，借记或贷记“投资收益”科目，贷记或借记“本期盈余”科目。

年末结转的账务处理见表 5-22。

表 5-22　　　　年末结转的账务处理

业务		财务会计处理	预算会计处理
期末 / 年末结转	投资收益为贷方余额时	借：投资收益 　贷：本期盈余	借：投资预算收益 　贷：其他结余
	投资收益为借方余额时	借：本期盈余 　贷：投资收益	借：其他结余 　贷：投资预算收益

（3）案例解析。

【例 5-23】某事业单位进行年终结账时，“投资收益”科目的贷方余额为 900 000 元。账务处理如下。

财务会计：

借：投资收益　　　　900 000

　　贷：本期盈余　　　　900 000

预算会计：

借：投资预算收益　　　　900 000

　　贷：其他结余　　　　900 000

5.3.4　捐赠收入

5.3.4.1　核算内容

“捐赠收入”科目用于核算单位接受其他单位或者个人捐赠取得的收入。本科目应当按照捐赠资产的用途和捐赠单位等进行明细核算。

5.3.4.2　账务处理

在财务会计下，与“捐赠收入”科目相关的账务处理如下。

1. 接受捐赠的货币资金

（1）业务概述。

单位接受其他单位或者个人捐赠的收入表现为货币资金。

（2）账务处理。

接受捐赠的货币资金时，按照实际收到的金额，借记“银行存款”“库存现金”等科目，贷记本科目。接受捐赠的货币资金时的账务处理见表 5-23。

表 5-23　　接受捐赠的货币资金时的账务处理

业务		财务会计处理	预算会计处理
接受捐赠的货币资金	按照实际收到的金额	借：银行存款 / 库存现金 　贷：捐赠收入	借：资金结存——货币资金 　贷：其他预算收入——捐赠收入

（3）案例解析。

【例 5-24】某单位接受了其他单位捐赠的货币资金，金额为 30 000 元。账务处理如下。

财务会计：

借：银行存款　　30 000

　　贷：捐赠收入　　30 000

预算会计：

借：资金结存——货币资金　　30 000

　　贷：其他预算收入——捐赠收入　　30 000

2. 接受捐赠的存货、固定资产等

（1）业务概述。

单位接受其他单位或者个人捐赠的收入表现为存货或固定资产等。

（2）账务处理。

接受捐赠的存货、固定资产等非现金资产时，按照确定的成本，借记“库存物品”“固定资产”等科目；按照发生的相关税费、运输费等，贷记“银行存款”等科目；按照其差额，贷记本科目。

接受捐赠的资产按照名义金额入账的，按照名义金额，借记“库存物品”“固定资产”等科目，贷记本科目；同时，按照发生的相关税费、运输费等，借记“其他费用”科目，贷记“银行存款”等科目。

接受捐赠的存货、固定资产等时的账务处理如表 5-24 所示。

表 5-24　接受捐赠的存货、固定资产等时的账务处理

业务		财务会计处理	预算会计处理
接受捐赠的存货、固定资产等	按照确定的成本	借：库存物品 / 固定资产等 贷：银行存款等 [相关税费、运输费支出] 捐赠收入	借：其他支出 [支付的相关税费等] 贷：资金结存
	如按照名义金额入账	借：库存物品 / 固定资产等 [名义金额] 贷：捐赠收入 借：其他费用 贷：银行存款等 [相关税费、运输费支出]	借：其他支出 [支付的相关税费等] 贷：资金结存

（3）案例解析。

【例 5-25】某事业单位接受了其他单位捐赠的固定资产，成本为 31 000 元，其中发生的相关税费和运费为 1 000 元，以银行存款支付。账务处理如下。

财务会计：

借：固定资产　　31 000

　　贷：捐赠收入　　30 000

　　　　银行存款　　1 000

预算会计：

借：其他支出　　1 000

　　贷：资金结存——货币资金　　1 000

3. 年末结转

（1）业务概述。

单位在每年年末，都需要将“捐赠收入”科目结转，使其余额为零。

（2）账务处理。

期末，将“捐赠收入”科目本期发生额转入本期盈余，借记本科目，贷记“本期盈余”科目。年末结转时的账务处理见表 5-25。

表 5-25　　年末结转时的账务处理

业务		财务会计处理	预算会计处理
期末 / 年末结转	专项资金	借：捐赠收入 　贷：本期盈余	借：其他预算收入——捐赠收入 　贷：非财政拨款结转——本年收支结转
	非专项资金		借：其他预算收入——捐赠收入 　贷：其他结余

（3）案例解析。

【例 5-26】某事业单位进行年终结账时，“捐赠收入”科目的贷方余额为 600 000 元，均为非专项资金收入。账务处理如下。

财务会计：

借：捐赠收入　　600 000

　　贷：本期盈余　　600 000

预算会计：

借：其他预算收入——捐赠收入　　600 000

　　贷：其他结余　　600 000

5.3.5 利息收入

5.3.5.1 核算内容

“利息收入”科目用于核算单位取得的银行存款利息收入。本科目可以按照不同开户银行设置明细。

5.3.5.2 账务处理

在财务会计下，与“利息收入”科目相关的账务处理如下。

1. 确认银行存款利息收入

（1）业务概述。

单位实际收到利息时，需要确认银行存款利息收入。

（2）账务处理。

取得银行存款利息时，按照实际收到的金额，借记“银行存款”科目，贷记本科目。

确认银行存款利息收入时的账务处理如表 5-26 所示。

表 5-26 确认银行存款利息收入时的账务处理

业务		财务会计处理	预算会计处理
确认银行存款利息收入	实际收到利息时	借：银行存款 　贷：利息收入	借：资金结存——货币资金 　贷：其他预算收入——利息收入

（3）案例解析。

【例 5-27】某单位在银行存了一笔款项，当期收到了利息收入 1 000 元。该收入已存入银行。账务处理如下。

财务会计：

借：银行存款　　1 000

　贷：利息收入　　1 000

预算会计：

借：资金结存——货币资金　　1 000

　贷：其他预算收入——利息收入　　1 000

2. 年末结转

（1）业务概述。

事业单位在每年年末，都需要将“利息收入”科目结转，使其余额为零。

（2）账务处理。

期末，将“利息收入”科目本期发生额转入本期盈余，借记本科目，贷记“本期盈余”科目。年末结转“利息收入”科目时的账务处理如表 5-27 所示。

表 5-27　　年末结转“利息收入”科目时的账务处理

业务	财务会计处理	预算会计处理
期末 / 年末结转	借：利息收入 　贷：本期盈余	借：其他预算收入——利息收入 　贷：其他结余

（3）案例解析。

【例 5-28】某事业单位进行年终结账时，“利息收入”科目的贷方余额为 900 000 元。账务处理如下。

财务会计：

借：利息收入　　900 000

　贷：本期盈余　　900 000

预算会计：

借：其他预算收入——利息收入　　900 000

　贷：其他结余　　900 000

5.3.6　租金收入

5.3.6.1　核算内容

“租金收入”科目用于核算单位经批准利用国有资产出租取得并按照规定纳入本单位预算管理的租金收入。本科目应当按照出租国有资产类别和收入来源等进行明细核算。

5.3.6.2　账务处理

国有资产出租收入，应当在租赁期内各个期间按照直线法予以确认。

在财务会计中，与“租金收入”科目相关的账务处理如下。

1. 预收租金方式

（1）业务概述。

预收租金是预收账款大类中的一种。事业单位在收到这笔租金时，劳务的销售合同尚未履行，因而不能作为收入入账，只能确认为一项负债，即贷记“预收账款”科目。事业单位按合同规定提供劳务后，再根据合同的履行情况，逐期将未实现收入转成已实现收入，即借记“预收账款”科目，贷记有关收入科目。

（2）账务处理。

采用预收租金方式的，预收租金时，按照收到的金额，借记“银行存款”等科目，贷记“预收账款”科目；分期确认租金收入时，按照各期租金，借记“预收账款”科目，贷记本科目。涉及增值税业务的，相关账务处理参见“应交增值税”科目。

预收租金方式下的账务处理如表 5-28 所示。

表 5-28　　预收租金方式下的账务处理

业务	财务会计处理	预算会计处理
收到预付的租金时	借：银行存款等 　贷：预收账款	借：资金结存——货币资金 　贷：其他预算收入——租金收入
按照直线法分期确认租金收入时	借：预收账款 　贷：租金收入	—

（3）案例解析。

【例 5-29】某事业单位和另一单位签订了一份办公楼租赁合同，约定租金支付方式为预收租金方式，当期预收款项为 100 000 元，租期为 10 个月。账务处理如下。

财务会计：

借：银行存款　　100 000

　贷：预收账款　　100 000

预算会计：

借：资金结存——货币资金　　100 000

　贷：其他预算收入——租金收入　　100 000

2. 后付租金方式

（1）业务概述。

后付租金，即承租人在各付租间隔期的期末支付租金的方式。采用这种方式，能使租金支付时间向后推迟整整一个间隔期（半年或 1 年），对资金短缺的承租人有利。

（2）账务处理。

采用后付租金方式的，每期确认租金收入时，按照各期租金，借记“应收账款”科目，贷记本科目；收到租金时，按照实际收到的金额，借记“银行存款”等科目，贷记“应收账款”科目。涉及增值税业务的，相关账务处理参见“应交增值税”科目。

后付租金方式下的账务处理如表 5-29 所示。

表 5-29　后付租金方式下的账务处理

业务	财务会计处理	预算会计处理
确认租金收入时	借：应收账款 　贷：租金收入	—
收到租金时	借：银行存款等 　贷：应收账款	借：资金结存——货币资金 　贷：其他预算收入——租金收入

（3）案例解析。

【例 5-30】某事业单位和另一单位签订了一份办公楼租赁合同，约定租金支付方式为后付租金方式，租金总额为 100 000 元，租期为 10 个月，每期确认 10 000 元租金收入，款项尚未收到。账务处理如下。

借：应收账款　　10 000

　贷：租金收入　　10 000

3. 分期收取租金

（1）业务概述。

分期收取租金是指出租人按合同或条款上规定的期间收取租金的方式。

（2）账务处理。

采用分期收取租金方式的，每期收取租金时，按照租金，借记“银行存款”等科目，贷记本科目。涉及增值税业务的，相关账务处理参见“应交增值税”科目。分期收取租金时的账务处理见表 5-30。

表 5-30　分期收取租金时的账务处理

业务	财务会计处理	预算会计处理
按期收取租金	借：银行存款等 　贷：租金收入	借：资金结存——货币资金 　贷：其他预算收入——租金收入

（3）案例解析。

【例 5-31】某事业单位和另一单位签订了一份办公楼租赁合同，约定租金支付方式为分期收取租金方式，租金总额为 100 000 元，租期为 10 个月，每期收取 10 000 元租金。账务处理如下。

财务会计：

借：银行存款　　10 000

　　贷：租金收入　　10 000

预算会计：

借：资金结存——货币资金　　10 000

　　贷：其他预算收入——租金收入　　10 000

4. 年末结转

（1）业务概述。

单位在每年年末，都需要将"租金收入"科目结转，使其余额为零。

（2）账务处理。

期末，将"租金收入"科目本期发生额转入本期盈余，借记本科目，贷记"本期盈余"科目。年末结转"租金收入"科目时的账务处理见表 5-31。

表 5-31　　年末结转"租金收入"科目时的账务处理

业务	财务会计处理	预算会计处理
期末 / 年末结转	借：租金收入 　贷：本期盈余	借：其他预算收入——租金收入 　贷：其他结余

（3）案例解析。

【例 5-32】某事业单位进行年终结账时，"租金收入"科目的贷方余额为 400 000 元。账务处理如下。

财务会计：

借：租金收入　　400 000

　　贷：本期盈余　　400 000

预算会计：

借：其他预算收入——租金收入　　400 000

　　贷：其他结余　　400 000

5.3.7　其他收入

5.3.7.1　核算内容

“其他收入”科目用于核算单位取得的除财政拨款收入、事业收入、上级补助收入、附属单位上缴收入、经营收入、非同级财政拨款收入、投资收益、捐赠收入、利息收入、租金收入以外的各项收入，包括现金盘盈收入、按照规定纳入单位预算管理的科技成果转化收入、无法偿付的应付及预收款项、置换换出资产评估增值等。

5.3.7.2　账务处理

在财务会计中，与“其他收入”科目相关的账务处理如下。

1. 现金盘盈收入

（1）业务概述。

现金盘盈是指现金实物比正确的账面记录的数量多的情况，一般是由单位管理制度的缺失和收款人员的工作失误造成的，不存在恶意作弊的问题。

（2）账务处理。

每日现金账款核对中发现的现金溢余，属于无法查明原因的部分，报经批准后，借记“待处理财产损溢”科目，贷记本科目。现金盘盈收入的账务处理如表 5-32 所示。

表 5-32　　现金盘盈收入的账务处理

业务	财务会计处理	预算会计处理
属于无法查明原因的部分，报经批准后	借：待处理财产损溢 　贷：其他收入	—

（3）案例解析。

【例 5-33】某事业单位进行每日的现金账款核对，盘盈现金 10 000 元，无法查明原因，报经批准后，账务处理如下。

借：待处理财产损溢　　10 000

　贷：其他收入　　10 000

2. 科技成果转化收入

（1）业务概述。

科技成果转化，是指为提高生产力水平而对科学研究与技术开发所产生的具有实用价值的科技成果所进行的后续试验、开发、应用、推广直至形成新产品、新工艺、新材料，发展新产业等活动。科技成果转化收入即因科技成果转化实现的收入。

（2）账务处理。

单位科技成果转化所取得的收入，按照规定留归本单位的，按照所取得收入扣除相关费用之后的净收益，借记“银行存款”等科目，贷记本科目。科技成果转化收入的账务处理如表 5-33 所示。

表 5-33　科技成果转化收入的账务处理

业务	财务会计处理	预算会计处理
按照规定留归本单位的	借：银行存款等 　贷：其他收入	借：资金结存——货币资金 　贷：其他预算收入

（3）案例解析。

【例 5-34】某事业单位进行科技成果转化，取得转化收入 100 000 元。账务处理如下。

财务会计：

借：银行存款　　100 000

　贷：其他收入　　100 000

预算会计：

借：资金结存——货币资金　　100 000

　贷：其他预算收入　　100 000

3. 无法偿付的应付及预收款项

（1）业务概述。

无法偿付的应付及预收款项是指单位确实无法偿付或者债权人豁免偿还的应付及预收款项。

（2）账务处理。

对于无法偿付或债权人豁免偿还的应付账款、预收账款、其他应付款及长期应付款，借记“应付账款”“预收账款”“其他应付款”“长期应付款”等科目，贷记本科目。无法偿付应付及预收款项时的账务处理如表 5-34 所示。

表 5-34　　无法偿付应付及预收款项时的账务处理

业务	财务会计处理	预算会计处理
无法偿付的应付及预收款项	借：应付账款 / 预收账款 / 其他应付款 / 长期应付款等 贷：其他收入	—

4. 置换换出资产评估增值

（1）业务概述。

单位在进行资产置换的过程中，可能会出现资产评估增值的情况。资产评估增值是指对单位的资产进行评估，并按资产评估确认的价值调整单位相应资产的原账面价值。

（2）账务处理。

资产置换过程中，换出资产评估增值的，按照评估价值高于资产账面价值的金额，借记有关科目，贷记本科目。具体账务处理参见“库存物品”等科目。

置换换出资产评估增值的账务处理如表 5-35 所示。

表 5-35　　置换换出资产评估增值的账务处理

业务	财务会计处理	预算会计处理
按照换出资产评估价值高于资产账面价值的金额	借：有关科目 贷：其他收入	—

（3）案例解析。

【例 5-35】某事业单位在进行固定资产置换的过程中，换出的固定资产被评估为增值，评估价值较固定资产账面价值高 10 000 元。账务处理如下。

借：固定资产　　10 000

　　贷：其他收入　　10 000

5. 其他情况下的收入

（1）业务概述。

其他情况下的收入是指除了现金盘盈收入、科技成果转化收入、无法偿付的应付及预付款项和置换换出资产评估增值之外的收入。

（2）账务处理。

确认上述 5 种收入以外的其他收入时，按照应收或实际收到的金额，借记“其他应收款”“银行存款”“库存现金”等科目，贷记本科目。涉及增值税业务的，相关账务处理参见“应交增值税”科目。确认其他情况下的收入时的账务处理如表 5-36 所示。

表 5-36　　确认其他情况下的收入时的账务处理

业务	财务会计处理	预算会计处理
按照应收或实际收到的金额	借：其他应收款 / 银行存款 / 库存现金等 　贷：其他收入	借：资金结存——货币资金 [按照实际收到的金额] 　贷：其他预算收入

6. 年末结转

（1）业务概述。

单位在每年年末，都需要将“其他收入”科目结转，使其余额为零。

（2）账务处理。

期末，将“其他收入”科目本期发生额转入本期盈余，借记本科目，贷记“本期盈余”科目。年末结转“其他收入”科目的账务处理如表 5-37 所示。

表 5-37　　年末结转“其他收入”科目的账务处理

<table>
<tr><th colspan="2">业务</th><th>财务会计处理</th><th>预算会计处理</th></tr>
<tr><td rowspan="2">期末 / 年末结转</td><td>专项资金</td><td rowspan="2">借：其他收入
　贷：本期盈余</td><td>借：其他预算收入
　贷：非财政拨款结转——本年收支结转</td></tr>
<tr><td>非专项资金</td><td>借：其他预算收入
　贷：其他结余</td></tr>
</table>

（3）案例解析。

【例 5-36】某事业单位年终进行结账，“其他收入”科目贷方余额为 900 000 元，其中，专项资金收入为 500 000 元，非专项资金收入为 400 000 元。账务处理如下。

财务会计：

借：其他收入　　900 000

　　贷：本期盈余　　900 000

预算会计：

借：其他预算收入　　900 000

　　贷：非财政拨款结转——本年收支结转　　500 000

　　　　其他结余　　400 000

5.3.8　债务预算收入

5.3.8.1　核算内容

“债务预算收入”科目用于核算事业单位按照规定从银行和其他金融机构等借入的、纳入部门预算管理的、不以财政资金作为偿还来源的债务本金。

本科目应当按照贷款单位、贷款种类、《政府收支分类科目》中的“支出功能分类科目”的项级科目等进行明细核算。债务预算收入中如有专项资金收入，还应按照具体项目进行明细核算。

5.3.8.2　账务处理

1. 短期或长期借款

（1）账务处理。

借入各项短期或长期借款时，按照实际借入的金额，借记“资金结存——货币资金”科目，贷记本科目，具体账务处理如表 5-38 所示。

表 5-38　短期或长期借款相关的账务处理

序号	业务		财务会计处理	预算会计处理
（1）	短期借款	借入各种短期借款	借：银行存款 　　贷：短期借款	借：资金结存——货币资金 　　贷：债务预算收入
（2）	长期借款	借入各种长期借款	借：银行存款 　　贷：长期借款——本金	借：资金结存——货币资金 　　贷：债务预算收入

（2）案例解析。

【例 5-37】2×19 年 5 月 30 日某事业单位经上级主管部门批准，从当地工商银行借入 1 000 000 元，为期 3 年，年利率 5.2%，纳入部门预算管理，以自有资金作为偿还来源，作为单位工程项目专用资金。6 月 1 日，该事业单位收到该收入时，账务处理如下。

财务会计：

借：银行存款——基本账户存款　　　　1 000 000

　　贷：长期借款　　　　1 000 000

预算会计：

借：资金结存——货币资金——银行存款　　　　1 000 000

贷：债务预算收入——专项资金收入 1 000 000

2．年末结转

年末，将本科目的本年发生额中的专项资金收入转入非财政拨款结转，借记本科目下各专项资金收入明细科目，贷记“非财政拨款结转——本年收支结转”科目；将本科目本年发生额中的非专项资金收入转入其他结余，借记本科目下各非专项资金收入明细科目，贷记“其他结余”科目。

年末结转“债务预算收入”科目的账务处理如表5-39所示。

表5-39　年末结转“债务预算收入”科目的账务处理

业务		财务会计处理	预算会计处理
年末结转	专项资金收入	—	借：债务预算收入 贷：非财政拨款结转——本年收支结转
	非专项资金收入		借：债务预算收入 贷：其他结余

5.4 调剂性收入的核算

5.4.1 上级补助收入与上级补助预算收入

5.4.1.1 核算内容

上级补助收入是事业单位收到主管部门或上级单位拨入的非财政补助资金。根据事业单位的管理体制，每个事业单位均有主管部门或上级单位，主管部门或上级单位可以利用自身的收入或集中的收入，对所属事业单位给予补助，以调剂事业单位的资金余缺。“上级补助收入”科目核算事业单位从主管部门或上级单位取得的非财政补助现金流入。

上级补助预算收入是指事业单位从主管部门或上级单位取得的非财政补助现金流入。为核算上级补助预算收入业务，事业单位应设置“上级补助预算收入”总账科目，该科目应当按照发放补助单位、补助项目、《政府收支分类科目》中的“支出功能分类科目”的项级科目等进行明细核算。上级补助预算收入中如有专项资金收入，则还应按照具体项目进行明细核算。

5.4.1.2　账务处理

1. 日常核算

（1）业务概述。

上级补助收入不同于财政补助收入，上级补助收入并非来源于财政部门，也不是财政部门安排的财政预算资金，而是由主管部门或上级单位拨入的非财政性资金。上级补助收入并不是事业单位的常规收入，一般由主管单位或上级单位根据自身的资金情况和事业单位的需要进行拨付。

（2）账务处理。

①财务会计下，确认上级补助收入时，按照应收或实际收到的金额，借记“其他应收款”“银行存款”等科目，贷记“上级补助收入”科目；收到上级补助款时，按照实际收到的金额，借记“银行存款”等科目，贷记“其他应收款”科目。

②在预算会计下，对于尚未收到的上级补助收入，不做账务处理。事业单位收到上级补助款项时，借记“资金结存——货币资金”科目，贷记“上级补助预算收入”科目。

上级补助收入与上级补助预算收入的账务处理如表 5-40 所示。

表 5-40　　上级补助收入与上级补助预算收入的账务处理

业务	财务会计处理	预算会计处理
确认时，按照应收或实际收到的金额	借：其他应收款 / 银行存款等 贷：上级补助收入	借：资金结存——货币资金 [按照实际收到的金额] 贷：上级补助预算收入
收到应收的上级补助收入时	借：银行存款等 贷：其他应收款	

（3）案例解析。

【例 5-38】某事业单位收到主管部门拨来的补助款 100 000 元，款项已经到账。此款项是上级单位用其所集中的款项对附属单位基本支出进行的调剂。账务处理如下。

财务会计：

借：银行存款　　100 000

　　贷：上级补助收入——主管部门　　100 000

预算会计：

借：资金结存——货币资金　　100 000

　　贷：上级补助预算收入　　100 000

2. 年末结转

（1）业务概述。

事业单位在每年年末，都需要将“上级补助收入”和“上级补助预算收入”科目余额结转，使两者余额为零。

（2）账务处理。

①财务会计下，年末，将“上级补助收入”科目本年发生额转入本期盈余，借记“上级补助收入”科目，贷记“本期盈余”科目。

②预算会计下，事业单位除了需要对财政拨款预算收支情况和非财政拨款预算收支情况进行分别核算外，对专项资金预算收支情况和非专项资金预算收支情况也需要进行分别核算。对于专项资金预算收支情况还需要进行单独的报告，并进行绩效评价。事业单位分别设置“非财政拨款结转”和“其他结余”科目，体现了这一基本要求。

年末结转“上级补助收入”和“上级补助预算收入”科目的账务处理如表5-41所示。

表5-41　年末结转“上级补助收入”和“上级补助预算收入”科目的账务处理

<table>
<tr><th>业务</th><th>财务会计处理</th><th>预算会计处理</th></tr>
<tr><td>专项资金收入</td><td rowspan="2">借：上级补助收入
　贷：本期盈余</td><td>借：上级补助预算收入
　贷：非财政拨款结转——本年收支结转</td></tr>
<tr><td>非专项资金收入</td><td>借：上级补助预算收入
　贷：其他结余</td></tr>
</table>

（3）案例解析。

【例5-39】年终，某事业单位结转“上级补助收入”科目，其贷方余额为900 000元，其中，专项资金600 000元，非专项资金300 000元。账务处理如下。

财务会计：

借：上级补助收入　　900 000

　　贷：本期盈余　　900 000

预算会计：

借：上级补助预算收入　　900 000

　　贷：非财政拨款结转——本年收支结转　　600 000

其他结余　　300 000

5.4.2　附属单位上缴收入与附属单位上缴预算收入

5.4.2.1　核算内容

附属单位上缴收入是指事业单位附属的独立核算单位按规定标准或比例缴纳的各项收入。事业单位一般下设一些独立核算的附属单位，这些单位按规定应当上缴一定的收入，形成事业单位的附属单位上缴收入。"附属单位上缴收入"科目用于核算事业单位取得的附属独立核算单位按照有关规定上缴的收入。

附属单位上缴预算收入是指事业单位取得的附属独立核算单位根据有关规定上缴的现金流入。为核算附属单位上缴预算收入业务，事业单位应设置"附属单位上缴预算收入"总账科目，该科目应当按照附属单位、缴款项目、《政府收支分类科目》中的"支出功能分类科目"的项级科目等进行明细核算。附属单位上缴预算收入中如有专项资金收入，则还应按照具体项目进行明细核算。

5.4.2.2　账务处理

1. 日常核算

（1）业务概述。

所谓附属单位，是指事业单位内部设立的，实行独立核算的下级单位，与上级单位存在一定的体制关系。附属单位缴款是事业单位收到的附属单位上缴的款项。事业单位与附属单位之间的往来款项，不属于附属单位缴款。事业单位对外投资获得的投资收益也不属于附属单位缴款。

（2）账务处理。

①财务会计下，确认附属单位上缴收入时，按照应收或收到的金额，借记"其他应收款""银行存款"等科目，贷记"附属单位上缴收入"科目。实际收到应收附属单位上缴款时，按照实际收到的金额，借记"银行存款"等科目，贷记"其他应收款"科目。

②预算会计下，事业单位收到附属单位缴来款项时，按照实际收到的金额，借记"资金结存——货币资金"科目，贷记"附属单位上缴预算收入"科目。

附属单位上缴款项的账务处理如表 5-42 所示。

表 5-42　　附属单位上缴款项的账务处理

<table>
<tr><th>业务</th><th>财务会计处理</th><th>预算会计处理</th></tr>
<tr><td>确认时，按照应收或实际收到的金额</td><td>借：其他应收款 / 银行存款等
　贷：附属单位上缴收入</td><td rowspan="2">借：资金结存——货币资金
　贷：附属单位上缴预算收入</td></tr>
<tr><td>实际收到应收附属单位上缴收入时</td><td>借：银行存款等
　贷：其他应收款</td></tr>
</table>

（3）案例解析。

【例 5-40】某事业单位下属的招待所为独立核算的附属单位。该事业单位与招待所签订的收入分配办法规定，2×13 年招待所应缴纳分成款 60 000 元，该事业单位已收到招待所上缴的款项。账务处理如下。

财务会计：

借：银行存款　　60 000

　贷：附属单位上缴收入　　60 000

预算会计：

借：资金结存——货币资金　　60 000

　贷：附属单位上缴预算收入　　60 000

2. 年末结转

（1）业务概述。

行政事业单位在每年年末，都需要将“附属单位上缴收入”和“附属单位上缴预算收入”科目结转，使其余额为零。

（2）账务处理。

①财务会计下，期末，将“附属单位上缴收入”科目本期发生额转入本期盈余，借记“附属单位上缴收入”科目，贷记“本期盈余”科目。

②预算会计下，年末，将“附属单位上缴预算收入”科目本年发生额中的专项资金收入转入非财政拨款结转，借记“附属单位上缴预算收入”科目下各专项资金收入明细科目，贷记“非财政拨款结转——本年收支结转”科目；将“附属单位上缴预算收入”科目本年发生额中的非专项资金收入转入其他结余，借记“附属单位上缴预算收入”科目下各非专项资金收入明细科目，贷记“其他结余”科目。年末结转后，“附属单位上缴预算收入”科目应无余额。

年末结转上述两科目时的账务处理如表 5-43 所示。

表 5-43　　年末结转“附属单位上缴收入”和“附属单位上缴预算收入”科目时的账务处理

业务	财务会计处理	预算会计处理
专项资金收入	借：附属单位上缴收入 　　贷：本期盈余	借：附属单位上缴预算收入 　　贷：非财政拨款结转——本年收支结转
非专项资金收入		借：附属单位上缴预算收入 　　贷：其他结余

（3）案例解析。

【例 5-41】某事业单位进行年终结账时，“附属单位上缴收入”科目的贷方余额为 900 000 元，均为专项资金收入。账务处理如下。

财务会计：

借：附属单位上缴收入　　900 000

　　贷：本期盈余　　900 000

预算会计：

借：附属单位上缴预算收入　　900 000

　　贷：非财政拨款结转——本年收支结转　　900 000

第 6 章 费用与预算支出

6.1 费用与预算支出概述

6.1.1 费用与预算支出的概念

1. 费用

根据《基本准则》第四十五条规定，费用是指报告期内导致政府会计主体净资产减少的、含有服务潜力或者经济利益的经济资源的流出。

2. 预算支出

根据《基本准则》第二十一条规定，预算支出是指政府会计主体在预算年度内依法发生并纳入预算管理的现金流出。

6.1.2 费用与预算支出的确认

1. 费用

根据《基本准则》第四十六条规定，费用的确认应当同时满足以下条件：

（1）与费用相关的含有服务潜力或者经济利益的经济资源很可能流出政府会计主体；

（2）含有服务潜力或者经济利益的经济资源流出会导致政府会计主体资产减少或者负债增加；

（3）流出金额能够可靠地计量。

2. 预算支出

根据《基本准则》第二十二条规定，预算支出一般在实际支付时予以确认，以实际支付的金额计量。

6.2　单位管理费用与事业支出

“单位管理费用”科目用于核算事业单位本级行政及后勤管理部门开展管理活动发生的各项费用，包括单位行政及后勤管理部门发生的人员经费、公用经费、资产折旧（摊销）等费用，以及由单位统一负担的离退休人员经费、工会经费、诉讼费、中介费等。“单位管理费用”科目应当按照项目、费用类别、支付对象等进行明细核算。

事业支出是指事业单位开展各项专业业务活动及其辅助活动实际发生的支出，包括基本支出和项目支出。事业支出与事业收入相对应，是事业单位支出的核心内容。事业单位是提供各种社会服务的公益性组织，在提供专业服务和辅助服务时，必然会发生一定的耗费。事业单位活动的领域不同，事业支出的内容也有所不同，如教育事业支出、科研事业支出、医疗事业支出、文化事业支出、展览事业支出、环境保护事业支出、福利事业支出等。

6.2.1　为开展管理活动的本单位人员或外部人员计提并支付薪酬或劳务费

1. 业务简介

为开展管理活动的本单位人员或外部人员计提并支付薪酬或劳务费中的“薪酬或劳务费”不包括计入在建工程、加工物品、无形资产成本的人员费用，其中本单位人员的薪酬通过“应付职工薪酬”科目核算，外部人员的劳务费通过“其他应付款”科目核算。

2. 账务处理

（1）计提薪酬或劳务费。

为开展管理活动的本单位人员或外部人员计提薪酬或劳务费时，按照计算确定的金额，借记“单位管理费用”科目，贷记“应付职工薪酬”或“其他应付款”科目。由于没有实际现金流出，此时不做预算会计账务处理。

（2）实际支付并代扣个人所得税。

实际支付时，按照代扣代缴个人所得税的金额，贷记“其他应交税费——应交个人所得税”科目，按照扣税后应付或实际支付的金额，贷记“财政拨款收入”“零余额账户用款额度”“银行存款”等科目；借记“应付职工薪酬”或“其他应付款”科目。

同时，在预算会计中，按照实际支付给个人的金额，借记“事业支出”科目，贷记“财政拨款预算收入”“资金结存”等科目。

（3）实际缴纳税款。

实际缴纳税款时，按实际缴纳的金额，借记“其他应交税费——应交个人所得税”科目，贷记“银行存款”“零余额账户用款额度”等科目。

同时，在预算会计中，按照实际缴纳的金额，借记“事业支出”科目，贷记“资金结存”等科目。

单位管理费用与事业支出的账务处理如表 6-1 所示。

表 6-1　　单位管理费用与事业支出的账务处理

序号	业务		财务会计处理	预算会计处理
（1）	管理活动人员职工薪酬	计提时，按照计算的金额	借：单位管理费用 贷：应付职工薪酬	—
		实际支付给职工并代扣个人所得税时	借：应付职工薪酬 贷：财政拨款收入 / 零余额账户用款额度 / 银行存款等 其他应交税费——应交个人所得税	借：事业支出［按照支付给个人部分］ 贷：财政拨款预算收入 / 资金结存
		实际缴纳税款时	借：其他应交税费——应交个人所得税 贷：银行存款 / 零余额账户用款额度等	借：事业支出［按照实际缴纳额］ 贷：资金结存等
（2）	为开展管理活动发生的外部人员劳务费	计提时，按照计算的金额	借：单位管理费用 贷：其他应付款	—
		实际支付并代扣个人所得税时	借：其他应付款 贷：财政拨款收入 / 零余额账户用款额度 / 银行存款等 其他应交税费——应交个人所得税	借：事业支出［按照实际支付给个人部分］ 贷：财政拨款预算收入 / 资金结存
		实际支付税款时	借：其他应交税费——应交个人所得税 贷：银行存款 / 零余额账户用款额度等	借：事业支出［按照实际缴纳额］ 贷：资金结存等

3. 案例分析

【**例 6-1**】某事业单位本月需支付的后勤部门工作人员的薪酬总额为 50 000 元，

代扣代缴个人所得税 1 000 元，使用财政直接支付方式支付职工薪酬和个人所得税。账务处理如下。

（1）计提工资。

财务会计：

借：单位管理费用——工资福利费用　　50 000

　　贷：应付职工薪酬——工资　　50 000

（2）实际支付给职工并代扣个人所得税。

财务会计：

借：应付职工薪酬——工资　　50 000

　　贷：财政拨款收入　　49 000

　　　　其他应交税费——应交个人所得税　　1 000

预算会计：

借：事业支出　　49 000

　　贷：财政拨款预算收入——基本支出——人员经费　　49 000

（3）实际缴纳税款。

财务会计：

借：其他应交税费——应交个人所得税　　1 000

　　贷：财政拨款收入　　1 000

预算会计：

借：事业支出　　1 000

　　贷：财政拨款预算收入　　1 000

6.2.2　开展管理活动时发生的预付款项

1. 业务简介

一般情况下，单位为开展管理活动发生的预付款项分为以下两种：一是单位按照购货、服务合同或协议规定预付给供应单位（或个人）的款项，即预付账款；二是单位在业务活动中与其他单位、所属单位或本单位职工发生的临时性待结算款项，如职工预借的差旅费、报销单位领用的备用金等，即暂付款项。

2. 账务处理

（1）预付账款。

在财务会计中，发生预付账款时，按照预付的金额，借记“预付账款”科目，贷记“财政拨款收入”“零余额账户用款额度”“银行存款”等科目。结算时，按照实际成本，借记“单位管理费用”科目；按照相关预付账款的账面余额，贷记“预付账款”科目；按照实际补付的金额，贷记“财政拨款收入”“零余额账户用款额度”“银行存款”等科目。

在预算会计中，支付款项时，按照预付的金额，借记“事业支出”科目，贷记“财政拨款预算收入”“资金结存”科目；结算时，按照实际补付的金额，借记“事业支出”科目，贷记“财政拨款预算收入”“资金结存”科目。

（2）暂付款项。

在财务会计中，支付款项时，借记“其他应收款”科目，贷记“银行存款”等科目；结算或报销时，借记“单位管理费用”科目，贷记“其他应收款”科目。

在预算会计中，在支付款项时，不做账务处理；结算或报销时，借记“事业支出”科目，贷记“资金结存”等科目。

因开展管理活动而发生预付款项时的账务处理如表 6-2 所示。

表 6-2　　因开展管理活动而发生预付款项时的账务处理

<table>
<tr><th colspan="3">业务</th><th>财务会计处理</th><th>预算会计处理</th></tr>
<tr><td rowspan="4">开展管理活动发生的预付款项</td><td rowspan="2">预付账款</td><td>支付款项时</td><td>借：预付账款
贷：财政拨款收入 / 零余额账户用款额度 / 银行存款等</td><td>借：事业支出
贷：财政拨款预算收入 / 资金结存</td></tr>
<tr><td>结算时</td><td>借：单位管理费用
贷：预付账款
财政拨款收入 / 零余额账户用款额度 / 银行存款等［补付金额］</td><td>借：事业支出
贷：财政拨款预算收入 / 资金结存［补付金额］</td></tr>
<tr><td rowspan="2">暂付款项</td><td>支付款项时</td><td>借：其他应收款
贷：银行存款等</td><td>—</td></tr>
<tr><td>结算或报销时</td><td>借：单位管理费用
贷：其他应收款</td><td>借：事业支出
贷：资金结存等</td></tr>
</table>

3. 案例解析

【例 6-2】某事业单位预借差旅费 5 000 元给其工作人员，用银行存款支付。该工作人员出差回来后，财务部门审核所有发票并予以报销，没有发生资金退回或补付。账务处理如下。

（1）支付款项。

借：其他应收款　　5 000

　　贷：银行存款　　5 000

（2）报销。

财务会计：

借：单位管理费用——商品和服务费用　　5 000

　　贷：其他应收款　　5 000

预算会计：

借：事业支出　　5 000

　　贷：资金结存——货币资金　　5 000

6.2.3　为开展管理活动而购买资产或支付在建工程款

1．业务简介

为开展管理活动购买存货、固定资产、无形资产等以及支付在建工程款项时，在财务会计中，其初始成本不应直接计入单位管理费用，应在未来期间通过计提折旧或摊销的方式计入单位管理费用。在预算会计中，应按实际支付的金额直接计入事业支出，在未来期间计提折旧或摊销时不做账务处理。

2．账务处理

为开展管理活动购买资产或支付在建工程款时，在财务会计中，应按照实际支付或应付的价款，借记“库存物品”“固定资产”“无形资产”“在建工程”等科目，贷记“财政拨款收入”“零余额账户用款额度”“银行存款”“应付账款”等科目。

同时，在预算会计中，按照实际支付的价款，借记“事业支出”科目，贷记“财政拨款预算收入”“资金结存”科目。

为开展管理活动而购买资产或支付在建工程款时的账务处理如表 6-3 所示。

表 6-3　　为开展管理活动而购买资产或支付在建工程款时的账务处理

业务		财务会计处理	预算会计处理
为开展管理活动购买资产或支付在建工程款	按照实际支付或应付的价款	借：库存物品 / 固定资产 / 无形资产 / 在建工程等 贷：财政拨款收入 / 零余额账户用款额度 / 银行存款 / 应付账款等	借：事业支出［按照实际支付价款］ 贷：财政拨款预算收入 / 资金结存

3. 案例解析

【例 6-3】某事业单位购入不需要安装的设备一台，用于管理活动，设备价格为 800 000 元，运输及保险费为 100 000 元，全部价款使用财政直接支付方式进行支付。账务处理如下。

财务会计：

借：固定资产　　900 000

　　贷：财政拨款收入　　900 000

预算会计：

借：事业支出　　900 000

　　贷：财政拨款预算收入——基本支出——日常公用经费　　900 000

6.2.4　管理活动所用固定资产、无形资产计提的折旧（摊销）

1. 业务概述

与管理活动相关的固定资产、无形资产，其计提的累计折旧（摊销）应计入单位管理费用。

2. 账务处理

按照计提的金额，借记“单位管理费用”科目，贷记“固定资产累计折旧”“无形资产累计摊销”科目。由于没有实际现金流出，不做预算会计账务处理。相关账务处理如表 6-4 所示。

表 6-4　与管理活动所用固定资产、无形资产计提的折旧、摊销相关的账务处理

业务		财务会计处理	预算会计处理
管理活动所用固定资产、无形资产计提的折旧、摊销	按照计提的折旧、摊销额	借：单位管理费用 　贷：固定资产累计折旧 / 无形资产累计摊销	—

3. 案例解析

【例 6-4】某事业单位的设备 A 专门用于管理活动。该设备采用直线法计提折旧。该设备原价为 60 000 元，预计使用年限为 5 年，预计净残值为零。截至 2×19 年 3 月 31 日，该设备已计提折旧 30 000 元，则 2×19 年 4 月 30 日，计提折旧的账务处理如下。

每月折旧金额 =60 000÷5÷12=1 000（元）。

借：单位管理费用——固定资产折旧费　　1 000
　　贷：固定资产累计折旧——设备 A　　1 000

6.2.5 因开展管理活动而在内部领用库存物品

1. 业务概述

该业务仅指单位开展管理活动领用库存物品，不包括按照规定自主出售发出或加工发出库存物品。

2. 账务处理

为开展管理活动而领用库存物品时，按照领用的库存物品的成本，借记“单位管理费用”科目，贷记“库存物品”科目。由于没有实际现金流出，不做预算会计账务处理。相关账务处理详见表 6-5。

表 6-5　　因开展管理活动而在内部领用库存物品时的账务处理

业务		财务会计处理	预算会计处理
为开展管理活动在内部领用库存物品	按照库存物品的成本	借：单位管理费用 　贷：库存物品	—

3. 案例解析

【例 6-5】2×19 年 5 月，某事业单位后勤部门领用库存物品，成本为 3 000 元。账务处理如下。

借：单位管理费用——商品和服务费用　　3 000
　　贷：库存物品　　3 000

6.2.6 开展管理活动时发生应负担的税金及附加

1. 业务概述

为开展管理活动而发生的税金及附加主要有城市维护建设税、教育费附加、地方教育附加、车船税、房产税、城镇土地使用税等。

2. 账务处理

在财务会计中，确认其他应交税费时，按照计算确定的金额，借记“单位管理费用”科目，贷记“其他应交税费”科目。待实际支付时，借记“其他应交税费”科目，贷记“银行存款”等科目。

在预算会计中，在确认其他应交税费时，不做账务处理；待实际支付时，借记“事业支出”科目，贷记“资金结存”等科目。

开展管理活动时发生的税金及附加的账务处理如表 6-6 所示。

表 6-6　　开展管理活动时发生的税金及附加的账务处理

业务		财务会计处理	预算会计处理
开展管理活动发生应负担的税金及附加时	按照计算确定应缴纳的金额	借：单位管理费用 　贷：其他应交税费	—
	实际缴纳时	借：其他应交税费 　贷：银行存款等	借：事业支出 　贷：资金结存等

3. 案例解析

【例 6-6】 2×19 年，某事业单位发生车船税 460 元，已用银行存款支付。账务处理如下。

（1）确认其他应交税费时。

借：单位管理费用——商品和服务费用　　460

　贷：其他应交税费——车船税　　460

（2）缴纳税款时。

财务会计：

借：其他应交税费——车船税　　460

　贷：银行存款　　460

预算会计：

借：事业支出　　460

　贷：资金结存——货币资金　　460

6.2.7　购货退回等

1. 业务概述

在财务会计中，当年发生购货退回等业务时，如果已领用并计入单位管理费用，则应冲减单位管理费用；如果还未领用，则应减少相应的库存物品，同时按照收回或应收的方式增加相应的收入或资产。

2. 账务处理

在财务会计中，当年发生购货退回等业务时，对于已计入本年单位管理费用的，按照收回或应收的金额，借记“财政拨款收入”“零余额账户用款额度”“银行存款”“应收账款”等科目，贷记“库存物品”“单位管理费用”等科目。

在预算会计中，因购货退回等发生款项退回，或者发生差错更正的，并属于当年支出收回的，按照收回或更正金额，借记“财政拨款预算收入”“资金结存”等科目，贷记“事业支出”科目。

购货退回时的账务处理如表 6-7 所示。

表 6-7　购货退回时的账务处理

业务		财务会计处理	预算会计处理
购货退回等	当年发生的	借：财政拨款收入 / 零余额账户用款额度 / 银行存款 / 应收账款等 贷：库存物品 / 单位管理费用等	借：财政拨款预算收入 / 资金结存 贷：事业支出

3. 案例解析

【例 6-7】某事业单位已领用的部分库存物品存在质量问题，价值 2 000 元，系当年用财政授权支付方式购入的存货，领用时计入单位管理费用，已做退回处理，收到来自供应商的退款。账务处理如下。

财务会计：

借：零余额账户用款额度　　2 000

　　贷：单位管理费用——商品和服务费用　　2 000

预算会计：

借：资金结存——零余额账户用款额度　　2 000

　　贷：事业支出　　2 000

6.2.8　发生的其他与管理活动相关的各项费用

1. 业务概述

除上述业务之外，为开展管理活动发生的其他各项费用，应按照费用确认金额计入单位管理费用。

2. 账务处理

在财务会计中，按照费用确认金额，借记“单位管理费用”科目，贷记“财政拨款收入”“零余额账户用款额度”“银行存款”“应付账款”等科目。同时，在预算会计中，按照实际支付的金额，借记“事业支出”科目，贷记“财政拨款预算收入”“资金结存”等科目。其他与管理活动相关的费用的账务处理如

表 6-8 所示。

表 6-8　其他与管理活动相关的费用的账务处理

业务	财务会计处理	预算会计处理
发生的其他与管理活动相关的各项费用	借：单位管理费用 　贷：财政拨款收入 / 零余额账户用款额度 / 银行存款 / 应付账款等	借：事业支出 [按照实际支付的金额] 　贷：财政拨款预算收入 / 资金结存

3. 案例解析

【例 6-8】某事业单位管理使用固定资产时发生日常维修费用 5 000 元。该费用不计入固定资产成本，用财政授权支付方式进行支付。账务处理如下。

财务会计：

借：单位管理费用——商品和服务费用　　5 000

　贷：零余额账户用款额度　　5 000

预算会计：

借：事业支出　　5 000

　贷：资金结存——零余额账户用款额度　　5 000

6.2.9 期末 / 年末结转

1. 业务概述

期末，“单位管理费用”科目的本期发生额应转入本期盈余，期末应无余额；“事业支出”科目本年发生额分类结转至相应科目，年末应无余额。

2. 账务处理

期末，“单位管理费用”科目本期发生额转入本期盈余，借记“本期盈余”科目，贷记“单位管理费用”科目。

年末，对于“事业支出”科目，将该科目的本年发生额中的财政拨款支出转入财政拨款结转，借记“财政拨款结转——本年收支结转”科目，贷记该科目下各财政拨款支出明细科目；将该科目的本年发生额中的非财政专项资金支出转入非财政拨款结转，借记“非财政拨款结转——本年收支结转”科目，贷记该科目下各非财政专项资金支出明细科目；将该科目本年发生额中的其他资金支出（非财政、非专项资金支出）转入其他结余，借记“其他结余”科目，贷记该科目下其他资金支出明细科目。

期末 / 年末结转的账务处理如表 6-9 所示。

表 6-9　　期末 / 年末结转的账务处理

业务	财务会计处理	预算会计处理
期末 / 年末结转	借：本期盈余 　　贷：单位管理费用	借：财政拨款结转——本年收支结转 [财政拨款支出] 　　非财政拨款结转——本年收支结转 [非财政专项资金支出] 　　其他结余 [非财政、非专项资金支出] 　　贷：事业支出

3．案例解析

【**例 6-9**】2×19 年 11 月 30 日，某事业单位的“业务活动费用”科目的借方余额为 5 000 元，“单位管理费用”科目的借方余额为 2 000 元，“经营费用”科目的借方余额为 2 000 元，“资产处置费用”科目的借方余额为 1 000 元，“所得税费用”科目的借方余额为 5 000 元，“其他费用”科目的借方余额为 5 000 元。

期末结转的账务处理如下。

借：本期盈余　　20 000

　　贷：业务活动费用　　5 000

　　　　单位管理费用　　2 000

　　　　经营费用　　2 000

　　　　资产处置费用　　1 000

　　　　所得税费用　　5 000

　　　　其他费用　　5 000

6.3　经营费用与经营支出

单位应当设置“经营费用”科目，以核算事业单位在专业业务活动及其辅助活动之外开展非独立核算经营活动发生的各项费用。经营费用属于事业单位的专有费用。本科目应当按照经营活动类别、项目、支付对象等进行明细核算。为了满足成本核算需要，本科目下还可按照“工资福利费用”“商品和服务费用”“对个人和家庭的补助费用”“固定资产折旧费”“无形资产摊销费”等成本项目设置明细科目，归集能够直接计入单位经营活动或采用一定方法计算后计入单位经营活动的费用。本科目期末结转后应无余额。

事业单位应当设置“经营支出”科目，以核算事业单位在专业业务活动及其辅助活动之外开展非独立核算经营活动实际发生的各项现金流出，该科目属于事业单位专有科目。该科目应当按照经营活动类别、项目、《政府收支分类科目》中的“支出功能分类科目”的项级科目和“部门预算支出经济分类科目”的款级科目等进行明细核算。该科目年末结转后应无余额。

6.3.1 向从事经营活动的工作人员支付职工薪酬

1. 业务概述

事业单位的开展专业业务活动及其辅助活动的工作人员的薪酬以及劳务费计入业务活动费用，而开展非独立核算经营活动的工作人员的薪酬计入经营费用。

2. 账务处理

（1）计提工资。

在财务会计中，为开展经营活动的职工以及外部人员计提薪酬时，按照计算确定的金额，借记“经营费用”科目，贷记“应付职工薪酬”科目。计提时没有实际的现金流出，因此不做预算会计的账务处理。

（2）实际支付并代扣个人所得税。

在财务会计中，实际支付时，按照代扣代缴个人所得税的金额，贷记“其他应交税费——应交个人所得税”科目，按照扣税后应付或实际支付的金额，贷记“财政拨款收入”“零余额账户用款额度”“银行存款”等科目；借记“应付职工薪酬”科目。

同时，在预算会计中，按照实际支付给个人的金额，借记“经营支出”科目，贷记“资金结存”科目。

（3）实际缴纳税款。

在财务会计中，实际缴纳税款时，按实际缴纳的金额，借记“其他应交税费——应交个人所得税”科目，贷记“银行存款”等科目。

同时，在预算会计中，按照实际缴纳额，借记“经营支出”科目，贷记“资金结存”等科目。

向从事经营活动的工作人员支付职工薪酬时的账务处理如表 6-10 所示。

表 6-10　　向从事经营活动的工作人员支付职工薪酬时的账务处理

业务		财务会计处理	预算会计处理
为从事经营活动人员支付职工薪酬	计提时，按照计算的金额	借：经营费用 贷：应付职工薪酬	—
	实际支付给职工时	借：应付职工薪酬 贷：财政拨款收入 / 零余额账户用款额度 / 银行存款等 其他应交税费——应交个人所得税	借：经营支出［按照支付给个人部分］ 贷：资金结存——货币资金
	实际支付税款时	借：其他应交税费——应交个人所得税 贷：银行存款等	借：经营支出［按照实际缴纳额］ 贷：资金结存——货币资金

3．案例解析

【例 6-10】某事业单位开展经营活动，2×19 年 4 月，需向从事经营活动的工作人员支付的薪酬总额为 70 000 元，代扣代缴个人所得税 3 000 元，使用银行存款支付职工薪酬和个人所得税。账务处理如下。

（1）计提工资。

借：经营费用——工资福利费用　　70 000

　　贷：应付职工薪酬——工资　　70 000

（2）实际支付给职工并代扣个人所得税。

财务会计：

借：应付职工薪酬——工资　　70 000

　　贷：银行存款　　67 000

　　　　其他应交税费——应交个人所得税　　3 000

预算会计：

借：经营支出——工资福利支出　　67 000

　　贷：资金结存——货币资金　　67 000

（3）实际缴纳税款。

财务会计：

借：其他应交税费——应交个人所得税　　3 000

　　贷：银行存款　　3 000

预算会计：

借：经营支出　　　　　　　　　　　　　　　　　　　　　　3 000

　　贷：资金结存——货币资金　　　　　　　　　　　　　　　　3 000

6.3.2　为开展经营活动而购买资产或支付在建工程款

1. 业务概述

为开展经营活动购买存货、固定资产、无形资产等以及支付在建工程款项时，其初始成本不应直接计入经营费用，应在未来期间通过计提折旧或摊销的方式计入经营费用。在预算会计中，应按实际支付的金额直接计入经营支出，在未来期间计提折旧或摊销时不做预算会计账务处理。

2. 账务处理

在财务会计中，为开展经营活动而购买资产或支付在建工程款时，应按照实际支付或应付的价款，借记“库存物品”“固定资产”“无形资产”“在建工程”等科目，贷记“银行存款”“应付账款”等科目。

同时，在预算会计中，按照实际支付的价款，借记“经营支出”科目，贷记“资金结存”科目。

为开展经营活动而购买资产或支付在建工程款时的账务处理如表 6-11 所示。

表 6-11　为开展经营活动而购买资产或支付在建工程款时的账务处理

业务		财务会计处理	预算会计处理
为开展经营活动购买资产或支付在建工程款	按照实际支付或应付的价款	借：库存物品 / 固定资产 / 无形资产 / 在建工程 贷：银行存款 / 应付账款等	借：经营支出 贷：资金结存——货币资金 [按照实际支付金额]

3. 案例解析

【例 6-11】2×19 年 5 月，某事业单位购买一项专利权，价值 240 000 元，用于开展经营活动，全部价款使用银行存款支付。账务处理如下。

财务会计：

借：无形资产　　　　　　　　　　　　　　　　　　　　240 000

　　贷：银行存款　　　　　　　　　　　　　　　　　　　　240 000

预算会计：

借：经营支出——资本性支出　　　　　　　　　　　　　240 000

　　贷：资金结存——货币资金　　　　　　　　　　　　　　240 000

6.3.3　经营活动用固定资产、无形资产计提的折旧、摊销

1. 业务概述

与经营活动相关的固定资产、无形资产，其计提的累计折旧、累计摊销应计入经营费用。

2. 账务处理

按照计提的金额，借记“经营费用”科目，贷记“固定资产累计折旧”“无形资产累计摊销”科目。由于没有实际现金流出，所以不做预算会计账务处理。经营活动用固定资产、无形资产计提折旧、摊销时的账务处理如表 6-12 所示。

表 6-12　经营活动用固定资产、无形资产计提折旧、摊销时的账务处理

业务		财务会计处理	预算会计处理
经营活动用固定资产、无形资产计提的折旧、摊销	按照计提的折旧、摊销额	借：经营费用 　贷：固定资产累计折旧 / 无形资产累计摊销	—

3. 案例解析

【例 6-12】沿用【例 6-11】。假如该项专利权的摊销年限为 10 年，则 2×19 年 5 月计提无形资产摊销的账务处理如下。

无形资产每月摊销金额 =240 000÷10÷12=2 000（元）。

借：经营费用——无形资产摊销费　　2 000

　贷：无形资产累计摊销　　2 000

6.3.4　为开展经营活动而在内部领用或发出物品等

1. 业务概述

为开展经营活动而在内部领用或发出物品的，应将物品的成本计入经营费用。因为物品的成本在最初购买时已计入预算支出，所以在领用或发出时不需再做预算会计处理。

2. 账务处理

为开展经营活动领用或发出库存物品时，按照领用或发出的库存物品的成本，借记“经营费用”科目，贷记“库存物品”科目。为开展经营活动而在内部领用或发出物品时的账务处理如表 6-13 所示。

表 6-13　为开展经营活动而在内部领用或发出物品时的账务处理

业务		财务会计处理	预算会计处理
为开展经营活动部领用或发出物品等	按照实际成本	借：经营费用 　贷：库存物品	—

3. 案例解析

【例 6-13】某事业单位于 2×19 年 4 月发出一批库存物品。该批物品的成本为 50 000 元。账务处理如下。

借：经营费用——商品和服务费用　50 000

　贷：库存物品　50 000

6.3.5　开展经营活动时发生的预付款项

1. 业务概述

对于与经营活动相关的预付款项，可通过在“经营费用”科目下设置“待处理”明细科目进行明细核算，待确认具体支出项目后再转入“经营费用”科目下的相关明细科目。年末结账前，应将“经营费用”科目“待处理”明细科目余额全部转入“经营费用”科目下的相关明细科目。

2. 账务处理

（1）预付。

在财务会计中，预付时，按照预付的金额，借记“预付账款”科目，贷记“银行存款”等科目。同时，在预算会计中，按照预付的金额，借记“经营支出”科目，贷记“资金结存——货币资金”科目。

（2）结算。

在财务会计中，结算时，按照最终结算的金额，借记“经营费用”科目，按照相关预付账款的账面余额，贷记“预付账款”科目，并按照实际补付的金额，贷记“银行存款”等科目。同时，在预算会计中，按照实际补付的金额，借记“经营支出”科目，贷记“资金结存——货币资金”科目。

因开展经营活动而发生预付款项时的账务处理如表 6-14 所示。

表 6-14　　因开展经营活动而发生预付款项时的账务处理

业务		财务会计处理	预算会计处理
开展经营活动发生的预付款项	预付时，按照预付的金额	借：预付账款 　贷：银行存款等	借：经营支出 　贷：资金结存——货币资金
	结算时	借：经营费用 　贷：预付账款 　　银行存款等 [补付金额]	借：经营支出 　贷：资金结存——货币资金 　　[补付金额]

3. 案例解析

【例 6-14】某事业单位拟向 A 公司购入用于出售的商品，价值 100 000 元。2×19 年 7 月 17 日，该事业单位用银行存款向 A 公司预付 30% 的款项；7 月 28 日，收到货物，验货后向 A 公司支付余下 70% 的款项。该事业单位的账务处理如下。

（1）预付 30% 价款。

财务会计：

借：预付账款——A 公司　　30 000

　贷：银行存款　　30 000

预算会计：

借：经营支出——商品和服务费用　　30 000

　贷：资金结存——货币资金　　30 000

（2）验货后，支付剩余 70% 价款。

财务会计：

借：经营费用——待处理　　100 000

　贷：预付账款——A 公司　　30 000

　　银行存款　　70 000

预算会计：

借：经营支出——商品和服务费用　　70 000

　贷：资金结存——货币资金　　70 000

6.3.6　开展经营活动时发生应负担的税金及附加

1. 业务概述

为开展经营活动而发生的税金及附加主要有城市维护建设税、教育费附加、地方教育附加、车船税、房产税、城镇土地使用税等。

2. 账务处理

在财务会计中，确认其他应交税费时，按照计算确定的金额，借记“经营费用”科目，贷记“其他应交税费”科目；实际缴纳时，借记“其他应交税费”科目，贷记“银行存款”等科目。

在预算会计中，在确认其他应交税费时，不做账务处理；实际支付时，借记“经营支出”科目，贷记“资金结存”等科目。

开展经营活动发生的应负担的税金及附加的账务处理如表 6-15 所示。

表 6-15　　开展经营活动发生的应负担的税金及附加的账务处理

业务		财务会计处理	预算会计处理
开展经营活动发生应负担的税金及附加时	按照计算确定的应缴纳金额	借：经营费用 　贷：其他应交税费	—
	实际缴纳时	借：其他应交税费 　贷：银行存款等	借：经营支出 　贷：资金结存——货币资金等

3. 案例解析

【例 6-15】某事业单位于 2×19 年 1 月出售库存物品，取得收入 20 000 元，增值税销项税额为 2 600 元，城市维护建设税的税率为 7%，教育费附加的征收率为 3%。计提并缴纳城市维护建设税以及教育费附加的账务处理如下。

应交城市维护建设税 =2 600×7%=182（元）。

应交教育费附加 =2 600×3%=78（元）。

（1）计提其他应交税费。

借：经营费用——商品和服务费用　　260

　　贷：其他应交税费——城市维护建设税　　182

　　　　　　　　　——教育费附加　　78

（2）缴纳税费。

财务会计：

借：其他应交税费——城市维护建设税　　182

　　　　　　　　——教育费附加　　78

　　贷：银行存款　　260

预算会计：

借：经营支出——商品和服务费用　　260

　　贷：资金结存——货币资金　　260

6.3.7　计提专用基金

1. 业务概述

根据有关规定，专用基金主要从事业收入和经营收入以及单位结余中提取，从经营收入中提取专用基金并计入费用的，应计入经营费用。

2. 账务处理

根据有关规定从经营收入中提取专用基金并计入费用的，按照计算提取的金额，借记“经营费用”科目，贷记“专用基金”科目，具体如表 6-16 所示。

表 6-16　　从经营收入中计提专用基金时的账务处理

业务		财务会计处理	预算会计处理
计提专用基金	按照经营收入的一定比例计提并列入费用	借：经营费用 　贷：专用基金	—

3. 案例解析

【**例 6-16**】2×19 年，某事业单位按照规定从经营收入中提取 80 000 元作为修购基金。账务处理如下。

借：经营费用——计提专用基金　　80 000

　贷：专用基金——修购基金　　80 000

6.3.8　购货退回等

1. 业务概述

当年发生购货退回等业务，如果已领用或发出并计入经营费用，应冲减经营费用；如果还未领用，应减少相应的库存物品，同时按照收回或应收的方式增加相应的收入或资产。

2. 账务处理

在财务会计中，当年发生购货退回等业务时，对于已计入本年经营费用的，按照收回或应收的金额，借记“银行存款”“应收账款”等科目，贷记“库存物品”“经营费用”等科目。

在预算会计中，经营活动中因购货退回等发生款项退回，或者发生差错更正的，并属于当年支出收回的，按照收回或更正的金额，借记“资金结存”等科目，贷记“经营支出”科目。

经营活动购货退回的账务处理如表 6-17 所示。

表 6-17 经营活动购货退回的账务处理

业务		财务会计处理	预算会计处理
购货退回等	当年发生的	借：银行存款 / 应收账款等 贷：库存物品 / 经营费用等	借：资金结存——货币资金等 [按照实际收到的金额] 贷：经营支出

3. 案例解析

【例 6-17】某事业单位经营部门已发出的部分库存物品存在质量问题，价值 2 000 元，系当年用银行存款支付方式购入的存货，领用当时计入经营费用，已收回并做退货处理，收到来自供应商的退款。账务处理如下。

财务会计：

借：银行存款　　2 000

　　贷：经营费用——商品和服务费用　　2 000

预算会计：

借：资金结存——货币资金　　2 000

　　贷：经营支出——商品和服务费用　　2 000

6.3.9 开展经营活动时发生的其他各项费用

1. 业务概述

除上述业务之外，为开展经营活动发生的其他各项费用，应按照费用确认金额计入经营费用。

2. 账务处理

在财务会计中，按照费用确认金额，借记“经营费用”科目，贷记“银行存款”“应付账款”等科目。同时，在预算会计中，按照实际支付的金额，借记“经营支出”科目，贷记“资金结存”等科目。经营活动发生的其他各项费用的账务处理如表 6-18 所示。

表 6-18　　经营活动发生的其他各项费用的账务处理

业务	财务会计处理	预算会计处理
开展经营活动发生的其他各项费用	借：经营费用 　贷：银行存款 / 应付账款等	借：经营支出 [按照实际支付的金额] 　贷：资金结存——货币资金等

3．案例解析

【例 6-18】 2×19年5月，某事业单位发生经营部门退职人员生活补贴3 000元，已用银行存款支付。账务处理如下。

财务会计：

借：经营费用——对个人和家庭的补助费用　　3 000

　贷：银行存款　　3 000

预算会计：

借：经营支出——对个人和家庭的补助费用　　3 000

　贷：资金结存——货币资金　　3 000

6.3.10　期末 / 年末结转

1．业务概述

期末，“经营费用”科目的本期发生额应转入本期盈余，期末应无余额；“经营支出”科目本年发生额应结转至经营结余，年末应无余额。

2．账务处理

期末，“经营费用”科目本期发生额转入本期盈余，借记“本期盈余”科目，贷记“经营费用”科目。

年末，“经营支出”科目本年发生额转入经营结余，借记“经营结余”科目，贷记“经营支出”科目。

经营费用与经营支出期末 / 年末结转时的账务处理如表 6-19 所示。

表 6-19　　经营费用与经营支出期末 / 年末结转时的账务处理

业务	财务会计处理	预算会计处理
期末 / 年末结转	借：本期盈余 　贷：经营费用	借：经营结余 　贷：经营支出

3. 案例解析

【例 6-19】2×19 年 12 月，某事业单位因开展经营活动而发生的经营费用为 60 000 元，其结转的账务处理如下。

借：本期盈余　　60 000

　　贷：经营费用　　60 000

【例 6-20】2×19 年末，某事业单位的“经营支出”科目的借方余额为 250 000 元，其结转的账务处理如下。

借：经营结余　　250 000

　　贷：经营支出　　250 000

6.4 上缴上级费用与上缴上级支出

事业单位应设置“上缴上级费用”科目，以核算按照财政部门和主管部门的规定上缴上级单位款项发生的费用。本科目属于事业单位专有科目，应当按照收缴款项单位、缴款项目等进行明细核算。本科目期末结转后应无余额。

事业单位应设置“上缴上级支出”科目，以核算按照财政部门和主管部门的规定上缴上级单位款项发生的现金流出。该科目属于事业单位专有科目，应当按照收缴款项单位、缴款项目、《政府收支分类科目》中的“支出功能分类科目”的项级科目和“部门预算支出经济分类科目”的款级科目等进行明细核算。该科目年末结转后应无余额。

1. 业务概述

上缴上级支出是指实行收入上缴办法的事业单位，按规定的定额或者比例上缴上级单位的支出。但事业单位返还上级单位的在其事业支出中垫支的工资、水电费、房租、住房公积金和福利费等各种费用，应计入相应支出，不能作为上缴上级支出处理。

2. 账务处理

（1）单位发生上缴上级支出。

在财务会计中，按照实际上缴的金额或者按照规定计算确定的应当上缴上级单位的金额，借记“上缴上级费用”科目，贷记“银行存款”“其他应付款”等科目；记入“其他应付款”科目的上缴上级支出，应在实际支付时，借记“其他应付款”科目，贷记“银行存款”等科目。

同时，在预算会计中，实际缴纳上缴上级支出时，借记“上缴上级支出”科目，贷记“资金结存——货币资金”科目。

（2）期末 / 年末结转。

期末，将“上缴上级费用”科目本期发生额转入本期盈余，借记“本期盈余”科目，贷记“上缴上级费用”科目。

年末，将“上缴上级支出”年末发生额转入其他结余，借记“其他结余”科目，贷记“上缴上级支出”科目。

与上缴上级费用、上缴上级支出相关的账务处理如表 6-20 所示。

表 6-20　　与上缴上级费用、上缴上级支出相关的账务处理

序号	业务	财务会计处理	预算会计处理
（1）	按照实际上缴的金额或者按照规定计算出的应当上缴的金额	借：上缴上级费用 贷：银行存款 / 其他应付款等	借：上缴上级支出[实际上缴的金额] 贷：资金结存——货币资金
（2）	实际上缴应缴的金额	借：其他应付款 贷：银行存款等	
（3）	期末 / 年末结转	借：本期盈余 贷：上缴上级费用	借：其他结余 贷：上缴上级支出

3．案例解析

【例 6-21】2×19 年 12 月，某事业单位根据体制安排和本年事业收入的数额，经过计算，本年应上缴上级单位的款项为 100 000 元。该事业单位通过银行转账上缴了款项。账务处理如下。

财务会计：

借：上缴上级费用——上缴 ×× 单位　　100 000

　　贷：银行存款　　100 000

预算会计：

借：上缴上级支出——上缴 ×× 单位　　100 000

　　贷：资金结存——货币资金　　100 000

【例 6-22】沿用【例 6-21】。假如该事业单位在 2×19 年没有发生其他的上缴上级支出，则期末和年末结转的账务处理如下。

财务会计：

借：本期盈余　　100 000

贷：上缴上级费用　　　　　　　　　　　　　　　　　100 000

预算会计：

借：其他结余　　　　　　　　　　　　　　　100 000

贷：上缴上级支出　　　　　　　　　　　　　　　　　100 000

6.5 对附属单位补助费用与对附属单位补助支出

事业单位应当设置“对附属单位补助费用”科目，以核算事业单位用财政拨款收入之外的收入对附属单位补助发生的费用。本科目属于事业单位专有科目，应当按照接受补助单位、补助项目等进行明细核算。本科目期末结转后应无余额。

事业单位应当设置“对附属单位补助支出”科目，以核算事业单位用财政拨款预算收入之外的收入对附属单位补助发生的现金流出。该科目属于事业单位专有科目，应当按照接受补助单位、补助项目、《政府收支分类科目》中的“支出功能分类科目”的项级科目和“部门预算支出经济分类科目”的款级科目等进行明细核算。该科目年末结转后应无余额。

1. 账务处理

（1）发生对附属单位补助的支出。

在财务会计中，按照实际补助的金额或者按照规定计算确定的应当对附属单位补助的金额，借记“对附属单位补助费用”科目，贷记“银行存款”“其他应付款”等科目。记入“其他应付款”科目的款项，在实际支付时，借记“其他应付款”科目，贷记“银行存款”等科目。

同时，在预算会计中，实际支付补助费用时，借记“对附属单位补助支出”科目，贷记“资金结存——货币资金”科目。

（2）期末 / 年末结转。

期末，将“对附属单位补助费用”科目的本期发生额转入本期盈余，借记“本期盈余”科目，贷记“对附属单位补助费用”科目。

年末，将“对附属单位补助支出”科目的年末发生额转入其他结余，借记“其他结余”科目，贷记“对附属单位补助支出”科目。

对附属单位补助费用与对附属单位补助支出的账务处理如表 6-21 所示。

表 6-21　　对附属单位补助费用与对附属单位补助支出的账务处理

序号	业务	财务会计处理	预算会计处理
（1）	按照实际补助的金额或者按照规定计算出的应当补助的金额	借：对附属单位补助费用 　贷：银行存款 / 其他应付款等	借：对附属单位补助支出［实际补助的金额］ 　贷：资金结存——货币资金
（2）	实际支出应补助的金额	借：其他应付款 　贷：银行存款等	
（3）	期末 / 年末结转	借：本期盈余 　贷：对附属单位补助费用	借：其他结余 　贷：对附属单位补助支出

2. 案例解析

【例 6-23】2×19 年 12 月，某事业单位以自有经费，对所属独立核算的杂志社补助 10 000 元，以银行存款支付。该事业单位的账务处理如下。

财务会计：

借：对附属单位补助费用——杂志社　　10 000

　　贷：银行存款　　10 000

预算会计：

借：对附属单位补助支出——杂志社　　10 000

　　贷：资金结存——货币资金　　10 000

【例 6-24】沿用【例 6-23】。假如该事业单位在 2×19 年没有发生其他的对附属单位的补助支出，则期末和年末结转的账务处理如下。

财务会计：

借：本期盈余　　10 000

　　贷：对附属单位补助费用　　10 000

预算会计：

借：其他结余　　10 000

　　贷：对附属单位补助支出　　10 000

6.6　所得税费用

事业单位应当设置“所得税费用”科目，以核算事业单位按规定缴纳企业所得税所形成的费用。本科目年末结转后应无余额。

1. 业务概述

事业单位取得的生产、经营所得以及其他应税所得，应缴纳企业所得税。应纳税的事业单位以实行独立经济核算的单位为纳税人。

2. 账务处理

（1）发生企业所得税纳税义务。

在财务会计中，发生企业所得税纳税义务的，按照依据税法规定计算确定的应交税金数额，借记“所得税费用”科目，贷记“其他应交税费——单位应交所得税”科目；实际缴纳时，按照缴纳的金额，借记“其他应交税费——单位应交所得税”科目，贷记“银行存款”等科目。

同时，在预算会计中，按照实际缴纳的金额，借记“非财政拨款结余——累计结余”科目，贷记“资金结存——货币资金”科目。

（2）年末结转。

年末，将“所得税费用”科目的本年发生额转入本期盈余，借记“本期盈余”科目，贷记“所得税费用”科目。

所得税费用的账务处理如表 6-22 所示。

表 6-22　所得税费用的账务处理

序号	业务		财务会计处理	预算会计处理
（1）	发生企业所得税纳税义务	按照税法规定计算应交税金数额	借：所得税费用 　贷：其他应交税费——单位应交所得税	—
		实际缴纳时	借：其他应交税费——单位应交所得税 　贷：银行存款等	借：非财政拨款结余——累计结余 　贷：资金结存——货币资金
（2）	年末结转		借：本期盈余 　贷：所得税费用	—

3. 案例解析

【例 6-25】2×19 年，某事业单位应交所得税为 2 500 元，已用银行存款支付。账务处理如下。

（1）计算并支付所得税费用。

财务会计：

借：所得税费用　　2 500

　贷：其他应交税费——单位应交所得税　　2 500

借：其他应交税费——单位应交所得税　　2 500
　　贷：银行存款　　2 500

预算会计：

借：非财政拨款结余——累计结余　　2 500
　　贷：资金结存——货币资金　　2 500

（2）年末结转。

借：本期盈余　　2 500
　　贷：所得税费用　　2 500

6.7　资产处置费用

按照规定，资产处置的形式包括无偿调拨、出售、出让、转让、置换、对外捐赠、报废、损毁以及货币性资产损失核销等。单位应当设置“资产处置费用”科目，以核算单位经批准处置资产时发生的费用，包括转销的被处置资产价值，以及在处置过程中发生的相关费用或者处置收入小于相关费用形成的净支出。本科目应当按照处置资产的类别、资产处置的形式等进行明细核算。本科目期末结转后应无余额。

存货、固定资产、无形资产、公共基础设施、文化文物资产、保障性住房、政府储备物资等资产的处置应通过本科目核算，但应收款项、短期投资、长期股权投资、长期债券投资的处置不通过本科目核算，应按照相关资产科目进行账务处理。

6.7.1　处置不通过“待处理财产损溢”科目核算的资产

1. 业务概述

通过无偿调拨、出售、出让、转让、置换、对外捐赠等方式处置的固定资产、无形资产、公共基础设施、保障性住房等资产，不通过“待处理财产损溢”科目核算，而是直接通过“资产处置费用”科目核算。

2. 账务处理

（1）转销被处置的资产的账面价值。

按照被处置的资产的账面价值，借记“资产处置费用”科目［处置固定资产、无形资产、公共基础设施、保障性住房的，还应借记“固定资产累计折旧”“无形资产累计摊销”“公共基础设施累计折旧（摊销）”“保障性住房累计折旧”科目]；按照被处置的资产的账面余额，贷记“库存物品”“固定资产”“无形资产”“公共基础设施”“政府储备物资”“文物文化资产”“保障性住房”“其他应收款”“在建工程”等科目。由于没有实际现金流入或流出，所以不做预算会计账务处理。

（2）处置资产过程中仅发生相关费用。

处置资产过程中仅发生相关费用的，在财务会计中，按照实际发生的金额，借记“资产处置费用”科目，贷记“银行存款”“库存现金”等科目。

同时，在预算会计中，按照实际发生的金额，借记“其他支出”科目，贷记“资金结存”科目。

（3）处置资产过程中取得收入。

处置资产过程中取得收入的，按照取得的价款，借记“库存现金”“银行存款”等科目；按照支付的费用，贷记“银行存款”“库存现金”等科目；如果差额在贷方，则借记“资产处置费用”科目；如果差额借方，则贷记“应缴财政款”科目。

处置不通过“待处理财产损溢”科目核算的资产时的账务处理如表6-23所示。

表6-23　处置不通过“待处理财产损溢”科目核算的资产时的账务处理

业务		财务会计处理	预算会计处理
处置不通过“待处理财产损溢”科目核算的资产	转销被处置资产账面价值	借：资产处置费用 固定资产累计折旧/无形资产累计摊销/公共基础设施累计折旧（摊销）/保障性住房累计折旧 贷：库存物品/固定资产/无形资产/公共基础设施/政府储备物资/文物文化资产/保障性住房/在建工程/其他应收款等[账面余额]	—
	处置资产过程中仅发生相关费用的	借：资产处置费用 贷：银行存款/库存现金等	借：其他支出 贷：资金结存
	处置资产过程中取得收入的	借：库存现金/银行存款等[取得的价款] 资产处置费用[贷差] 贷：银行存款/库存现金等[支付的相关费用] 应缴财政款[借差]	—

3. 案例解析

【例 6–26】 某事业单位经批准无偿调出一项专利权。该项专利权原价 500 000 元，已计提摊销 300 000 元，调出过程中发生相关费用 10 000 元，已通过银行存款支付。账务处理如下。

财务会计：

借：资产处置费用	200 000	
无形资产累计摊销	300 000	
贷：无形资产		500 000
借：资产处置费用	10 000	
贷：银行存款		10 000

预算会计：

借：其他支出	10 000	
贷：资金结存——货币资金		10 000

6.7.2 处置通过“待处理财产损溢”科目核算的资产

1. 业务概述

单位在资产清查中查明的资产盘亏、毁损以及资产报废等，应当先通过“待处理财产损溢”科目进行核算，再将处理资产价值和处理净支出记入“资产处置费用”科目。

2. 账务处理

单位在账款核对中发现的现金短缺，属于无法查明原因的，报经批准核销时，借记“资产处置费用”科目，贷记“待处理财产损溢”科目。此时无须做预算会计账务处理。

单位资产清查过程中盘亏或者毁损、报废的存货、固定资产、无形资产、公共基础设施、政府储备物资、文物文化资产、保障性住房等，报经批准处理时，按照处理资产的价值，借记“资产处置费用”科目，贷记“待处理财产损溢——待处理财产价值”科目。

处理收支结清时，处理过程中所取得的收入小于所发生的相关费用的，在财务会计中，按照相关费用减去处理收入后的净支出，借记“资产处置费用”科目，贷记“待处理财产损溢——处理净收入” 科目。同时，在预算会计中，按照净支出金额，借记“其他支出”科目，贷记“资金结存”科目。

处置通过“待处理财产损溢”科目核算的资产时的账务处理如表6-24所示。

表6-24　处置通过“待处理财产损溢”科目核算的资产时的账务处理

<table>
<tr><th colspan="3">业务</th><th>财务会计处理</th><th>预算会计处理</th></tr>
<tr><td rowspan="3">通过“待处理财产损溢”科目核算的资产处置</td><td colspan="2">账款核对中发现的现金短缺，无法查明原因的，报经批准核销时</td><td>借：资产处置费用
贷：待处理财产损溢</td><td>—</td></tr>
<tr><td rowspan="2">盘亏、毁损、报废的资产</td><td>经批准处理时</td><td>借：资产处置费用
贷：待处理财产损溢——待处理财产价值</td><td>—</td></tr>
<tr><td>处理过程中所发生的费用大于所取得的收入的</td><td>借：资产处置费用
贷：待处理财产损溢——处理净收入</td><td>借：其他支出[净支出]
贷：资金结存</td></tr>
</table>

3. 案例解析

【例6-27】某事业单位在资产清查过程中发现用于开展业务活动的设备A已老化，无法继续正常使用，应报废。该设备原价300 000元，已计提折旧280 000元。经批准后，设备A已做报废处理。账务处理如下。

借：待处理财产损溢——待处理财产价值　20 000

　固定资产累计折旧　280 000

　贷：固定资产　300 000

借：资产处置费用　20 000

　贷：待处理财产损溢——待处理财产价值　20 000

6.7.3　期末结转

1. 业务概述

“资产处置费用”科目期末结转后应无余额。

2. 账务处理

期末，“资产处置费用”科目的本期发生额转入本期盈余，借记“本期盈余”科目，贷记“资产处置费用”科目，如表6-25所示。

表 6-25　　　　　　　　期末结转资产处置费用时的账务处理

业务	财务会计处理	预算会计处理
期末结转	借：本期盈余 　贷：资产处置费用	—

3. 案例解析

【例 6-28】2×19 年 10 月 30 日，某事业单位的“业务活动费用”科目的借方余额为 3 000 元，“单位管理费用”科目的借方余额为 1 000 元，“经营费用”科目的借方余额为 1 000 元，“资产处置费用”科目的借方余额为 2 000 元，“所得税费用”科目的借方余额为 3 000 元，“其他费用”科目的借方余额为 5 000 元。

期末结转的账务处理如下。

借：本期盈余　　15 000

　贷：业务活动费用　　3 000

　　单位管理费用　　1 000

　　经营费用　　1 000

　　资产处置费用　　2 000

　　所得税费用　　3 000

　　其他费用　　5 000

6.8 投资支出

“投资支出”科目用于核算事业单位以货币资金对外投资发生的现金流出，属于事业单位专有科目。本科目应当按照投资类型、投资对象、《政府收支分类科目》中的“支出功能分类科目”的项级科目和“部门预算支出经济分类科目”的款级科目等进行明细核算。本科目年末结转后应无余额。

6.8.1 以货币资金对外投资

1. 业务概述

事业单位以货币资金进行的对外投资主要有短期投资、长期股权投资以及长期债券投资。

2. 账务处理

以货币资金取得对外投资时，在财务会计中，按照确定的投资成本，借记"短期投资""长期股权投资""长期债券投资"等科目，贷记"银行存款"科目。

同时，在预算会计中，按照确定的投资成本，借记"投资支出"科目，贷记"资金结存——货币资金"科目。

以货币资金对外投资时的账务处理如表6-26所示。

表6-26　以货币资金对外投资时的账务处理

业务	财务会计处理	预算会计处理
以货币资金对外投资时	借：短期投资/长期股权投资/长期债券投资 　贷：银行存款	借：投资支出 　贷：资金结存——货币资金

3. 案例解析

【例6-29】2×19年3月1日，某事业单位以银行存款购买50 000元的有价债券，准备9个月之内出售。账务处理如下。

财务会计：

借：短期投资　50 000

　贷：银行存款　50 000

预算会计：

借：投资支出　50 000

　贷：资金结存——货币资金　50 000

6.8.2 出售、对外转让或到期收回本年度以货币资金取得的对外投资

1. 业务概述

出售、对外转让或到期收回本年度以货币资金取得的对外投资时，如果投资收益纳入单位预算，则确认投资预算收益；如果投资收益上缴财政，则不确认投资预算收益。

2. 账务处理

出售、对外转让或到期收回本年度以货币资金取得的对外投资的，如果按规定将投资收益纳入单位预算，按照实际收到的金额，借记"资金结存"科目，按照取得投资时"投资支出"科目的发生额，贷记"投资支出"科目，按照其

差额贷记或借记“投资预算收益”科目；如果按规定将投资收益上缴财政，按照取得投资时“投资支出”科目的发生额，借记“资金结存”科目，贷记“投资支出”科目。

出售、对外转让或到期收回以前年度以货币资金取得的对外投资的，如果按规定将投资收益纳入单位预算，按照实际收到的金额，借记“资金结存”科目，按照取得投资时“投资支出”科目的发生额，贷记“其他结余”科目，按照其差额，贷记或借记“投资预算收益”科目；如果按规定将投资收益上缴财政，按照取得投资时“投资支出”科目的发生额，借记“资金结存”科目，贷记“其他结余”科目。

出售、对外转让以货币资金取得的对外投资时的账务处理如表 6-27 所示。

表 6-27　出售、对外转让或到期收回本年度以货币资金取得的对外投资时的账务处理

业务		财务会计处理	预算会计处理
出售、对外转让或到期收回本年度以货币资金取得的对外投资	实际取得价款大于投资成本的	借：银行存款等[实际取得或收回的金额] 贷：短期投资 / 长期债券投资等 [账面余额] 应收利息 [账面余额] 投资收益	借：资金结存——货币资金 贷：投资支出 [投资成本] 投资预算收益
	实际取得价款小于投资成本的	借：银行存款等[实际取得或收回的金额] 投资收益 贷：短期投资 / 长期债券投资 [账面余额] 应收利息 [账面余额]	借：资金结存——货币资金 投资预算收益 贷：投资支出 [投资成本]

3. 案例解析

【例 6-30】沿用【例 6-29】。12 月 1 日，该事业单位出售该债券，收到 50 500 元，并收到持有期间的其他利息 1 500 元。账务处理如下。

财务会计：

借：银行存款　　52 000

　　贷：短期投资　　50 000

　　　　投资收益　　2 000

预算会计：

借：资金结存——货币资金　　52 000

　　贷：投资支出　　50 000

　　　　投资预算收益　　2 000

6.8.3 年末结转

1. 业务概述

年末，将“投资支出”科目的本年发生额转入其他结余，本科目年末应无余额。

2. 账务处理

预算会计中，按照“投资支出”科目的本年发生额，借记“其他结余”科目，贷记“投资支出”科目，无财务会计处理，如表6-28所示。

表6-28　　年末结转投资支出时的账务处理

业务	财务会计处理	预算会计处理
年末结转	—	借：其他结余 　贷：投资支出

3. 案例解析

【例6-31】2×19年，某事业单位的“投资支出”科目的发生额为20 000元，则年末结转的账务处理如下。

借：其他结余　　20 000

　贷：投资支出　　20 000

6.9 其他费用与其他支出

单位应当设置“其他费用”科目，以核算单位发生的除业务活动费用、单位管理费用、经营费用、资产处置费用、上缴上级费用、附属单位补助费用、所得税费用以外的各项费用，包括利息费用、坏账损失、罚没支出、现金资产捐赠支出以及相关税费、运输费等。本科目应当按照其他费用的类别等进行明细核算。本科目期末结转后应无余额。

单位应当设置“其他支出”科目，以核算单位除事业支出、经营支出、上缴上级支出、对附属单位补助支出、投资支出、债务还本支出以外的各项现金流出，包括利息支出、对外捐赠现金支出、现金盘亏损失、接受捐赠（调入）和对外捐赠（调出）非现金资产发生的税费支出、资产置换过程中发生的相关税费支出、罚没支出等。该科目应当按照其他支出的类别，“财政拨款支出”“非财政专项资金支出”“其他资金支出”，《政府收支分类科目》中的

"支出功能分类科目"的项级科目和"部门预算支出经济分类科目"的款级科目等进行明细核算。该科目年末结转后应无余额。

6.9.1　利息费用

1. 业务概述

为建造固定资产、公共基础设施等借入的专门借款在建设期间发生的利息应计入在建工程，其他借款的利息费用应计入其他费用。单位发生的利息费用较多的，可以单独设置"利息费用""利息支出"科目。

2. 账务处理

（1）计算确定利息费用。

为建造固定资产、公共基础设施等借入的专门借款的利息，属于建设期间发生的，按期计提利息费用时，按照计算确定的金额，借记"在建工程"科目，贷记"应付利息"科目；不属于建设期间发生的，按期计提利息费用时，按照计算确定的金额，借记"其他费用"科目，贷记"应付利息"科目。对于其他借款，按期计提利息费用时，按照计算确定的金额，借记"其他费用"科目，贷记"应付利息"科目。

（2）实际支付利息。

实际支付利息费用时，借记"应付利息"等科目，贷记"银行存款"等科目。同时，在预算会计中，借记"其他支出"科目，贷记"资金结存——货币资金"科目。

利息费用的账务处理如表 6-29 所示。

表 6-29　利息费用的账务处理

业务		财务会计处理	预算会计处理
利息费用	计算确定借款利息费用时	借：其他费用 / 在建工程 贷：应付利息/长期借款——应计利息	—
	实际支付利息时	借：应付利息等 贷：银行存款等	借：其他支出 贷：资金结存——货币资金

3. 案例解析

【例 6-32】某事业单位借入 5 年期到期还本、每年付息的长期借款 5 000 000 元，合同约定利率为 3.5%。账务处理如下。

（1）计算确定利息费用。

单位每年支付的利息 =5 000 000×3.5%=175 000（元）。

借：其他费用——利息费用　　175 000

　　贷：应付利息　　175 000

（2）实际支付利息。

财务会计：

借：应付利息　　175 000

　　贷：银行存款　　175 000

预算会计：

借：其他支出——利息支出　　175 000

　　贷：资金结存——货币资金　　175 000

6.9.2 以现金资产对外捐赠

1. 业务概述

单位发生的捐赠支出较大或业务较多的，可单独设置“捐赠支出”科目。

2. 账务处理

按照实际捐赠的金额，在财务会计中，借记“其他费用”科目，贷记“银行存款”“库存现金”等科目；同时，在预算会计中，借记“其他支出”科目，贷记“资金结存——货币资金”科目。事业单位对外捐赠现金资产时的账务处理如表 6-30 所示。

表 6-30　　事业单位对外捐赠现金资产时的账务处理

业务		财务会计处理	预算会计处理
现金资产对外捐赠	按照实际捐赠的金额	借：其他费用 　贷：银行存款 / 库存现金等	借：其他支出 　贷：资金结存——货币资金

3. 案例解析

【例 6-33】某事业单位为促进社会公益事业的发展，向某慈善机构捐赠现款 100 000 元。账务处理如下。

财务会计：

借：其他费用——捐赠费用　　100 000

　　贷：银行存款　　100 000

预算会计：

借：其他支出——其他资金支出　　100 000

　　贷：资金结存——货币资金　　100 000

6.9.3 坏账损失

1．业务概述

事业单位应当于每年年末，对收回后不需上缴财政的应收账款和其他应收款进行全面检查，如发生不能收回的迹象，应当计提坏账准备。

2．账务处理

按照期末应收账款和其他应收款计算应计提的坏账准备金额大于“坏账准备”科目期末贷方余额时，当期计提坏账准备，借记“其他费用”科目，贷记“坏账准备”科目。按照期末应收账款和其他应收款计算应计提的坏账准备金额小于“坏账准备”科目期末贷方余额时，当期冲减坏账准备时，借记“坏账准备”科目，贷记“其他费用”科目。坏账损失的账务处理如表 6-31 所示。

表 6-31　　坏账损失的账务处理

业务		财务会计处理	预算会计处理
坏账损失	按照规定对应收账款和其他应收款计提坏账准备	借：其他费用 　贷：坏账准备	—
	冲减多提的坏账准备时	借：坏账准备 　贷：其他费用	—

3．案例解析

【例 6-34】2×19 年，某事业单位根据应收款项余额百分比法计算出本年应计提的坏账准备金额为 25 000 元，“坏账准备”科目期末贷方余额为 20 000 元。计提坏账准备的账务处理如下。

当期应补提的坏账准备 =25 000−20 000=5 000（元）。

借：其他费用——坏账损失　　5 000

　　贷：坏账准备　　5 000

【例 6-35】2×19 年，某事业单位根据应收款项余额百分比法计算出本年应计提的坏账准备金额为 25 000 元。“坏账准备”科目期末贷方余额为 30 000 元。冲减坏账准备的账务处理如下。

当期应冲减的坏账准备 =30 000-25 000=5 000（元）。

借：坏账准备　　5 000

　　贷：其他费用——坏账损失　　5 000

6.9.4 罚没支出

1. 业务概述

罚没支出是指单位因违规违法而接受的行政罚款，如税收滞纳金等，罚没支出应计入其他费用。

2. 账务处理

在财务会计中，按照实际发生的金额，借记“其他费用”科目，贷记“银行存款”“库存现金”“其他应付款”等科目。

同时，在预算会计中，实际缴纳罚没金时，借记“其他支出”科目，贷记“资金结存——货币资金”科目。

罚没支出的账务处理如表 6-32 所示。

表 6-32　罚没支出的账务处理

业务		财务会计处理	预算会计处理
罚没支出	按照实际发生的金额	借：其他费用 贷：银行存款 / 库存现金 / 其他应付款	借：其他支出 贷：资金结存——货币资金

3. 案例解析

【例 6-36】某事业单位因未按规定按时缴纳税金而发生 2 000 元的税收滞纳金，已用银行存款支付。账务处理如下。

财务会计：

借：其他费用——罚没支出　　2 000

　　贷：银行存款　　2 000

预算会计：

借：其他支出——其他资金支出　　2 000

　　贷：资金结存——货币资金　　2 000

6.9.5　其他相关税费、运输费等

1. 业务概述

其他相关税费、运输费包括接受捐赠（或无偿调入）以名义金额计量的存货、固定资产、无形资产，成本无法可靠取得的公共基础设施、文物文化资产等发生的相关税费、运输费等，以及与受托代理资产相关的税费、运输费、保管费等。

2. 账务处理

在财务会计中，按照实际发生的金额，借记“其他费用”科目，贷记“银行存款”“库存现金”“其他应付款”“零余额账户用款额度”等科目。

同时，在预算会计中，按照实际支付的金额，借记“其他支出”科目，贷记“资金结存”科目。

其他相关税费、运输费的账务处理如表 6-33 所示。

表 6-33　　其他相关税费、运输费的账务处理

业务	财务会计处理	预算会计处理
其他相关税费、运输费等	借：其他费用 　贷：零余额账户用款额度 / 银行存款 / 库存现金 / 其他应付款等	借：其他支出 　贷：资金结存

3. 案例解析

【例 6-37】某事业单位接受了其他组织捐赠的一项固定资产，发生相关税费以及运输费共计 5 000 元，已用银行存款支付。账务处理如下。

财务会计：

借：其他费用　　5 000

　贷：银行存款　　5 000

预算会计：

借：其他支出——其他资金支出　　5 000

　贷：资金结存——货币资金　　5 000

6.9.6　期末 / 年末结转

1. 业务概述

“其他费用”科目在期末结转至本期盈余；“其他支出”科目在年末根据支出方式分别结转至“其他结余”“非财政拨款结转——本年收支结转”“财

政拨款结转——本年收支结转”等科目。

2. 账务处理

期末，结转“其他费用”科目时，借记“本期盈余”科目，贷记“其他费用”科目。

年末，将“其他支出”科目的本年发生额中的财政拨款支出转入财政拨款结转，借记“财政拨款结转——本年收支结转”科目，贷记“其他支出”科目下各财政拨款支出明细科目；将“其他支出”科目的本年发生额中的非财政专项资金支出转入非财政拨款结转，借记“非财政拨款结转——本年收支结转”科目，贷记“其他支出”科目下各非财政专项资金支出明细科目；将“其他支出”科目本年发生额中的其他资金支出（非财政、非专项资金支出）转入其他结余，借记“其他结余”科目，贷记“其他支出”科目下各其他资金支出明细科目。

期末/年末结转其他费用与其他支出的账务处理如表6-34所示。

表6-34　　期末/年末结转其他费用与其他支出时的账务处理

业务	财务会计处理	预算会计处理
期末/年末结转	借：本期盈余 　贷：其他费用	借：其他结余[非财政、非专项资金支出] 　非财政拨款结转——本年收支结转[非财政专项资金支出] 　财政拨款结转——本年收支结转[财政拨款支出] 　贷：其他支出

3. 案例解析

【例6-38】2×19年12月，某事业单位发生其他费用共计15 000元，期末结转时的账务处理如下。

借：本期盈余　　15 000
　贷：其他费用　　15 000

【例6-39】2×19年，某事业单位发生其他支出共计50 000元，其中财政拨款支出20 000元、非财政拨款支出20 000元、其他资金支出10 000元，年末结转时的账务处理如下。

借：财政拨款结转——本年收支结转　　20 000
　非财政拨款结转——本年收支结转　　20 000
　其他结余　　10 000
　贷：其他支出　　50 000

第 7 章
预算结余

7.1　预算结余概述

根据《基本准则》第二十三条规定，预算结余是指政府会计主体预算年度内预算收入扣除预算支出后的资金余额，以及历年滚存的资金余额。

根据《基本准则》第二十四条规定，预算结余包括结余资金和结转资金。

结余资金是指年度预算执行终了，预算收入实际完成数扣除预算支出和结转资金后剩余的资金。

结转资金是指预算安排项目的支出年终尚未执行完毕或者因故未执行，且下年需要按原用途继续使用的资金。

7.2　资金结存

7.2.1　核算内容

单位应设置“资金结存”科目，用于核算单位纳入部门预算管理的资金的流入、流出、调整和滚存等情况。

7.2.2　明细科目

本科目应当设置以下明细科目。

（1）“零余额账户用款额度”：本明细科目用于核算实行国库集中支付的单位根据财政部门批复的用款计划收到和支用的零余额账户用款额度。年末结账后，本明细科目应无余额。

（2）“货币资金”：本明细科目用于核算单位以库存现金、银行存款、其他货币资金形态存在的资金。本明细科目年末借方余额，反映单位尚未使用的货币资金。

（3）“财政应返还额度”：本明细科目核算实行国库集中支付的单位可以使用的以前年度财政直接支付资金额度和财政应返还的财政授权支付资金额度。本明细科目下可设置“财政直接支付”“财政授权支付”两个明细科目进行明细核算。本明细科目年末借方余额，反映单位应收财政返还的资金额度。

7.2.3 主要账务处理

7.2.3.1 取得预算收入和从零余额账户提取现金

1. 业务概述

事业单位每年根据有关财政部门的相关规定获得的财政划转资金，即单位获得的预算收入。事业单位应该在实际取得预算收入时，根据实际情况确认相关的预算收入。

2. 账务处理

（1）财政授权支付方式下，单位根据代理银行转来的财政授权支付额度到账通知书，按照该通知书中的授权支付额度，借记本科目（零余额账户用款额度），贷记“财政拨款预算收入”科目。

以国库集中支付以外的其他支付方式取得预算收入时，按照实际收到的金额，借记本科目（货币资金），贷记“财政拨款预算收入”“事业预算收入”“经营预算收入”等科目。

（2）从零余额账户提取现金时，借记本科目（货币资金），贷记本科目（零余额账户用款额度）。退回现金时，做相反的会计分录。

取得预算收入和从零余额账户提取现金时的账务处理如表 7-1 所示。

表 7–1　　取得预算收入和从零余额账户提取现金时的账务处理

<table>
<tr><th>序号</th><th colspan="2">业务</th><th>财务会计处理</th><th>预算会计处理</th></tr>
<tr><td rowspan="2">（1）</td><td rowspan="2">取得预算收入</td><td>财政授权支付方式下</td><td>借：零余额账户用款额度
贷：财政拨款收入</td><td>借：资金结存——零余额账户用款额度
贷：财政拨款预算收入</td></tr>
<tr><td>国库集中支付以外的其他支付方式下</td><td>借：银行存款
贷：财政拨款收入 / 事业收入 / 经营收入等</td><td>借：资金结存——货币资金
贷：财政拨款预算收入 / 事业预算收入 / 经营预算收入等</td></tr>
<tr><td>（2）</td><td colspan="2">从零余额账户提取现金</td><td>借：库存现金
贷：零余额账户用款额度</td><td>借：资金结存——货币资金
贷：资金结存——零余额账户用款额度</td></tr>
</table>

7.2.3.2　发生预算支出

1. 业务概述

单位每年根据财政部门的相关规定会将财政划转资金用于本单位的发展及经营，由此发生的相应支出，即单位的预算支出。事业单位应该在实际发生预算支出时，根据实际情况确认相关的预算支出。

2. 账务处理

财政授权支付方式下，发生相关支出时，按照实际支付的金额，借记“事业支出”等科目，贷记本科目（零余额账户用款额度）。

使用以前年度财政直接支付额度发生支出时，按照实际支付的金额，借记“事业支出”等科目，贷记本科目（财政应返还额度）。

国库集中支付以外的其他支付方式下，发生相关支出时，按照实际支付的金额，借记“事业支出”“经营支出”等科目，贷记本科目（货币资金）。

发生预算支出时的账务处理如表 7-2 所示。

表 7-2　　发生预算支出时的账务处理

业务		财务会计处理	预算会计处理
发生预算支出时	财政授权支付方式下	借：业务活动费用 / 单位管理费用 / 库存物品 / 固定资产等 贷：零余额账户用款额度	借：事业支出等 贷：资金结存——零余额账户用款额度
	使用以前年度财政直接支付额度	借：业务活动费用 / 单位管理费用 / 库存物品 / 固定资产等 贷：财政应返还额度	借：事业支出等 贷：资金结存——财政应返还额度
	国库集中支付以外的其他方式下	借：业务活动费用 / 单位管理费用 / 库存物品 / 固定资产等 贷：银行存款 / 库存现金等	借：事业支出 / 经营支出等 贷：资金结存——货币资金

3. 案例解析

【例 7-1】某事业单位使用本年度财政支付额度支付管理费用 300 000 元。账务处理如下。

财务会计：

借：单位管理费用　　300 000

　　贷：零余额账户用款额度　　300 000

预算会计：

借：事业支出　　300 000

　　贷：资金结存——零余额账户用款额度　　300 000

7.2.3.3　预算结转、结余调整

1. 业务概述及账务处理

按照规定上缴财政拨款结转、结余资金或注销财政拨款结转、结余资金额度的，按照实际上缴的资金数额或注销的资金额度，借记“财政拨款结转——归集上缴”或“财政拨款结余——归集上缴”科目，贷记本科目（财政应返还额度、零余额账户用款额度、货币资金）。

按规定向原资金拨入单位缴回非财政拨款结转资金的，按照实际缴回资金的数额，借记“非财政拨款结转——缴回资金”科目，贷记本科目（货币资金）。

收到从其他单位调入的财政拨款结转资金的，按照实际调入的资金数额，借记本科目（财政应返还额度、零余额账户用款额度、货币资金），贷记“财政拨款结转——归集调入”科目。

事业单位进行预算结转、结余调整时的账务处理如表 7-3 所示。

表 7-3　　事业单位进行预算结转、结余调整时的账务处理

业务		财务会计处理	预算会计处理
预算结转、结余调整	按照规定上缴财政拨款结转、结余资金或注销财政拨款结转、结余资金额度的	借：累计盈余 　贷：财政应返还额度 / 零余额账户用款额度 / 银行存款	借：财政拨款结转——归集上缴 / 财政拨款结余——归集上缴 　贷：资金结存——财政应返还额度 / 零余额账户用款额度 / 货币资金
	按照规定缴回非财政拨款结转资金的	借：累计盈余 　贷：银行存款	借：非财政拨款结转——缴回资金 　贷：资金结存——货币资金
	收到调入的财政拨款结转资金的	借：财政应返还额度 / 零余额账户用款额度 / 银行存款 　贷：累计盈余	借：资金结存——财政应返还额度 / 零余额账户用款额度 / 货币资金 　贷：财政拨款结转——归集调入

2．案例解析

【**例 7-2**】某事业单位本年度按照规定上缴财政拨款结余资金 200 000 元。账务处理如下。

财务会计：

借：累计盈余　　200 000

　　贷：零余额账户用款额度　　200 000

预算会计：

借：财政拨款结余——归集上缴　　200 000

　　贷：资金结存——零余额账户用款额度　　200 000

7.2.3.4　使用专用基金

1．业务概述及账务处理

按照规定使用专用基金时，按照实际支付的金额，借记“专用结余”科目 [从非财政拨款结余或经营结余中提取的专用基金] 或“事业支出”等科目 [从预算收入中计提并计入费用的专用基金]，贷记本科目（货币资金）。

使用专用基金的主要账务处理如表 7-4 所示。

表 7–4 使用专用基金的账务处理

序号	业务	财务会计处理	预算会计处理
（1）	一般情况下	借：专用基金 贷：银行存款等	使用从非财政拨款结余或经营结余中计提的专用基金 借：专用结余 贷：资金结存——货币资金 使用从预算收入中计提并计入费用的专用基金 借：事业支出等 贷：资金结存——货币资金
（2）	购买固定资产、无形资产等	借：固定资产 / 无形资产等 贷：银行存款等 借：专用基金 贷：累计盈余	

2. 案例解析

【例 7–3】某事业单位使用从非财政拨款结余中提取的专用基金购置了价值为 1 000 000 元的固定资产。账务处理如下。

财务会计：

借：固定资产 1 000 000

贷：银行存款 1 000 000

借：专用基金 1 000 000

贷：累计盈余 1 000 000

预算会计：

借：专用结余 1 000 000

贷：资金结存——货币资金 1 000 000

7.2.3.5 会计差错更正、购货退回

1. 业务概述

事业单位因发生会计差错更正或者购货退回等退回国库直接支付、授权支付款项，或者收回货币资金的，需要进行相应的会计处理。

2. 账务处理

因购货退回、发生差错更正等退回国库直接支付、授权支付款项，或者收回货币资金的，属于本年度支付的，借记“财政拨款预算收入”科目或本科目（零余额账户用款额度、货币资金），贷记相关支出科目；属于以前年度支付的，借记本科目（财政应返还额度、零余额账户用款额度、货币资金），贷记“财政拨款结转”“财政拨款结余”“非财政拨款结转”“非财政拨款结余”科目。

会计差错更正、购货退回的账务处理如表 7-5 所示。

表 7-5　会计差错更正、购货退回时的账务处理

业务		财务会计处理	预算会计处理
因购货退回、发生差错更正等退回国库直接支付、授权支付款项，或者收回货币资金的	属于本年度的	借：财政拨款收入 / 零余额账户用款额度 / 银行存款等 贷：业务活动费用 / 库存物品等	借：财政拨款预算收入 / 资金结存——零余额账户用款额度、货币资金 贷：事业支出等
	属于以前年度的	借：财政应返还额度 / 零余额账户用款额度 / 银行存款等 贷：以前年度盈余调整	借：资金结存——财政应返还额度 / 零余额账户用款额度 / 货币资金 贷：财政拨款结转 / 财政拨款结余 / 非财政拨款结转 / 非财政拨款结余（年初余额调整）

3. 案例解析

【例 7-4】 某事业单位本年度因购货退回而收回货币资金 2 000 000 元。账务处理如下。

财务会计：

借：银行存款　　2 000 000

　　贷：库存物品　　2 000 000

预算会计：

借：资金结存——货币资金　　2 000 000

　　贷：事业支出　　2 000 000

7.2.3.6　缴纳企业所得税

1. 业务概述及账务处理

有企业所得税缴纳义务的事业单位缴纳企业所得税时，按照实际缴纳金额，借记“非财政拨款结余——累计结余”科目，贷记本科目（货币资金）。

缴纳企业所得税时的账务处理如表 7-6 所示。

表 7-6　缴纳企业所得税时的账务处理

业务	财务会计处理	预算会计处理
有企业所得税缴纳义务的事业单位实际缴纳企业所得税时	借：其他应交税费——单位应交所得税 贷：银行存款等	借：非财政拨款结余——累计结余 贷：资金结存——货币资金

2．案例解析

【例 7–5】某事业单位本年应缴纳的企业所得税为 600 000 元。账务处理如下。

财务会计：

借：其他应交税费——单位应交所得税　　600 000

　　贷：银行存款　　600 000

预算会计：

借：非财政拨款结余——累计结余　　600 000

　　贷：资金结存——货币资金　　600 000

7.2.3.7　年末确认未下达财政用款额度

1．业务概述及账务处理

年末，根据本年度财政直接（授权）支付预算指标数与当年财政直接（授权）支付实际支出数的差额，借记本科目（财政应返还额度），贷记“财政拨款预算收入”科目。

年末确认未下达财政用款额度时的账务处理如表 7-7 所示。

表 7–7　　年末确认未下达财政用款额度时的账务处理

业务		财务会计处理	预算会计处理
年末确认未下达的财政用款额度	财政直接支付方式	借：财政应返还额度——财政直接支付 　贷：财政拨款收入	借：资金结存——财政应返还额度 　贷：财政拨款预算收入
	财政授权支付方式	借：财政应返还额度——财政授权支付 　贷：财政拨款收入	

2．案例解析

【例 7–6】某事业单位本年度财政直接支付方式下预算指标数与当年财政直接支付实际支出数的差额为 200 000 元。年末确认未下达财政用款额度的账务处理如下。

财务会计：

借：财政应返还额度——财政直接支付　　200 000

　　贷：财政拨款收入　　200 000

预算会计：

借：资金结存——财政应返还额度　　200 000

　　贷：财政拨款预算收入　　200 000

7.2.3.8　年末注销或恢复零余额账户用款额度

1. 业务概述及账务处理

年末，单位依据代理银行提供的对账单进行注销额度的相关账务处理，借记本科目（财政应返还额度），贷记本科目（零余额账户用款额度）。

下年初，单位依据代理银行提供的额度恢复到账通知书进行恢复额度的相关账务处理，借记本科目（零余额账户用款额度），贷记本科目（财政应返还额度）。单位收到财政部门批复的上年末未下达零余额账户用款额度时，借记本科目（零余额账户用款额度），贷记本科目（财政应返还额度）。

年末注销或恢复零余额账户用款额度时的账务处理如表 7-8 所示。

表 7-8　　年末注销或恢复零余额账户用款额度时的账务处理

业务	财务会计处理	预算会计处理
年末注销零余额账户用款额度	借：财政应返还额度——财政授权支付 贷：零余额账户用款额度	借：资金结存——财政应返还额度 贷：资金结存——零余额账户用款额度
下年初，恢复零余额账户用款额度或收到上年末未下达的零余额账户用款额度的	借：零余额账户用款额度 贷：财政应返还额度——财政授权支付	借：资金结存——零余额账户用款额度 贷：资金结存——财政应返还额度

2. 案例解析

【例 7-7】某事业单位本年末注销零余额账户用款额度 700 000 元。账务处理如下。

财务会计：

借：财政应返还额度——财政授权支付　　700 000

　　贷：零余额账户用款额度　　700 000

预算会计：

借：资金结存——财政应返还额度　　700 000

　　贷：资金结存——零余额账户用款额度　　700 000

7.3 财政拨款结转与结余

7.3.1 财政拨款概述

财政拨款是指事业单位直接从财政部门取得的和通过主管部门从财政部门取得的各类事业经费，包括正常经费和专项资金。

我国之前采用的财政拨款收入的划拨方式有两种，即划拨资金和限额拨款。划拨资金方式也称实拨资金方式，其特点是上级单位按预算用款单位拨给资金，用款单位收到所拨资金后即可使用。限额拨款方式的特点是用款单位可在拨给的经费限额内支用款项，但预算资金仍保留在财政金库中，上级单位月末根据限额支出数从财政金库中拨出。由于限额拨款方式下，各单位的用款平时由银行垫付，月末根据限额支出数统一结算，因此，如果财政存款不足，有可能占用信贷资金，目前我国已取消这种拨款方式。财政补助收入的领拨一律采用划拨资金的方式。

7.3.2 财政拨款结转

7.3.2.1 核算内容

事业单位应设置“财政拨款结转”科目，用于核算取得的同级财政拨款结转资金的调整、结转和滚存情况。本科目年末贷方余额，反映单位滚存的财政拨款结转资金数额。

7.3.2.2 明细科目

本科目应该根据实际情况设置以下明细科目。

1. 与会计差错更正、以前年度支出收回相关的明细科目

“年初余额调整”：本明细科目用于核算因发生会计差错更正、以前年度支出收回等情况，需要调整财政拨款结转的金额。年末结账后，本明细科目应无余额。

2. 与财政拨款调拨业务相关的明细科目

（1）“归集调入”：本明细科目用于核算按照规定从其他单位调入财政拨款结转资金时，实际调增的额度或调入的资金。年末结账后，本明细科目应无余额。

（2）“归集调出”：本明细科目用于核算按照规定向其他单位调出财政拨款结转资金时，实际调减的额度或调出的资金。年末结账后，本明细科目应无余额。

（3）“归集上缴”：本明细科目用于核算按照规定上缴财政拨款结转资金时，实际核销的额度或上缴的资金。年末结账后，本明细科目应无余额。

（4）“单位内部调剂”：本明细科目用于核算经财政部门批准对财政拨款结余资金改变用途，调整用于本单位其他未完成项目等的调整金额。年末结账后，本明细科目应无余额。

3. 与年末财政拨款结转业务相关的明细科目

（1）“本年收支结转”：本明细科目用于核算单位本年度财政拨款收支相抵后的余额。年末结账后，本明细科目应无余额。

（2）“累计结转”：本明细科目用于核算单位滚存的财政拨款结转资金。本明细科目年末贷方余额，反映单位财政拨款滚存的结转资金数额。

本科目还应当设置“基本支出结转”“项目支出结转”两个明细科目，并在“基本支出结转”明细科目下按照“人员经费”“日常公用经费”进行明细核算，在“项目支出结转”明细科目下按照具体项目进行明细核算；同时，本科目还应按照《政府收支分类科目》中的“支出功能分类科目”的相关科目进行明细核算。

有一般公共预算财政拨款、政府性基金预算财政拨款等两种或两种以上财政拨款的事业单位，还应当在本科目下按照财政拨款的种类进行明细核算。

7.3.2.3　主要账务处理

1. 会计差错更正、以前年度支出收回

（1）业务概述。

事业单位因发生会计差错更正或者购货退回等退回以前年度国库直接支付、授权支付款项或财政性货币资金，或者因发生会计差错更正而增加以前年度国库直接支付、授权支付支出或财政性货币资金支出，属于以前年度财政拨款结转资金的，需要进行相应的财政拨款结转资金的账务处理。

（2）账务处理。

因发生会计差错更正退回以前年度国库直接支付、授权支付款项或财政性货币资金，或者因发生会计差错更正增加以前年度国库直接支付、授权支付支出或财政性货币资金支出，属于以前年度财政拨款结转资金的，借记或贷记“资金结存——财政应返还额度、零余额账户用款额度、货币资金”科目，贷记或借记本科目（年初余额调整）。

因购货退回、预付款项收回等发生以前年度支出又收回国库直接支付、授权支付款项或收回财政性货币资金，属于以前年度财政拨款结转资金的，借记“资金结存——财政应返还额度、零余额账户用款额度、货币资金”科目，贷记本科目（年初余额调整）。

会计差错更正、以前年度支出收回时的账务处理如表 7-9 所示。

表 7-9　会计差错更正、以前年度支出收回时的账务处理

业务		财务会计处理	预算会计处理
因会计差错更正、购货退回、预付款项收回等发生以前年度调整事项	调整增加相关资产	借：零余额账户用款额度 / 银行存款等 贷：以前年度盈余调整	借：资金结存——零余额账户用款额度 / 货币资金等 贷：财政拨款结转——年初余额调整
	因会计差错更正调整减少相关资产	借：以前年度盈余调整 贷：零余额账户用款额度 / 银行存款等	借：财政拨款结转——年初余额调整 贷：资金结存——零余额账户用款额度 / 货币资金等

（3）案例解析。

【例 7-8】2×18 年初，某事业单位有 1 000 000 元的预收账款退回至银行账户。该款项属于以前年度结转资金。账务处理如下。

财务会计：

借：预收账款　　1 000 000

　贷：银行存款　　1 000 000

预算会计：

借：财政拨款结转——年初余额调整　　1 000 000

　贷：资金结存——货币资金　　1 000 000

2. 与其他单位发生的财政拨款结转资金的调入、调出

（1）业务概述及账务处理。

按照规定从其他单位调入财政拨款结转资金的，按照实际调增的额度或调入的资金，借记“资金结存——财政应返还额度、零余额账户用款额度、货币资金”科目，贷记本科目（归集调入）。

按照规定向其他单位调出财政拨款结转资金的，按照实际调减的额度或调出的资金，借记本科目（归集调出），贷记“资金结存——财政应返还额度、零余额账户用款额度、货币资金”科目。

与其他单位发生调入、调出财政拨款结转资金事项时的账务处理如表7-10所示。

表7-10　与其他单位发生调入、调出财政拨款结转资金事项时的账务处理

序号	业务		财务会计处理	预算会计处理
（1）	从其他单位调入财政拨款结转资金	按照实际调增的额度或调入的资金	借：财政应返款额度/零余额账户用款额度/银行存款 贷：累计盈余	借：资金结存——财政应返还额度/零余额账户用款额度/货币资金 贷：财政拨款结转——归集调入
（2）	向其他单位调出财政拨款结转资金	按照实际调减的额度或调出的资金	借：累计盈余 贷：财政应返还额度/零余额账户用款额度/银行存款	借：财政拨款结转——归集调出 贷：资金结存——财政应返还额度/零余额账户用款额度/货币资金

（2）案例解析。

【例7-9】某事业单位本年从其他单位调出财政授权内财政拨款结转资金5 000 000元。账务处理如下。

财务会计：

借：累计盈余　　5 000 000

　　贷：零余额账户用款额度　　5 000 000

预算会计：

借：财政拨款结转——归集调出　　5 000 000

　　贷：资金结存——零余额账户用款额度　　5 000 000

3．上缴或注销财政拨款结转资金或额度

（1）业务概述。

事业单位按照规定需要对本单位的结转资金进行上缴或注销财政拨款结转资金额度的，需要对财政拨款结转进行调整。

（2）账务处理。

按照规定上缴财政拨款结转资金或注销财政拨款结转资金额度的，按照实际上缴的资金或注销的额度，借记本科目（归集上缴），贷记“资金结存——

财政应返还额度、零余额账户用款额度、货币资金”科目。

上缴或注销财政拨款结转资金或额度时的账务处理如表 7-11 所示。

表 7-11　　上缴或注销财政拨款结转资金或额度时的账务处理

业务		财务会计处理	预算会计处理
按照规定上缴财政拨款结转资金或注销财政拨款结转额度	按照实际上缴的资金或注销的额度	借：累计盈余 贷：财政应返还额度 / 零余额账户用款额度 / 银行存款	借：财政拨款结转——归集上缴 贷：资金结存——财政应返还额度 / 零余额账户用款额度 / 货币资金

（3）案例解析。

【例 7-10】某事业单位本年度按照规定上缴财政拨款结余资金 300 000 元。上述款项通过银行缴纳。账务处理如下。

财务会计：

借：累计盈余　　300 000

　　贷：银行存款　　300 000

预算会计：

借：财政拨款结转——归集上缴　　300 000

　　贷：资金结存——货币资金　　300 000

4. 内部调剂财政拨款结转资金

（1）业务概述。

事业单位根据财政部门的批准需要对本单位的结转资金改变用途，调整用于本单位基本支出或其他未完成项目支出，需要对财政拨款结转进行调整。

（2）账务处理。

经财政部门批准对财政拨款结转资金改变用途，调整用于本单位基本支出或其他未完成项目支出的，按照批准调剂的金额，借记“财政拨款结余——单位内部调剂”科目，贷记本科目（单位内部调剂）。

内部调剂财政拨款结转资金时的账务处理如表 7-12 所示。

表 7-12　　内部调剂财政拨款结转资金时的账务处理

业务		财务会计处理	预算会计处理
单位内部调剂财政拨款结转资金	按照调整的金额	—	借：财政拨款结余——单位内部调剂 贷：财政拨款结转——单位内部调剂

（3）案例解析。

【例 7-11】某事业单位本年度经财政部门批准将 1 000 000 元的财政拨款结转资金由办公经费支出改为购买固定资产。账务处理如下。

借：财政拨款结余——单位内部调剂　　　　1 000 000

　　贷：财政拨款结转——单位内部调剂　　　　1 000 000

5．年末财政拨款结转、冲销和结余业务

（1）业务概述。

事业单位在每年年末进行账务处理时，需要对本年度发生的全部收入、费用科目进行相应的结转。同时，针对财政拨款结转的科目特征，年末只有“累计结转”明细科目下应该有相应的余额，所以需要对其他明细科目下发生的业务进行相应的科目内结转。

（2）账务处理。

年末，将财政拨款预算收入的本年发生额转入本科目，借记“财政拨款预算收入”科目，贷记本科目（本年收支结转）；将各项支出中财政拨款支出本年发生额转入本科目，借记本科目（本年收支结转），贷记事业支出等科目。

年末冲销有关明细科目余额。将本科目（本年收支结转、年初余额调整、归集调入、归集调出、归集上缴、单位内部调剂）的余额转入本科目（累计结转）。结转后，本科目下除“累计结转”明细科目外，其他明细科目应无余额。

年末完成上述结转后，应当对财政拨款结转各明细项目的执行情况进行分析，按照有关规定，将符合财政拨款结余性质的项目余额转入财政拨款结余，借记本科目（累计结转），贷记“财政拨款结余——结转转入”科目。

年末针对财政拨款结转、冲销和结余业务的账务处理如表 7-13 所示。

表 7-13　　年末针对财政拨款结转、冲销和结余业务的账务处理

序号	业务		财务会计处理	预算会计处理
（1）	年末结转	结转财政拨款预算收入	—	借：财政拨款预算收入 　贷：财政拨款结转——本年收支结转
		结转财政拨款预算支出	—	借：财政拨款结转——本年收支结转 　贷：事业支出等［财政拨款支出部分］

续表

<table>
<tr><th>序号</th><th colspan="2">业务</th><th>财务会计处理</th><th>预算会计处理</th></tr>
<tr><td>（2）</td><td colspan="2">年末冲销本科目有关明细科目余额</td><td>—</td><td>借：财政拨款结转——年初余额调整［该明细科目为贷方余额时］/ 归集调入 / 单位内部调剂 / 本年收支结转［该明细科目为贷方余额时］
贷：财政拨款结转——累计结转
借：财政拨款结转——累计结转
贷：财政拨款结转——归集上缴 / 年初余额调整［该明细科目为借方余额时］/ 归集调出 / 本年收支结转［该明细科目为借方余额时］</td></tr>
<tr><td>（3）</td><td>转入财政拨款结余</td><td>按照有关规定将符合财政拨款结余性质的项目余额转入财政拨款结余</td><td>—</td><td>借：财政拨款结转——累计结转
贷：财政拨款结余——结转转入</td></tr>
</table>

（3）案例解析。

【例 7-12】某事业单位本年度预算收入 1 000 000 元，发生预算支出 500 000 元。账务处理如下。

借：财政拨款预算收入　　1 000 000

　　贷：财政拨款结转——本年收支结转　　1 000 000

借：财政拨款结转——本年收支结转　　500 000

　　贷：事业支出　　500 000

借：财政拨款结转——本年收支结转　　500 000

　　贷：财政拨款结转——累计结转　　500 000

7.3.3 财政拨款结余

7.3.3.1 核算内容

单位应设置“财政拨款结余”科目，用于核算取得的同级财政拨款项目支出结余资金的调整、结转和滚存情况。本科目年末贷方余额，反映单位滚存的财政拨款结余资金。

7.3.3.2　明细科目

本科目应该根据实际情况设置以下明细科目。

1．与会计差错更正、以前年度支出收回相关的明细科目

“年初余额调整”：本明细科目用于核算因发生会计差错更正、以前年度支出收回等情况，需要调整财政拨款结余的金额。年末结账后，本明细科目应无余额。

2．与财政拨款结余资金调整业务相关的明细科目

（1）“归集上缴”：本明细科目用于核算按照规定上缴财政拨款结余资金时，实际核销的额度或上缴的资金。年末结账后，本明细科目应无余额。

（2）“单位内部调剂”：本明细科目核算经财政部门批准对财政拨款结余资金改变用途，调整用于本单位其他未完成项目等的调整金额。年末结账后，本明细科目应无余额。

3．与年末财政拨款结余业务相关的明细科目

（1）“结转转入”：本明细科目用于核算单位按照规定转入财政拨款结余的财政拨款结转资金。年末结账后，本明细科目应无余额。

（2）“累计结余”：本明细科目用于核算单位滚存的财政拨款结余资金。本明细科目年末贷方余额，反映单位财政拨款滚存的结余资金。

本科目还应当按照具体项目、《政府收支分类科目》中的“支出功能分类科目”的相关科目等进行明细核算。

有一般公共预算财政拨款、政府性基金预算财政拨款等两种或两种以上财政拨款的事业单位，还应当在本科目下按照财政拨款的种类进行明细核算。

7.3.3.3　主要账务处理

1．会计差错更正、以前年度支出收回

（1）业务概述。

单位或部门因发生以前年度或本年度的会计差错更正或者相应的购货退回事项涉及以前年度国库直接支付、授权支付款项或财政性货币资金，或者因发生会计差错更正增加以前年度国库直接支付、授权支付支出或财政性货币资金支出，属于以前年度财政拨款结余资金的，需要进行相应的财政拨款结余资金的账务处理。

（2）账务处理。

发生会计差错更正退回以前年度国库直接支付、授权支付款项或财政性货币资金，或者因发生会计差错更正增加以前年度国库直接支付、授权支付支出或财政性货币资金支出，属于以前年度财政拨款结余资金的，借记或贷记“资金结存——财政应返还额度、零余额账户用款额度、货币资金”科目，贷记或借记本科目（年初余额调整）。

因购货退回、预付款项收回等发生以前年度支出又收回国库直接支付、授权支付款项或收回财政性货币资金，属于以前年度财政拨款结余资金的，借记“资金结存——财政应返还额度、零余额账户用款额度、货币资金”科目，贷记本科目（年初余额调整）。

会计差错更正、以前年度支出收回的账务处理如表 7-14 所示。

表 7-14　　会计差错更正、以前年度支出收回的账务处理

业务		财务会计处理	预算会计处理
因会计差错更正、购货退回、预付款项收回等发生以前年度调整事项	调整增加相关资产	借：零余额账户用款额度/银行存款等 贷：以前年度盈余调整	借：资金结存——零余额账户用款额度/货币资金/财政应返还额度等 贷：财政拨款结余——年初余额调整
	因会计差错更正调整减少相关资产	借：以前年度盈余调整 贷：零余额账户用款额度/银行存款等	借：财政拨款结余——年初余额调整 贷：资金结存——零余额账户用款额度/货币资金等

（3）案例解析。

【例 7-13】某事业单位年初因购货退回收回了 100 000 元的国库直接支付额度，该款项属于以前年度财政拨款结余资金。账务处理如下。

财务会计：

借：零余额账户用款额度　　100 000

　　贷：以前年度盈余调整　　100 000

预算会计：

借：资金结存——零余额账户用款额度　　100 000

　　贷：财政拨款结余——年初余额调整　　100 000

2. 上缴或注销财政拨款结余资金或额度

（1）业务概述。

单位按照规定需要对本单位的结余资金进行上缴或注销财政拨款结余资金额度的，需要对财政拨款结余进行调整。

（2）账务处理。

按照规定上缴财政拨款结余资金或注销财政拨款结余资金额度的，按照实际上缴的资金或注销的额度，借记本科目（归集上缴），贷记“资金结存——财政应返还额度、零余额账户用款额度、货币资金”科目。

上缴或注销财政拨款结余资金或额度时的账务处理如表 7-15 所示。

表 7-15　　上缴或注销财政拨款结转资金或额度时的账务处理

业务		财务会计处理	预算会计处理
按照规定上缴财政拨款结余资金或注销财政拨款结余额度	按照实际上缴的资金或注销的额度	借：累计盈余 贷：财政应返还额度 / 零余额账户用款额度 / 银行存款	借：财政拨款结余——归集上缴 贷：资金结存——财政应返还额度 / 零余额账户用款额度 / 货币资金

（3）案例解析。

【例 7-14】某事业单位本年上缴财政授权内财政拨款结余资金 5 000 000 元。账务处理如下。

财务会计：

借：累计盈余　　5 000 000

　　贷：银行存款　　5 000 000

预算会计：

借：财政拨款结余——归集上缴　　5 000 000

　　贷：资金结存——货币资金　　5 000 000

3. 内部调剂财政拨款结余资金

（1）业务概述。

单位经财政部门批准后对本单位的结余资金改变用途，调整用于本单位基本支出或其他未完成项目支出时，需要对财政拨款结余进行调整。

（2）账务处理。

经财政部门批准对财政拨款结余资金改变用途，调整用于本单位基本支出或其他未完成项目支出的，按照批准调剂的金额，借记本科目（单位内部调剂），贷记“财政拨款结转——单位内部调剂”科目。

内部调剂财政拨款结余资金时的账务处理如表 7-16 所示。

表 7-16　　内部调剂财政拨款结余资金时的账务处理

业务		财务会计处理	预算会计处理
单位内部调剂财政拨款结余资金	按照调整的金额	—	借：财政拨款结余——单位内部调剂 贷：财政拨款结转——单位内部调剂

4. 年末财政拨款结转和冲销业务

（1）业务概述。

各单位在每年年末进行账务处理时，需要对本年度发生的符合财政拨款结余性质的项目余额转入财政拨款结余。同时，针对财政拨款结余的科目特征，年末只有“累计结余”明细科目下应该有相应的余额，所以需要对其他明细科目下发生的业务进行相应的科目内结转。

（2）账务处理。

年末，对财政拨款结转各明细项目执行情况进行分析，按照有关规定将符合财政拨款结余性质的项目余额转入财政拨款结余，借记“财政拨款结转——累计结转”科目，贷记本科目（结转转入）。

年末冲销有关明细科目余额。将本科目（年初余额调整、归集上缴、单位内部调剂、结转转入）余额转入本科目（累计结余）。结转后，本科目下除“累计结余”明细科目外，其他明细科目应无余额。

年末财政拨款结转和冲销业务的账务处理如表 7-17 所示。

表 7-17　　年末财政拨款结转和冲销业务的账务处理

序号	业务		财务会计处理	预算会计处理
（1）	年末，转入财政拨款结余	按照有关规定将符合财政拨款结余性质的项目余额转入财政拨款结余	—	借：财政拨款结转——累计结转 贷：财政拨款结余——结转转入
（2）	年末冲销本科目有关明细科目余额		—	借：财政拨款结余——年初余额调整 [该明细科目为贷方余额时] 贷：财政拨款结余——累计结余 借：财政拨款结余——累计结余 贷：财政拨款结余——年初余额调整 [该明细科目为借方余额时]/ 归集上缴 / 单位内部调剂 借：财政拨款结余——结转转入 贷：财政拨款结余——累计结余

（3）案例解析。

【例 7–15】某事业单位本年符合财政拨款结余性质的项目余额为 300 000 元。账务处理如下。

借：财政拨款结转——累计结转　　　　300 000

　　贷：财政拨款结余——结转转入　　　　300 000

借：财政拨款结余——结转转入　　　　300 000

　　贷：财政拨款结余——累计结余　　　　300 000

7.4 非财政拨款结转与结余

非财政拨款结转、结余是指事业单位除财政拨款收支、经营收支以外的各项收入与各项支出相抵后的余额。

7.4.1 非财政拨款结转

7.4.1.1 核算内容

事业单位应设置“非财政拨款结转”科目，用于核算除财政拨款收支、经营收支以外的各非同级财政拨款专项资金的调整、结转和滚存情况。本科目年末贷方余额，反映单位滚存的非同级财政拨款专项结转资金。

7.4.1.2 明细科目

本科目应该根据实际情况设置以下明细科目。

（1）“年初余额调整”：本明细科目用于核算因发生会计差错更正、以前年度支出收回等情况，需要调整非财政拨款结转的资金。年末结账后，本明细科目应无余额。

（2）“缴回资金”：本明细科目核算按照规定缴回非财政拨款结转资金时，实际缴回的资金。年末结账后，本明细科目应无余额。

（3）“项目间接费用或管理费”：本明细科目核算单位取得的科研项目预算收入中，按照规定计提的项目间接费用或管理费。年末结账后，本明细科目应无余额。

（4）“本年收支结转”：本明细科目核算单位本年度非同级财政拨款专项收支相抵后的余额。年末结账后，本明细科目应无余额。

（5）“累计结转”：本明细科目用于核算单位滚存的非同级财政拨款专项结转资金。本明细科目年末贷方余额，反映单位非同级财政拨款滚存的专项结转资金。

7.4.1.3 主要账务处理

1. 提取项目管理费或间接费

（1）业务概述。

事业单位每年可能在单位内部的非财政拨款结转科目余额中提取一定的项目管理费或间接费，用于项目的运转。

（2）账务处理。

按照规定从科研项目预算收入中提取项目管理费或间接费时，按照提取金额，借记本科目（项目间接费用或管理费），贷记“非财政拨款结余——项目间接费用或管理费”科目。

提取项目管理费或间接费时的账务处理如表 7-18 所示。

表 7-18　　提取项目管理费或间接费时的账务处理

业务	财务会计处理	预算会计处理
按照规定从科研项目预算收入中提取项目管理费或间接费	借：单位管理费用 贷：预提费用——项目间接费用或管理费	借：非财政拨款结转——项目间接费用或管理费 贷：非财政拨款结余——项目间接费用或管理费

（3）案例解析。

【例 7-16】某事业单位从单位的科研项目预算收入中提取项目管理费 100 000 元。账务处理如下。

财务会计：

借：单位管理费用　　100 000

　　贷：预提费用——项目间接费用或管理费　　100 000

预算会计：

借：非财政拨款结转——项目间接费用或管理费　　100 000

　　贷：非财政拨款结余——项目间接费用或管理费　　100 000

2. 会计差错更正、购货退回

（1）业务概述。

事业单位因发生以前年度或本年度的会计差错更正或者相应的购货退回事项涉及非同级财政拨款货币资金，或者因发生会计差错更正增加非同级财政拨款货币资金，属于非财政拨款结转资金的，需要进行相应的非财政拨款结转资金的账务处理。

（2）账务处理。

因会计差错更正收到或支出非同级财政拨款货币资金，属于非财政拨款结转资金的，按照收到或支出的金额，借记或贷记“资金结存——货币资金”等科目，贷记或借记本科目（年初余额调整）。因收回以前年度支出等收到非同级财政拨款货币资金，属于非财政拨款结转资金的，按照收到的金额，借记“资金结存——货币资金”等科目，贷记本科目（年初余额调整）。

会计差错更正、购货退回时的账务处理如表 7-19 所示。

表 7-19　　会计差错更正、购货退回时的账务处理

业务		财务会计处理	预算会计处理
因会计差错更正、购货退回等发生以前年度调整事项	调整增加相关资产	借：银行存款等 　贷：以前年度盈余调整	借：资金结存——货币资金等 　贷：非财政拨款结转——年初余额调整
	调整减少相关资产	借：以前年度盈余调整 　贷：银行存款等	借：非财政拨款结转——年初余额调整 　贷：资金结存——货币资金等

（3）案例解析。

【例 7-17】某事业单位购货退回涉及以前年度收入，应退回金额为 300 000 元。账务处理如下。

借：以前年度盈余调整　　300 000

　贷：应收账款　　300 000

借：非财政拨款结转——年初余额结转　　300 000

　贷：资金结存——货币资金　　300 000

3. 缴回非财政拨款结转资金

（1）业务概述。

事业单位按照规定需要对本单位的非财政拨款结转资金进行缴回时，需要对非财政拨款结转进行调整。

（2）账务处理。

按照规定缴回非财政拨款结转资金时，按照实际缴回的资金，借记本科目（缴回资金），贷记“资金结存——货币资金”科目。

缴回非财政拨款结转资金时的账务处理如表 7-20 所示。

表 7-20　　缴回非财政拨款结转资金时的账务处理

业务		财务会计处理	预算会计处理
按照规定缴回非财政拨款结转资金	按照实际缴回资金	借：累计盈余 　贷：银行存款等	借：非财政拨款结转——缴回资金 　贷：资金结存——货币资金

（3）案例解析。

【例 7-18】某事业单位按照规定缴回非财政拨款结转资金 300 000 元。账务处理如下。

财务会计：

借：累计盈余　　300 000

　贷：银行存款　　300 000

预算会计：

借：非财政拨款结转——缴回资金　　300 000

　贷：资金结存——货币资金　　300 000

4. 年末非财政拨款结转和冲销业务

（1）业务概述。

事业单位在每年年末进行账务处理时，需要对本年度发生的全部收入、费用科目进行相应的结转。同时，针对非财政拨款结转的科目特征，年末只有“累计结转”明细科目下应该有相应的余额，所以需要对其他明细科目下发生的业务进行相应的科目内结转。

（2）账务处理。

年末，将事业预算收入、上级补助预算收入、附属单位上缴预算收入、非同级财政拨款预算收入、债务预算收入、其他预算收入的本年发生额中的专项资金收入转入本科目，借记“事业预算收入”“上级补助预算收入”“附属单位上缴预算收入”“非同级财政拨款预算收入”“债务预算收入”“其他预算收入”科目下各专项资金收入明细科目，贷记本科目（本年收支结转）；将事业支出、其他支出本年发生额中的非财政拨款专项资金支出转入本科目，借记本科目（本年收支结转），贷记“事业支出”“其他支出”科目下各非财政拨款专项资金支出明细科目。

年末冲销有关明细科目余额，将本科目（年初余额调整、项目间接费用或管理费、缴回资金、本年收支结转）余额转入本科目（累计结转）。结转后，本科目下除“累计结转”明细科目外，其他明细科目应无余额。

年末非财政拨款结转和冲销业务的账务处理如表 7-21 所示。

表 7-21　　年末非财政拨款结转和冲销业务的账务处理

序号	业务		财务会计处理	预算会计处理
（1）	年末结转	结转非财政拨款专项收入	—	借：事业预算收入 / 上级补助预算收入 / 附属单位上缴预算收入 / 非同级财政拨款预算收入 / 债务预算收入 / 其他预算收入 贷：非财政拨款结转——本年收支结转
		结转非财政拨款专项支出	—	借：非财政拨款结转——本年收支结转 贷：事业支出 / 其他支出
（2）	年末冲销本科目有关明细科目余额		—	借：非财政拨款结转——年初余额调整 [该明细科目为贷方余额时]/ 本年收支结转 [该明细科目为贷方余额时] 贷：非财政拨款结转——累计结转 借：非财政拨款结转——累计结转 贷：非财政拨款结转——年初余额调整 [该明细科目为借方余额时]/ 缴回资金 / 项目间接费用或管理费 / 本年收支结转 [该明细科目为借方余额时]

（3）案例解析。

【例 7-19】某事业单位年末“非财政拨款结转”科目下的明细科目情况如下：“年初余额调整”科目的贷方余额为 100 000 元，“项目间接费用或管理费”科目的借方余额为 70 000 元，“本年收支结转”科目的贷方余额为 200 000 元。账务处理如下。

借：非财政拨款结转——年末余额调整　　100 000
　　　　　　　　　——本年收支结转　　200 000
　贷：非财政拨款结转——累计结转　　300 000

借：非财政拨款结转——累计结转　　70 000
　贷：非财政拨款结转——项目间接费用或管理费　　70 000

5. 划转非财政拨款专项剩余资金

年末完成上述结转后，应当对非财政拨款专项结转资金的各项目情况进行分析，将留归本单位使用的非财政拨款专项（项目已完成）剩余资金转入非财政拨款结余，借记本科目（累计结转），贷记“非财政拨款结余——结转转入”科目。

划转非财政拨款专项剩余资金的账务处理如表 7-22 所示。

表 7-22　　划转非财政拨款专项剩余资金的账务处理

业务	财务会计处理	预算会计处理
将留归本单位使用的非财政拨款专项剩余资金转入非财政拨款结余	—	借：非财政拨款结转——累计结转 贷：非财政拨款结余——结转转入

7.4.2 非财政拨款结余

7.4.2.1 核算内容

单位应设置“非财政拨款结余”科目，用于核算历年滚存的非限定用途的非同级财政拨款结余资金，主要为非财政拨款结余扣除结余分配后滚存的金额。

7.4.2.2 明细科目

本科目应该根据实际情况设置以下明细科目。

（1）年初余额调整”：本明细科目用于核算因发生会计差错更正、以前年度支出收回等情况，需要调整非财政拨款结余的资金。年末结账后，本明细科目应无余额。

（2）“项目间接费用或管理费”：本明细科目用于核算单位取得的科研项目预算收入中，按照规定计提的项目间接费用或管理费。年末结账后，本明细科目应无余额。

（3）“结转转入”：本明细科目用于核算按照规定留归单位使用，由单位统筹调配，纳入单位非财政拨款结余的非同级财政拨款专项剩余资金。年末结账后，本明细科目应无余额。

（4）“累计结余”：本明细科目用于核算单位历年滚存的非同级财政拨款、非专项结余资金。本明细科目年末贷方余额，反映单位非同级财政拨款滚存的非专项结余资金。

7.4.2.3　主要账务处理

本科目应当按照非财政专项资金的具体项目进行明细核算。

非财政拨款结余的主要账务处理如下。

1. 提取项目管理费或间接费

（1）业务概述。

单位可能在每年根据相关规定在单位内部的非财政拨款结余科目余额中提取一定的项目管理费或间接费，用于项目的运转。

（2）账务处理。

按照规定从科研项目预算收入中提取项目管理费或间接费时，借记“非财政拨款结转——项目间接费用或管理费”科目，贷记本科目（项目间接费用或管理费）。

提取项目管理费或间接费时的账务处理如表 7-23 所示。

表 7-23　　提取项目管理费或间接费时的账务处理

业务	财务会计处理	预算会计处理
按照规定从科研项目预算收入中提取项目管理费或间接费	借：单位管理费用 　贷：预提费用——项目间接费用或管理费	借：非财政拨款结转——项目间接费用或管理费 　贷：非财政拨款结余——项目间接费用或管理费

（3）案例解析。

【例 7-20】某事业单位按照规定从科研项目预算收入中提取项目管理费 200 000 元。账务处理如下。

财务会计：

借：单位管理费用　　200 000

　贷：预提费用——项目间接费用或管理费　　200 000

预算会计：

借：非财政拨款结转——项目间接费用或管理费　　200 000

　贷：非财政拨款结余——项目间接费用或管理费　　200 000

2. 缴纳企业所得税

（1）业务概述及账务处理。

有企业所得税缴纳义务的事业单位实际缴纳企业所得税时，按照缴纳的金额，借记本科目（累计结余），贷记“资金结存——货币资金”科目。

实际缴纳企业所得税时的账务处理如表 7-24 所示。

表 7-24　　实际缴纳企业所得税时的账务处理

业务	财务会计处理	预算会计处理
实际缴纳企业所得税	借：其他应交税费——单位应交所得税 　贷：银行存款等	借：非财政拨款结余——累计结余 　贷：资金结存——货币资金

（2）案例解析。

【例 7-21】某事业单位本年实际缴纳企业所得税为 300 000 元。账务处理如下。

财务会计：

借：其他应交税费——单位应交所得税　　300 000

　贷：银行存款　　300 000

预算会计：

借：非财政拨款结余——累计结余　　300 000

　贷：资金结存——货币资金　　300 000

3. 会计差错更正、购货退回

（1）业务概述。

行政事业单位因发生以前年度或本年度的会计差错更正或者相应的购货退回事项涉及非同级财政拨款货币资金，或者因发生会计差错更正增加非同级财政拨款货币资金，属于非财政拨款结余资金的，需要进行相应的非财政拨款结余资金的账务处理。

（2）账务处理。

因会计差错更正而收到或支出非同级财政拨款货币资金，属于非财政拨款结余资金的，按照收到或支出的金额，借记或贷记“资金结存——货币资金”等科目，贷记或借记本科目（年初余额调整）。因收回以前年度支出等收到非同级财政拨款货币资金，属于非财政拨款结余资金的，按照收到的金额，借记“资金结存——货币资金”等科目，贷记本科目（年初余额调整）。

会计差错更正、购货退回时的账务处理如表 7-25 所示。

表 7-25　　会计差错更正、购货退回时的账务处理

业务		财务会计处理	预算会计处理
因会计差错更正、购货退回等发生以前年度调整事项	调整增加相关资产	借：银行存款等 　贷：以前年度盈余调整	借：资金结存——货币资金等 　贷：非财政拨款结余——年初余额调整
	调整减少相关资产	借：以前年度盈余调整 　贷：银行存款等	借：非财政拨款结余——年初余额调整 　贷：资金结存——货币资金等

4. 年末非财政拨款结转和冲销业务

（1）业务概述。

各行政事业单位在每年年末进行账务处理时，需要对本年度发生的符合非财政拨款结余性质的项目余额转入非财政拨款结余。同时，针对非财政拨款结余的科目特征，年末只有“累计结余”明细科目下应该有相应的余额，所以需要对其他明细科目下发生的业务进行相应的科目内结转。

（2）账务处理。

年末冲销有关明细科目余额，将本科目（年初余额调整、项目间接费用或管理费、结转转入）的余额结转入本科目（累计结余）。结转后，本科目下除“累计结余”明细科目外，其他明细科目应无余额。

年末，事业单位将“非财政拨款结余分配”科目余额转入非财政拨款结余。“非财政拨款结余分配”科目为借方余额的，借记本科目（累计结余），贷记“非财政拨款结余分配”科目；“非财政拨款结余分配”科目为贷方余额的，借记“非财政拨款结余分配”科目，贷记本科目（累计结余）。

年末非财政拨款结转和冲销业务的账务处理如表 7-26 所示。

表 7-26　　年末非财政拨款结转和冲销业务的账务处理

序号	业务		财务会计处理	预算会计处理
（1）	年末结转	非财政拨款结余分配为贷方余额	—	借：非财政拨款结余分配 　贷：非财政拨款结余——累计结余
		非财政拨款结余分配为借方余额	—	借：非财政拨款结余——累计结余 　贷：非财政拨款结余分配

续表

序号	业务	财务会计处理	预算会计处理
（2）	年末冲销本科目相关明细科目余额	—	借：非财政拨款结余——年初余额调整［该明细科目为贷方余额时］/项目间接费用或管理费/结转转入 贷：非财政拨款结余——累计结余 借：非财政拨款结余——累计结余 贷：非财政拨款结余——年初余额调整［该明细科目为借方余额时］/缴回资金

（3）案例解析。

【例 7-22】某事业单位年末“非财政拨款结余”科目下明细科目的情况如下：“年初余额调整”科目的贷方余额为 700 000 元，“项目间接费用或管理费”科目的借方余额为 400 000 元。账务处理如下。

借：非财政拨款结余——年初余额调整　　700 000

　贷：非财政拨款结余——累计结余　　700 000

借：非财政拨款结余——累计结余　　400 000

　贷：非财政拨款结余——项目间接费用或管理费　　400 000

5. 划转非财政拨款专项剩余资金

年末，将留归本单位使用的非财政拨款专项（项目已完成）剩余资金转入本科目，借记“非财政拨款结转——累计结转”科目，贷记本科目（结转转入）。

划转非财政拨款专项剩余资金时的账务处理如表 7-27 所示。

表 7-27　　划转非财政拨款专项剩余资金时的账务处理

业务	财务会计处理	预算会计处理
将留归本单位使用的非财政拨款专项剩余资金转入非财政拨款结余	—	借：非财政拨款结转——累计结转 贷：非财政拨款结余——结转转入

7.5　专用结余、经营结余、其他结余与非财政拨款结余分配

7.5.1　专用结余

7.5.1.1　核算内容

事业单位应设置“专用结余”科目，用于核算按照规定从非财政拨款结余或经营结余中提取的具有专门用途的资金的变动和滚存情况。本科目年末贷方余额，反映事业单位从非财政拨款结余或经营结余中提取的专用基金的累计滚存数额。本科目应当按照专用结余的类别进行明细核算。

7.5.1.2　提取专用基金

1. 业务概述

事业单位会按照相关规定从非财政拨款结余或经营结余中提取具有专门用途的资金，作为专项基金，用于发展，因此需要对专用结余进行相应的账务处理。

2. 账务处理

根据有关规定从本年度非财政拨款结余或经营结余中提取基金的，按照提取金额，借记“非财政拨款结余分配”科目，贷记“专用结余”科目。

提取专用基金时的账务处理如表 7-28 所示。

表 7-28　　提取专用基金时的账务处理

业务		财务会计处理	预算会计处理
计提专用基金	从预算收入中按照一定比例提取基金并计入费用	借：业务活动费用等 贷：专用基金	—
	从本年度非财政拨款结余或经营结余中提取基金	借：本年盈余分配 贷：专用基金	借：非财政拨款结余分配 贷：专用结余
	根据有关规定设置的其他专用基金	借：银行存款等 贷：专用基金	—

3. 案例解析

【例 7-23】某事业单位从本年度经营结余中提取基金 200 000 元。账务处理

如下。

财务会计：

借：本年盈余分配　　200 000

　　贷：专用基金　　200 000

预算会计：

借：非财政拨款结余分配　　200 000

　　贷：专用结余　　200 000

7.5.1.3 使用专用基金

1. 业务概述

事业单位每年根据自身发展的需要从本年度非财政拨款结余或经营结余中提取基金来购买固定资产、无形资产，以保证正常运转，因此需要对专用结余进行相应的账务处理。

2. 账务处理

根据规定使用从非财政拨款结余或经营结余中提取的专用基金时，按照使用的金额，借记本科目，贷记“资金结存——货币资金”科目。

使用专用基金时的账务处理如表 7-29 所示。

表 7-29　使用专用基金时的账务处理

业务	财务会计处理	预算会计处理
按照规定使用提取的专用基金	借：专用基金 　　贷：银行存款等 使用专用基金购置固定资产、无形资产的 借：固定资产 / 无形资产 　　贷：银行存款等 借：专用基金 　　贷：累计盈余	使用从非财政拨款结余或经营结余中提取的基金 借：专用结余 　　贷：资金结存——货币资金 使用从预算收入中提取并计入费用的基金 借：事业支出等 　　贷：资金结存——货币资金

3. 案例解析

【例 7-24】某事业单位通过从经营结余中提取的专用基金购买一台价值 200 000 元的机器设备。账务处理如下。

财务会计：

借：固定资产　　200 000

　　贷：银行存款　　200 000

借：专用基金　　200 000
　　贷：累计盈余　　200 000

预算会计：

借：专用结余　　200 000
　　贷：资金结存——货币资金　　200 000

7.5.2　经营结余

7.5.2.1　核算内容

事业单位应设置“经营结余”科目，用于核算一定期间各项经营收支相抵后余额弥补以前年度经营亏损后的余额。

经营结余反映了事业单位开展经营活动的结果。相关计算公式如下。

经营结余 = 经营收入 −（经营支出 + 经营业务负担的销售税金）

7.5.2.2　年末经营收支结转

1. 业务概述

事业单位在每年年末进行账务处理时，需要对本年度发生的全部经营预算收入、支出科目进行相应的结转，以反映单位本年度的经营结余的实际情况。

2. 账务处理

年末，将“经营预算收入”科目的本年发生额转入本科目，借记“经营预算收入”科目，贷记本科目；将“经营支出”科目的本年发生额转入本科目，借记本科目，贷记“经营支出”科目。

年末经营收支结转时的账务处理如表 7-30 所示。

表 7-30　年末经营收支结转时的账务处理

业务	财务会计处理	预算会计处理
年末经营收支结转	—	借：经营预算收入 　　贷：经营结余 借：经营结余 　　贷：经营支出

3. 案例解析

【例 7-25】某事业单位本年度发生经营预算收入 200 000 元，发生经营支出

150 000元。年末结转的账务处理如下。

借：经营预算收入　　200 000

　　贷：经营结余　　200 000

借：经营结余　　150 000

　　贷：经营支出　　150 000

7.5.2.3 年末转入结余分配

1. 业务概述及账务处理

完成上述结转后，如本科目为贷方余额，将本科目贷方余额转入“非财政拨款结余分配”科目，借记本科目，贷记“非财政拨款结余分配”科目；如本科目为借方余额，为经营亏损，不予结转。

年末转入结余分配时的账务处理如表 7-31 所示。

表 7-31　　年末转入结余分配时的账务处理

业务	财务会计处理	预算会计处理
年末转入结余分配	—	借：经营结余 　　贷：非财政拨款结余分配 年末结余在借方，则不予结转

2. 案例解析

【例 7-26】沿用【例 7-25】。该事业单位在完成上述结转后应该进行结余分配。账务处理如下。

借：经营结余　　50 000

　　贷：非财政拨款结余分配　　50 000

7.5.3 其他结余

7.5.3.1 核算内容

事业单位应设置“其他结余”科目，用于核算本年度除财政拨款收支、非同级财政专项资金收支和经营收支以外的各项收支相抵后的余额。年末结账后，本科目应无余额。

7.5.3.2　年末结转预算收入及支出

1．业务概述

事业单位在每年年末进行账务处理时，需要对本年度发生的全部符合其他结余核算条件的收入、支出科目进行相应的结转，以反映单位本年度的其他结余的实际情况。

2．账务处理

年末，将事业预算收入、上级补助预算收入、附属单位上缴预算收入、非同级财政拨款预算收入、债务预算收入、其他预算收入本年发生额中的非专项资金收入以及“投资预算收益”科目的本年发生额转入本科目，借记“事业预算收入”“上级补助预算收入”“附属单位上缴预算收入”“非同级财政拨款预算收入”“债务预算收入”“其他预算收入”科目下各非专项资金收入明细科目和“投资预算收益”科目，贷记本科目；“投资预算收益”科目的本年发生额为借方净额时，借记本科目，贷记“投资预算收益”科目。将事业支出、其他支出的本年发生额中的非同级财政、非专项资金支出，以及上缴上级支出、对附属单位补助支出、投资支出、债务还本支出的本年发生额转入本科目，借记本科目，贷记“事业支出”“其他支出”科目下各非同级财政、非专项资金支出明细科目和“上缴上级支出”“对附属单位补助支出”“投资支出”“债务还本支出”科目。

年末结转预算收入及支出时的账务处理如表 7-32 所示。

表 7-32　　年末结转预算收入及支出时的账务处理

序号	业务	财务会计处理	预算会计处理
（1）	年末结转预算收入（除财政拨款收入、非同级财政专项收入、经营收入以外）	—	借：事业预算收入 / 上级补助预算收入 / 附属单位上缴预算收入 / 非同级财政拨款预算收入 / 债务预算收入 / 其他预算收入 [非专项资金收入部分] 投资预算收益 [为贷方余额时] 贷：其他结余 借：其他结余 贷：投资预算收益 [为借方余额时]
（2）	年末结转预算支出（除财政拨款支出、非同级财政专项支出、经营支出以外）	—	借：其他结余 贷：事业支出 / 其他支出 [非同级财政、非专项资金支出部分] 上缴上级支出 / 对附属单位补助支出 / 投资支出 / 债务还本支出

7.5.3.3 年末转出其他结余

1. 业务概述及账务处理

事业单位将本科目余额转入“非财政拨款结余分配”科目。当本科目为贷方余额时，借记本科目，贷记“非财政拨款结余分配”科目；当本科目为借方余额时，借记“非财政拨款结余分配”科目，贷记本科目。

年末转出其他结余时的账务处理如表 7-33 所示。

表 7-33　　年末转出其他结余时的账务处理

序号	业务	财务会计处理	预算会计处理
（1）	其他结余为贷方余额	—	借：其他结余 　贷：非财政拨款结余分配
（2）	其他结余为借方余额	—	借：非财政拨款结余分配 　贷：其他结余

2. 案例解析

【例 7-27】2×19 年末，某事业单位其他预算收入本年发生额为 690 000 元（捐赠收入 100 000 元、利息收入 80 000 元、租金收入 500 000 元、其他收入 10 000 元）；投资预算收益本年发生额为 300 000 元；其他支出本年发生额为 13 000 元（资产处置费用 8 000 元、其他费用 5 000 元）。年末，该事业单位进行其他预算收支结转及其他结余分配。账务处理如下。

借：其他预算收入——捐赠收入　　100 000
　　　　　　　　——利息收入　　80 000
　　　　　　　　——租金收入　　500 000
　　　　　　　　——其他收入　　10 000
　投资预算收益　　300 000
　贷：其他结余　　990 000

借：其他结余　　13 000
　贷：其他支出——资产处置费用　　8 000
　　　　　　　——其他费用　　5 000

借：其他结余　　977 000
　贷：非财政拨款结余分配　　977 000

7.5.4 非财政拨款结余分配

事业单位应设置“非财政拨款结余分配”科目，用于核算本年度非财政拨款结余分配的情况和结果。

7.5.4.1 事业单位年末结余转入

年末，将“其他结余”科目的余额转入本科目，当“其他结余”科目为贷方余额时，借记“其他结余”科目，贷记本科目；当“其他结余”科目为借方余额时，借记本科目，贷记“其他结余”科目。

年末，将“经营结余”科目贷方余额转入本科目，借记“经营结余”科目，贷记本科目。

事业单位年末结余转入时的账务处理如表 7-34 所示。

表 7-34　　事业单位年末结余转入时的账务处理

业务		财务会计处理	预算会计处理
事业单位年末结余转入	其他结余为贷方余额	—	借：其他结余 　贷：非财政拨款结余分配
	其他结余为借方余额	—	借：非财政拨款结余分配 　贷：其他结余
	经营结余为贷方余额	—	借：经营结余 　贷：非财政拨款结余分配

7.5.4.2 计提专用基金

1. 业务概述及账务处理

事业单位根据自身发展的需要在有关规定允许的范围内提取专用基金的，按照提取的金额，借记本科目，贷记“专用结余”科目。

从非财政拨款结余分配中计提专用基金时的账务处理如表 7-35 所示。

表 7-35　　从非财政拨款结余分配中计提专用基金时的账务处理

业务		财务会计处理	预算会计处理
计提专用基金	从非财政拨款结余中提取	—	借：非财政拨款结余分配 　贷：专用结余

2. 案例解析

【例 7-28】某事业单位从本年度非财政拨款结余分配中提取基金150 000元。账务处理如下。

预算会计：

借：非财政拨款结余分配 150 000

　　贷：专用结余 150 000

7.5.4.3 转入非财政拨款结余

年末，按照规定完成上述结转处理后，将本科目余额转入非财政拨款结余。当本科目为借方余额时，借记“非财政拨款结余——累计结余”科目，贷记本科目；当本科目为贷方余额时，借记本科目，贷记“非财政拨款结余——累计结余”科目。

转入非财政拨款结余时的账务处理如表 7-36 所示。

表 7-36 转入非财政拨款结余时的账务处理

业务		财务会计处理	预算会计处理
事业单位转入非财政拨款结余	非财政拨款结余分配为贷方余额	—	借：非财政拨款结余分配 　贷：非财政拨款结余——累计结余
	非财政拨款结余分配为借方余额	—	借：非财政拨款结余——累计结余 　贷：非财政拨款结余分配

第 8 章
政府财务报告和决算报告

8.1　年终清理结算和结账

年终清理结算和结账，是事业单位编报年度决算的重要环节，也是保证单位决算报表数字准确、真实、完整的一项基础工作。事业单位在年度终了前，应根据财政部门或上级主管部门的决算编报要求，对各项收支项目、往来款项、货币资金及财产物资进行全面的年终清理结算，并在此基础上办理年度结算、编报决算。

8.1.1　年终清理

年终清理是对单位全年预算资金收支、其他资金收支活动进行全面的清查、核对、整理和结算的工作。对任何一个单位来说，年终清理都包括对本单位财产的全面清理及会计、财务活动的总清理。

年终清理主要包括以下几方面。

1. 清理核对年度预算收支数和各项缴拨款、上缴下拨款项

年终前，财政机关、上级单位和所属各单位之间，应当认真清理核对全年预算数。同时要逐笔清理核对上、下级之间预算拨款和预算缴款数，按核定的预算或调整的预算，拨付该拨付的，缴回该缴回的，保证上、下级之间的年度预算数、领拨款经费数和上缴下拨数一致。

为了保证会计年度按公历年制划期，凡属本年的应拨、应缴款项，必须在本年 12 月 31 日前汇达对方。主管会计单位对所属各单位的预算拨款，截至每年 12 月 25 日，逾期一般不再下拨。凡是预拨下年度的款项，应注明款项所属年度，以免造成跨年错账。

2. 清理核对各项收支款项

凡属本年的各项收入，都要及时入账。本年的各项应缴预算收入和应上缴上级的款项，要在年终前全部上缴。属于本年的各项支出，要按规定的支出渠道如实列报。年度单位支出决算，一律以基层用款单位截至12月31日的本年实际支出数为准，不得将年终前预拨下一年的预算拨款列入本年的支出，也不得以上级会计单位的拨款数代替基层会计单位的实际支出数。

3. 清理各项往来款项

对行政事业单位的各种暂存、暂付等往来款项，要按照“严格控制、及时结算”的原则，分类清理。对各项应收款和应付款，原则上不宜跨年度挂账，要做到人欠收回，欠人归还；对外单位委托代办业务，凡托办业务已结束的，要及时向委托单位清算结报，委托单位不得以拨代支，受托单位不得以领代报。应转为各项收入和应列支出的往来款项，要及时转入有关收支账户，编入本年决算。对没有合法手续的各种往来款项，要查明原因并采取措施，做到该追回的追回，该退还的退还。

4. 清查货币资金和财产物资

年终要及时同开户银行对账。银行存款账面余额要同银行对账单的余额核对相符；现金的账面余额要同库存现金核对相符；有价证券账面数字要同实存的有价证券核对相符。各种财产物资年终都必须全部入账，各单位应配备专人对全部财产物资进行全面的清查、盘点。固定资产及材料的盘点结果如与账面数有差异，则应在年终结账前查明原因，并按规定进行处理，调整账务，做到账账、账实相符。

5. 清理结算上下级之间的往来调剂资金

有些事业单位在事业活动过程中存在资金不足的情况，上级主管部门可以将集中的下级收入和自行组织的收入安排补贴给资金不足的事业单位。这样就形成系统内部上下级之间的一种资金往来。年终时，要清理核对上下级往来调剂资金。

8.1.2 年终结账

事业单位要在年终清理的基础上进行年终结账：在各个账户核对无误后，先办理12月月结工作，结出各账户的本月合计数和全年累计数，再以此为基础进行年终结账工作。年终结账工作包括年终转账、结清旧账和记入新账。

1. 年终转账

事业单位在确认全年发生的所有经济业务已经全部登记入账，经核对无误后，首先计算出各账户借方、贷方的 12 月发生额和全年累计数，结出 12 月末余额；然后编制结账前的资产负债表。试算平衡后，事业单位应结转各收支账户年终余额，根据各收支账户 12 月 31 日的余额填制记账凭证，按年终冲转办法办理冲转结账。

2．结清旧账

结清旧账是指将上述处理年终转账业务的凭证内容记入各有关账户后，结出各账户借方和贷方的全年累计数及其余额，以结清旧账。

3．记入新账

根据年终结账后各账户余额，编制年终决算的资产负债表和有关明细账户余额表，将表列各账户的余额数直接记入下一会计年度新建有关会计账簿的第一行余额栏内，并在摘要栏注明“上年结转”字样。

8.2　资产负债表

8.2.1　概述

资产负债表是反映单位某一特定日期财务状况的报表，反映单位在某一特定日期的全部资产、负债和净资产的情况。

资产负债表是会计报表的重要组成部分，可以提供反映会计期末单位占有或使用的资源、承担的债务和形成的净资产情况的会计信息。单位应当定期编制资产负债表，披露单位在会计期末的财务状况。资产负债表是单位会计报表体系中的主要报表，它能反映单位在某一时点占有或使用的经济资源和负担的债务情况，以及单位的偿债能力和财务前景。

事业单位的资产负债表由表首标题和报表主体构成。报表主体部分包括编报项目、栏目及金额。

1．表首标题

资产负债表的表首标题包括报表名称、编号（会政财 01 表）、编制单位、编表时间和金额单位等内容。资产负债表反映事业单位在某一时点的财务状况，属于静态报表，需要注明是某年某月某日的报表。按编报的时间不同，资产负债表分为月度资产负债表和年度资产负债表。

2. 报表主体

（1）编报项目。

资产负债表的编报项目包括资产、负债和净资产3个会计要素，按资产（左侧）和负债与净资产（右侧）排列，资产等于负债加净资产。资产项目按其流动性分别按流动资产、非流动资产排列；负债项目按其流动性分别按流动负债、非流动负债排列；净资产项目分别按基金净资产、结转（余）净资产排列。

（2）栏目及金额。

资产负债表包括“期末余额”和“年初余额”两栏数字。“期末余额”栏的数字根据本期各账户的期末余额直接填列，或经过分析、计算后填列；“年初余额”栏的数字根据上年末资产负债表中的“期末余额”栏内的数字填列。

8.2.2 填列说明

资产负债表的“年初余额”栏内的各项数字，应当根据上年末资产负债表“期末余额”栏内的数字填列。如果本年度资产负债表规定的各个项目的名称和内容同上年度不一致，则应当对上年末资产负债表项目的名称和数字按照本年度的规定进行调整，将调整后的数字填入资产负债表的“年初余额”栏内。如果本年度单位发生了因前期差错更正、会计政策变更等调整以前年度盈余的事项，还应当对“年初余额”栏中的有关项目金额进行相应调整。资产负债表中“资产总计”项目期末（年初）余额应当与“负债和净资产总计”项目期末（年初）余额相等。

1.“期末余额”栏资产类项目的内容和填列方法

资产类项目反映单位占用或者使用的资产情况，一般根据会计账簿中资产类账户的期末借方余额直接填列、合并填列、分析填列。

“货币资金”项目，反映单位期末库存现金、银行存款、零余额账户用款额度、其他货币资金的合计数。本项目应当根据“库存现金”“银行存款”“零余额账户用款额度”“其他货币资金”科目的期末余额的合计数填列；若单位存在通过“库存现金”“银行存款”科目核算的受托代理资产还应当按照前述合计数扣减“库存现金”“银行存款”科目下“受托代理资产”明细科目的期末余额后的金额填列。

“短期投资”项目，反映事业单位期末持有的短期投资的账面余额。本项目应当根据“短期投资”科目的期末余额填列。

“财政应返还额度”项目，反映单位期末财政应返还额度的金额。本项目应当根据“财政应返还额度”科目的期末余额填列。

“应收票据”项目，反映事业单位期末持有的应收票据的票面金额。本项目应当根据“应收票据”科目的期末余额填列。

“应收账款净额”项目，反映单位期末尚未收回的应收账款减去已计提的坏账准备后的净额。本项目应当根据“应收账款”科目的期末余额，减去“坏账准备”科目中对应收账款计提的坏账准备的期末余额后的金额填列。

“预付账款”项目，反映单位期末预付给商品或者劳务供应单位的款项。本项目应当根据“预付账款”科目的期末余额填列。

“应收股利”项目，反映事业单位期末因股权投资而应收取的现金股利或应当分得的利润。本项目应当根据“应收股利”科目的期末余额填列。

“应收利息”项目，反映事业单位期末因债券投资等而应收取的利息。事业单位购入的到期一次还本付息的长期债券投资持有期间应收的利息，不包括在本项目内。本项目应当根据“应收利息”科目的期末余额填列。

“其他应收款净额”项目，反映单位期末尚未收回的其他应收款减去已计提的坏账准备后的净额。本项目应当根据“其他应收款”科目的期末余额减去“坏账准备”科目中对其他应收款计提的坏账准备的期末余额后的金额填列。

“存货”项目，反映单位期末存储的存货的实际成本。本项目应当根据“在途物品”“库存物品”“加工物品”科目的期末余额的合计数填列。

“待摊费用”项目，反映单位期末已经支出，但应当由本期和以后各期负担的分摊期在 1 年以内（含 1 年）的各项费用。本项目应当根据“待摊费用”科目的期末余额填列。

“一年内到期的非流动资产”项目，反映单位期末非流动资产项目中将在 1 年内（含 1 年）到期的金额，如事业单位将在 1 年内（含 1 年）到期的长期债券投资金额。本项目应当根据“长期债券投资”等科目的明细科目的期末余额分析填列。

“其他流动资产”项目，反映单位期末除上述各项之外的其他流动资产的合计金额。本项目应当根据有关科目期末余额的合计数分析填列。

“流动资产合计”项目，反映单位期末流动资产的合计数。本项目应当根据资产负债表中“货币资金”“短期投资”“财政应返还额度”“应收票据”“应收账款净额”“预付账款”“应收股利”“应收利息”“其他应收款净额”“存货”“待摊费用”“一年内到期的非流动资产”“其他流动资产”项目金额的合计数填列。

“长期股权投资”项目，反映事业单位期末持有的长期股权投资的账面余额。本项目应当根据“长期股权投资”科目的期末余额填列。

“长期债券投资”项目，反映事业单位期末持有的长期债券投资的账面余额。本项目应当根据“长期债券投资”科目的期末余额减去其中将于 1 年内（含 1 年）到期的长期债券投资余额后的金额填列。

“固定资产原值”项目，反映单位期末固定资产的原值。本项目应当根据“固定资产”科目的期末余额填列。“固定资产累计折旧”项目，反映单位期末固定资产已计提的累计折旧金额。本项目应当根据“固定资产累计折旧”科目的期末余额填列。

“固定资产净值”项目，反映单位期末固定资产的账面价值。本项目应当根据“固定资产”科目期末余额减去“固定资产累计折旧”科目期末余额后的金额填列。

“工程物资”项目，反映单位期末为在建工程准备的各种物资的实际成本。本项目应当根据“工程物资”科目的期末余额填列。

“在建工程”项目，反映单位期末所有的建设项目工程的实际成本。本项目应当根据“在建工程”科目的期末余额填列。

“无形资产原值”项目，反映单位期末无形资产的原值。本项目应当根据“无形资产”科目的期末余额填列。“无形资产累计摊销”项目，反映单位期末无形资产已计提的累计摊销金额。本项目应当根据“无形资产累计摊销”科目的期末余额填列。

“无形资产净值”项目，反映单位期末无形资产的账面价值。本项目应当根据“无形资产”科目期末余额减去“无形资产累计摊销”科目期末余额后的金额填列。

“研发支出”项目，反映单位期末正在进行的无形资产开发项目开发阶段发生的累计支出数。本项目应当根据“研发支出”科目的期末余额填列。

“公共基础设施原值”项目，反映单位期末控制的公共基础设施的原值。本项目应当根据“公共基础设施”科目的期末余额填列。“公共基础设施累计折旧（摊销）”项目，反映单位期末控制的公共基础设施已计提的累计折旧和累计摊销金额。本项目应当根据“公共基础设施累计折旧（摊销）”科目的期末余额填列。

“公共基础设施净值”项目，反映单位期末控制的公共基础设施的账面价值。本项目应当根据“公共基础设施”科目期末余额减去“公共基础设施累计折旧（摊销）”科目的期末余额后的金额填列。

“政府储备物资”项目，反映单位期末控制的政府储备物资的实际成本。本项目应当根据“政府储备物资”科目的期末余额填列。

“文物文化资产”项目，反映单位期末控制的文物文化资产的成本。本项目应当根据“文物文化资产”科目的期末余额填列。

“保障性住房原值”项目，反映单位期末控制的保障性住房的原值。本项目应当根据“保障性住房”科目的期末余额填列。

“保障性住房累计折旧”项目，反映单位期末控制的保障性住房已计提的累计折旧金额。本项目应当根据“保障性住房累计折旧”科目的期末余额填列。

“保障性住房净值”项目，反映单位期末控制的保障性住房的账面价值。本项目应当根据“保障性住房”科目的期末余额减去“保障性住房累计折旧”科目期末余额后的金额填列。

“长期待摊费用”项目，反映单位期末已经支出，但应由本期和以后各期负担的分摊期限在 1 年以上（不含 1 年）的各项费用。本项目应当根据“长期待摊费用”科目的期末余额填列。

“待处理财产损溢”项目，反映单位期末尚未处理完毕的各种资产的净损失或净溢余。本项目应当根据“待处理财产损溢”科目的期末借方余额填列；如“待处理财产损溢”科目期末为贷方余额，以“-”号填列。

“其他非流动资产”项目，反映单位期末除上述各项之外的其他非流动资产的合计数。本项目应当根据有关科目的期末余额合计数填列。

“非流动资产合计”项目，反映单位期末非流动资产的合计数。本项目应当根据资产负债表中“长期股权投资”“长期债券投资”“固定资产净值”“工程物资”“在建工程”“无形资产净值”“研发支出”“公共基础设施净值”“政府储备物资”“文物文化资产”“保障性住房净值”“长期待摊费用”“待处理财产损溢”“其他非流动资产”项目金额的合计数填列。

“受托代理资产”项目，反映单位期末受托代理资产的价值。本项目应当根据“受托代理资产”科目的期末余额与“库存现金”“银行存款”科目下“受托代理资产”明细科目的期末余额的合计数填列。

“资产总计”项目，反映单位期末资产的合计数。本项目应当根据资产负债表中“流动资产合计”“非流动资产合计”“受托代理资产”项目金额的合计数填列。

2.“期末余额”栏负债类项目的内容和填列方法

负债类项目反映单位承担债务的情况，一般根据会计账簿中负债账户的期末贷方余额直接填列，或分析债务的偿还期后填列。

“短期借款”项目，反映事业单位期末短期借款的余额。本项目应当根据“短期借款”科目的期末余额填列。

“应交增值税”项目，反映单位期末应缴未缴的增值税额。本项目应当根据“应交增值税”科目的期末余额填列；如“应交增值税”科目期末为借方余额，则以“-”号填列。

“其他应交税费”项目，反映单位期末应缴未缴的除增值税以外的税费金额。本项目应当根据“其他应交税费”科目的期末余额填列；如“其他应交税费”科目期末为借方余额，则以“-”号填列。

“应缴财政款”项目，反映单位期末应当上缴财政但尚未缴纳的款项。本项目应当根据“应缴财政款”科目的期末余额填列。

“应付职工薪酬”项目，反映单位期末按有关规定应付给职工及为职工支付的各种薪酬。本项目应当根据“应付职工薪酬”科目的期末余额填列。

“应付票据”项目，反映事业单位期末应付票据的金额。本项目应当根据“应付票据”科目的期末余额填列。

“应付账款”项目，反映单位期末应当支付但尚未支付的偿还期限在1年以内（含1年）的应付账款的金额。本项目应当根据“应付账款”科目的期末余额填列。

“应付利息”项目，反映事业单位期末按照合同约定应支付的借款利息。事业单位到期一次还本付息的长期借款利息不包括在本项目内。本项目应当根据“应付利息”科目的期末余额填列。

“预收账款”项目，反映事业单位期末预先收取但尚未确认收入和实际结算的款项余额。本项目应当根据“预收账款”科目的期末余额填列。

“其他应付款”项目，反映单位期末其他各项偿还期限在1年内（含1年）的应付及暂收款项余额。本项目应当根据“其他应付款”科目的期末余额填列。

“预提费用”项目，反映单位期末已预先提取的已经发生但尚未支付的各项费用。本项目应当根据“预提费用”科目的期末余额填列。

“一年内到期的非流动负债”项目，反映单位期末将于 1 年内（含 1 年）偿还的非流动负债的余额。本项目应当根据“长期应付款”“长期借款”等科目的明细科目的期末余额分析填列。

“其他流动负债”项目，反映单位期末除上述各项之外的其他流动负债的合计数。本项目应当根据有关科目的期末余额的合计数填列。

“流动负债合计”项目，反映单位期末流动负债的合计数。本项目应当根据资产负债表“短期借款”“应交增值税”“其他应交税费”“应缴财政款”“应付职工薪酬”“应付票据”“应付账款”“应付利息”“预收账款”“其他应付款”“预提费用”“一年内到期的非流动负债”“其他流动负债”项目金额的合计数填列。

“长期借款”项目，反映事业单位期末长期借款的余额。本项目应当根据“长期借款”科目的期末余额减去其中将于 1 年内（含 1 年）到期的长期借款余额后的金额填列。

“长期应付款”项目，反映单位期末长期应付款的余额。本项目应当根据“长期应付款”科目的期末余额减去其中将于 1 年内（含 1 年）到期的长期应付款余额后的金额填列。

“预计负债”项目，反映单位期末已确认但尚未偿付的预计负债的余额。本项目应当根据“预计负债”科目的期末余额填列。

“其他非流动负债”项目，反映单位期末除上述各项之外的其他非流动负债的合计数。本项目应当根据有关科目的期末余额合计数填列。

“非流动负债合计”项目，反映单位期末非流动负债合计数。本项目应当根据资产负债表中“长期借款”“长期应付款”“预计负债”“其他非流动负债”项目金额的合计数填列。

“受托代理负债”项目，反映单位期末受托代理负债的金额。本项目应当根据“受托代理负债”科目的期末余额填列。

“负债合计”项目，反映单位期末负债的合计数。本项目应当根据资产负债表中“流动负债合计”“非流动负债合计”“受托代理负债”项目金额的合计数填列。

3.“期末余额”栏净资产类项目的内容和填列方法

净资产类项目反映单位净资产的情况，一般根据会计账簿中净资产账户的期末贷方余额直接填列。

“累计盈余”项目，反映单位期末未分配盈余（或未弥补亏损）以及无偿调拨净资产变动的累计数。本项目应当根据“累计盈余”科目的期末余额填列。

“专用基金”项目，反映事业单位期末累计提取或设置但尚未使用的专用基金余额。本项目应当根据“专用基金”科目的期末余额填列。

“权益法调整”项目，反映事业单位期末在被投资单位除净损益和利润分配以外的所有者权益变动中累积享有的份额。本项目应当根据“权益法调整”科目的期末余额填列。如“权益法调整”科目期末为借方余额，以“-”号填列。

“无偿调拨净资产”项目，反映单位本年度截至报告期期末无偿调入的非现金资产价值扣减无偿调出的非现金资产价值后的净值。本项目仅在月度报表中列示，年度报表中不列示。月度报表中本项目应当根据“无偿调拨净资产”科目的期末余额填列；“无偿调拨净资产”科目期末为借方余额时，以“-”号填列。

“本期盈余”项目，反映单位本年度截至报告期期末实现的累计盈余或亏损。本项目仅在月度报表中列示，年度报表中不列示。月度报表中本项目应当根据“本期盈余”科目的期末余额填列；“本期盈余”科目期末为借方余额时，以“-”号填列。

“净资产合计”项目，反映单位期末净资产合计数。本项目应当根据本表中“累计盈余”“专用基金”“权益法调整”“无偿调拨净资产”[月度报表]、“本期盈余”[月度报表]项目金额的合计数填列。

“负债和净资产总计”项目，应当按照资产负债表中“负债合计”“净资产合计”项目金额的合计数填列。

8.2.3 案例分析

【例 8-1】2×18 年 12 月 31 日，结账后，某事业单位的各资产、负债和净资产类会计科目见表 8-1。据此编制该单位的资产负债表。

表 8-1　　科目余额表

2×18 年 12 月 31 日　　单位：元

资产	借方余额	负债和净资产	贷方余额
库存现金	3 500	短期借款	120 000
银行存款	161 500	应交增值税	0

续表

资产	借方余额	负债和净资产	贷方余额
零余额账户用款额度	0	其他应交税费	0
短期投资	22 500	应缴财政款	0
财政应返还额度	36 000	应付职工薪酬	0
应收票据	12 000	应付票据	0
应收账款	40 000	应付账款	8 000
预付账款	13 000	预收账款	1 000
其他应收款	4 500	其他应付款	2 000
存货	331 000	长期借款	320 000
长期股权投资	161 000	长期应付款	0
固定资产	1 957 500	累计盈余	1 106 000
固定资产累计折旧	−507 500	专用基金	1 000 000
在建工程	86 000	权益法调整	28 000
无形资产	266 000		
无形资产累计摊销	−53 000		
待处理财产损溢	51 000		
合计	2 585 000	合计	2 585 000

2×18 年 12 月 31 日编制的资产负债表若为年末资产负债表，则“年初余额”栏内各项数字，应当根据上年末资产负债表“期末余额”栏内数字填列。“期末余额”栏内各项数字根据各账户的期末余额直接填列、合并填列或分析填列。主要项目的填列说明如下。

（1）“货币资金”项目。

货币资金的数额为库存现金、银行存款和零余额账户用款额度的合计数。

货币资金 =3 500+161 500+0=165 000（元）。

（2）“固定资产净值”“无形资产净值”项目。

固定资产净值、无形资产净值按扣除累计折旧、累计摊销后的数额填列。

固定资产净值 =1 957 500−507 500=1 450 000（元）。

无形资产净值 =266 000−53 000=213 000（元）。

（3）“长期借款”项目。

长期借款中，将于 1 年内（含 1 年）偿还的借款为 85 000 元，应列入“其他流动负债”项目。

长期借款 =320 000−85 000=235 000（元）。

其他流动负债 =85 000 元。

（4）其他项目。

其他各项目均可根据各账户的期末余额直接填列。资产总计、负债合计、净资产合计等项目的数额按其内容汇总后填列。编制完成的 2×18 年 12 月 31 日的资产负债表见表 8-2。

并结合年初余额绘制出下列资产负债表。

表 8-2 **资产负债表**

会政财 01 表

编制单位：××× 2×18 年 12 月 31 日 单位：元

资产	期末余额	年初余额	负债和净资产	期末余额	年初余额
流动资产：			流动负债：		
货币资金	165 000	142 000	短期借款	120 000	100 000
短期投资	22 500	19 500	应交增值税	0	0
财政应返还额度	36 000	21 000	其他应交税费	0	0
应收票据	12 000	10 000	应缴财政款	0	0
应收账款净额	40 000	60 000	应付职工薪酬	0	0
预付账款	13 000	6 000	应付票据	0	1 000
应收股利	0	0	应付账款	8 000	5 000
应收利息	0	0	应付利息	0	0
其他应收款净额	4 500	3 000	预收账款	1 000	0
存货	331 000	323 500	其他应付款	2 000	3 000
待摊费用	0	0	预提费用	0	0
一年内到期的非流动资产	0	0	一年内到期的非流动负债	0	0
其他流动资产	0	0	其他流动负债	85 000	0
流动资产合计	624 000	585 000	流动负债合计	216 000	109 000

续表

资产	期末余额	年初余额	负债和净资产	期末余额	年初余额
非流动资产：			非流动负债：		
长期股权投资	161 000	100 000	长期借款	235 000	270 000
长期债券投资	0	0	长期应付款	0	0
固定资产原值	1 957 500	1 512 000	预计负债	0	0
减：固定资产累计折旧	507 500	392 000	其他非流动负债	0	0
固定资产净值	1 450 000	1 120 000	非流动负债合计	235 000	270 000
工程物资	0	0	受托代理负债	0	0
在建工程	86 000	150 000	负债合计	451 000	379 000
无形资产原值	266 000	287 500			
减：无形资产累计摊销	53 000	57 500			
无形资产净值	213 000	230 000			
研发支出	0	0			
公共基础设施原值	0	0			
减：公共基础设施累计折旧（摊销）	0	0			
公共基础设施净值	0	0			
政府储备物资	0	0			
文物文化资产	0	0			
保障性住房原值	0	0			
减：保障性住房累计折旧	0	0	净资产：		
保障性住房净值	0	0	累计盈余	1 106 000	1 000 000
长期待摊费用	0	0	专用基金	1 000 000	800 000
待处理财产损溢	51 000	0	权益法调整	28 000	6 000
其他非流动资产	0	0	无偿调拨净资产		—
非流动资产合计	1 961 000	1 600 000	本期盈余		—
受托代理资产	0	0	净资产合计	2 134 000	1 806 000
资产总计	2 585 000	2 185 000	负债和净资产总计	2 585 000	2 185 000

8.3 收入费用表

8.3.1 概述

收入费用表是反映单位在一定会计期间的事业成果及其分配情况的会计报表，反映单位在某一会计期间内发生的各项收入、费用和当期盈余情况。

收入费用表是单位会计报表的重要组成部分，可以提供一定时期单位收入总额及构成情况、费用总额及构成情况，以及盈余及其分配内容的会计信息。单位应当定期编制收入费用表，披露单位在一定会计期间的业务活动成果。

单位的收入费用表由表首标题和报表主体构成。报表主体部分包括编报项目、栏目及金额。

1. 表首标题

收入费用表的表首标题包括报表名称、编号（会政财02表）、编制单位、编表时间和金额单位等内容。由于收入费用表反映单位在某一时期的事业成果，属于动态报表，因此需要注明报表所属的期间，如××××年××月、××××年度。按编报时间的不同，收入费用表分为月度收入费用表和年度收入费用表。

2. 报表主体

（1）编报项目。

收入费用表应当按照收入、费用的构成和盈余分配情况分别列示，按本期收入、本期费用和本期盈余等项目分层次排列。

（2）栏目及金额。

月度收入费用表由“本月数”“本年累计数”“项目”三栏组成，年度收入费用表由“上年数”“本年数”“项目”三栏组成。收入费用表的各栏数额，应当根据相关收支账户的“本月合计数”和“本年累计数”的发生额填列，或经过计算、分析后填列。

8.3.2 填列说明

收入费用表反映单位在某一会计期间内发生的收入、费用及当期盈余情况。

收入费用表“本月数”栏反映各项目的本月实际发生数。编制年度收入费用表时，应当将本栏改为“本年数”栏，反映各项目的本年度实际发生数。

收入费用表“本年累计数”栏反映各项目自年初至报告期期末的累计实际发生数。编制年度收入费用表时，应当将本栏改为“上年数”栏，反映上年度各项目的实际发生数，“上年数”栏应当根据上年年度收入费用表中“本年数”栏内所列数字填列。

如果本年度收入费用表规定的项目的名称和内容同上年度不一致，则应当对上年度收入费用表项目的名称和数字按照本年度的规定进行调整，将调整后的金额填入本年度收入费用表的“上年数”栏内。

如果本年度单位发生了因前期差错更正、会计政策变更等调整以前年度盈余的事项，还应当对年度收入费用表中“上年数”栏中的有关项目金额进行相应调整。

1．本期收入

“本期收入”项目，反映单位本期收入总额。本项目应当根据收入费用表中“财政拨款收入”“事业收入”“上级补助收入”“附属单位上缴收入”“经营收入”“非同级财政拨款收入”“投资收益”“捐赠收入”“利息收入”“租金收入”“其他收入”项目金额的合计数填列。

“财政拨款收入”项目，反映单位本期从同级政府财政部门取得的各类财政拨款。本项目应当根据“财政拨款收入”科目的本期发生额填列。“政府性基金收入”项目，反映单位本期取得的财政拨款收入中属于政府性基金预算拨款的金额。本项目应当根据“财政拨款收入”相关明细科目的本期发生额填列。

“事业收入”项目，反映事业单位本期开展专业业务活动及其辅助活动实现的收入。本项目应当根据“事业收入”科目的本期发生额填列。

“上级补助收入”项目，反映事业单位本期从主管部门和上级单位收到或应收的非财政拨款收入。本项目应当根据“上级补助收入”科目的本期发生额填列。

“附属单位上缴收入”项目，反映事业单位本期收到或应收的独立核算的附属单位按照有关规定上缴的收入。本项目应当根据“附属单位上缴收入”科目的本期发生额填列。

“经营收入”项目，反映事业单位本期在专业业务活动及其辅助活动之外开展非独立核算经营活动实现的收入。本项目应当根据“经营收入”科目的本期发生额填列。

“非同级财政拨款收入”项目，反映单位本期从非同级政府财政部门取得的财政拨款，不包括事业单位因开展科研及其辅助活动从非同级财政部门取得的经费拨款。本项目应当根据“非同级财政拨款收入”科目的本期发生额填列。

“投资收益”项目，反映事业单位本期股权投资和债券投资所实现的收益或发生的损失。本项目应当根据“投资收益”科目的本期发生额填列；如为投资净损失，则以“-”号填列。

“捐赠收入”项目，反映单位本期接受捐赠取得的收入。本项目应当根据“捐赠收入”科目的本期发生额填列。

“利息收入”项目，反映单位本期取得的银行存款利息收入。本项目应当根据“利息收入”科目的本期发生额填列。

“租金收入”项目，反映单位本期经批准利用国有资产出租取得并按规定纳入本单位预算管理的租金收入。本项目应当根据“租金收入”科目的本期发生额填列。

“其他收入”项目，反映单位本期取得的除以上收入项目外的其他收入的总额。本项目应当根据“其他收入”科目的本期发生额填列。

2. 本期费用

“本期费用”项目，反映单位本期费用总额。本项目应当根据收入费用表中“业务活动费用”“单位管理费用”“经营费用”“资产处置费用”“上缴上级费用”“对附属单位补助费用”“所得税费用”“其他费用”项目金额的合计数填列。

“业务活动费用”项目，反映单位本期为实现其职能目标，依法履职或开展专业业务活动及其辅助活动所发生的各项费用。本项目应当根据“业务活动费用”科目本期发生额填列。

“单位管理费用”项目，反映事业单位本期本级行政及后勤管理部门开展管理活动发生的各项费用，以及由单位统一负担的离退休人员经费、工会经费、诉讼费、中介费等。本项目应当根据“单位管理费用”科目的本期发生额填列。

“经营费用”项目，反映事业单位本期在专业业务活动及其辅助活动之外开展非独立核算经营活动发生的各项费用。本项目应当根据“经营费用”科目的本期发生额填列。

“资产处置费用”项目，反映单位本期经批准处置资产时转销的资产价值以及在处置过程中发生的相关费用或者处置收入小于处置费用形成的净支出。本项目应当根据“资产处置费用”科目的本期发生额填列。

“上缴上级费用”项目，反映事业单位按照规定上缴上级单位款项发生的费用。本项目应当根据“上缴上级费用”科目的本期发生额填列。

“对附属单位补助费用”项目，反映事业单位用财政拨款收入之外的收入对附属单位补助发生的费用。本项目应当根据“对附属单位补助费用”科目的本期发生额填列。

“所得税费用”项目，反映有企业所得税缴纳义务的事业单位本期计算的应缴纳的企业所得税。本项目应当根据“所得税费用”科目的本期发生额填列。

“其他费用”项目，反映单位本期发生的除以上费用项目外的其他费用的总额。本项目应当根据“其他费用”科目的本期发生额填列。

3. 本期盈余

“本期盈余”项目，反映单位本期收入扣除本期费用后的净额。本项目应当根据本表中“本期收入”项目金额减去“本期费用”项目金额后的金额填列；如为负数，则以“-”号填列。

8.3.3　案例分析

【例 8-2】某事业单位 2×18 年的收入、费用类科目的发生额见表 8-3。该事业单位无企业所得税缴纳义务。

表 8-3　　收入、费用类科目发生额

2×18 年度　　　　单位：元

费用类	本年累计数	收入类	本年累计数
业务活动费用	11 000 000	财政拨款收入	10 000 000
单位管理费用	200 000	其中：公共预算性收入	8 500 000
经营费用	156 000	政府性基金收入	1 500 000
资产处置费用	280 000	事业收入	6 180 000
上缴上级费用	5 320 000	上级补助收入	1 824 000
对附属单位补助费用	1 512 000	附属单位上缴收入	300 000
所得税费用	0	经营收入	252 000
其他费用	60 000	非同级财政拨款收入	200 000
		投资收益	10 000
		捐赠收入	75 000
		利息收入	20 000

续表

费用类	本年累计数	收入类	本年累计数
		租金收入	20 000
		其他收入	144 000
费用合计	18 528 000	收入合计	19 025 000

编制该事业单位的2×18年度收入费用表时，省略了“上年数”栏数字。“本年数”栏主要项目的填列说明如下。

1. 本期收入

本期收入 =10 000 000+1 824 000+6 180 000+300 000+252 000+200 000+10 000+75 000+20 000+20 000+144 000=19 025 000（元）。

2. 本期费用

本期费用 =11 000 000+200 000+156 000+280 000+5 320 000+1 512 000+60 000=18 528 000（元）。

3. 本期盈余

本期盈余 =19 025 000 － 18 528 000 =497 000（元）。

编制完成的事业单位2×18年度收入费用表见表8-4。

表8-4　　　　收入费用表

会政财02表

编制单位：××××　　　　2×18年度　　　　单位：元

项目	本月数（略）	本年累计数
一、本期收入		19 025 000
（一）财政拨款收入		10 000 000
其中：政府性基金收入		1 500 000
（二）事业收入		6 180 000
（三）上级补助收入		1 824 000
（四）附属单位上缴收入		300 000
（五）经营收入		252 000
（六）非同级财政拨款收入		200 000
（七）投资收益		10 000
（八）捐赠收入		75 000

续表

项目	本月数（略）	本年累计数
（九）利息收入		20 000
（十）租金收入		20 000
（十一）其他收入		144 000
二、本期费用		18 528 000
（一）业务活动费用		11 000 000
（二）单位管理费用		200 000
（三）经营费用		156 000
（四）资产处置费用		280 000
（五）上缴上级费用		5 320 000
（六）对附属单位补助费用		1 512 000
（七）所得税费用		0
（八）其他费用		60 000
三、本期盈余		497 000

8.4　净资产变动表

8.4.1　概述

净资产变动表是反映单位在某一会计年度内净资产项目变动情况的报表。

净资产变动表是单位会计报表的重要组成部分，可以提供一定时期内单位净资产各个组成项目金额的变动情况。单位应当定期编制净资产变动表，披露单位在一定会计期间的资产结存状况。

单位的净资产变动表由表首标题和报表主体构成。报表主体部分包括编报项目、栏目及金额。

1. 表首标题

净资产变动表的表首标题包括报表名称、编号（会政财 03 表）、编制单位、编表时间和金额单位等内容。由于净资产变动表反映单位在某一时期的资产情况，属于动态报表，因此需要注明报表所属的期间，如 ×××× 年度。

2. 报表主体

（1）编报项目。

净资产变动表应当分项列示本年数、上年数等情况，按上年末余额、本年初余额、以前年度盈余调整和本年变动金额、本年年末余额等项目分层次排列。

（2）栏目及金额。

净资产变动表由“本年数”“上年数”“项目”三栏组成。净资产变动表的各栏数额，应当根据相关账户的“上年数”和“本年数”的发生额填列，或经过计算、分析后填列。

8.4.2 填列说明

净资产变动表中的“本年数”栏反映本年度各项目的实际变动数。净资产变动表中的“上年数”栏反映上年度各项目的实际变动数，应当根据上年度净资产变动表中的“本年数”栏内所列数字填列。如果上年度净资产变动表规定的项目的名称和内容与本年度不一致，应对上年度净资产变动表项目的名称和数字按照本年度的规定进行调整，将调整后金额填入本年度净资产变动表“上年数”栏内。

“上年年末余额”行，反映单位净资产各项目上年末的余额。本行各项目应当根据“累计盈余”“专用基金”“权益法调整”科目上年末余额填列。

“以前年度盈余调整”行，反映单位本年度调整以前年度盈余的事项对累计盈余进行调整的金额。本行“累计盈余”项目应当根据本年度“以前年度盈余调整”科目转入“累计盈余”科目的金额填列；如调整减少累计盈余，则以“-”号填列。

“本年年初余额”行，反映经过以前年度盈余调整后，单位净资产各项目的本年初余额。本行“累计盈余”“专用基金”“权益法调整”项目应当根据其各自在“上年年末余额”和“以前年度盈余调整”行对应项目金额的合计数填列。

“本年变动金额”行，反映单位净资产各项目本年变动总金额。本行“累计盈余”“专用基金”“权益法调整”项目应当根据其各自在“本年盈余”“无偿调拨净资产”“归集调整预算结转结余”“提取或设置专用基金”“使用专用基金”“权益法调整”行对应项目金额的合计数填列。

“本年盈余”行，反映单位本年发生的收入、费用对净资产的影响。本行“累计盈余”项目应当根据年末由“本期盈余”科目转入“本年盈余分配”科目的金额填列；如转入时借记“本年盈余分配”科目，则以“-”号填列。

“无偿调拨净资产”行，反映单位本年无偿调入、调出非现金资产事项对净资产的影响。本行“累计盈余”项目应当根据年末由“无偿调拨净资产”科目转入“累计盈余”科目的金额填列；如转入时借记“累计盈余”科目，则以“-”号填列。

“归集调整预算结转结余”行，反映单位本年财政拨款结转结余资金归集调入、归集上缴或调出，以及非财政拨款结转资金缴回对净资产的影响。本行“累计盈余”项目应当根据“累计盈余”科目明细账记录分析填列；如归集调整减少预算结转结余，则以“-”号填列。

“提取或设置专用基金”行，反映单位本年提取或设置专用基金对净资产的影响。本行“累计盈余”项目应当根据“从预算结余中提取”行“累计盈余”项目的金额填列。本行“专用基金”项目应当根据“从预算收入中提取”“从预算结余中提取”“设置的专用基金”行“专用基金”项目金额的合计数填列。

“从预算收入中提取”行，反映单位本年从预算收入中提取专用基金对净资产的影响。本行“专用基金”项目应当通过对“专用基金”科目明细账记录的分析，根据本年按有关规定从预算收入中提取基金的金额填列。

“从预算结余中提取”行，反映单位本年根据有关规定从本年度非财政拨款结余或经营结余中提取专用基金对净资产的影响。本行“累计盈余”“专用基金”项目应当通过对“专用基金”科目明细账记录的分析，根据本年按有关规定从本年度非财政拨款结余或经营结余中提取专用基金的金额填列；本行“累计盈余”项目以“-”号填列。

“设置的专用基金”行，反映单位本年根据有关规定设置的其他专用基金对净资产的影响。本行“专用基金”项目应当通过对“专用基金”科目明细账记录的分析，根据本年按有关规定设置的其他专用基金的金额填列。

“使用专用基金”行，反映单位本年按规定使用专用基金对净资产的影响。本行“累计盈余”“专用基金”项目应当通过对“专用基金”科目明细账记录的分析，根据本年按规定使用专用基金的金额填列；本行“专用基金”项目以“-”号填列。

“权益法调整”行，反映单位本年按照被投资单位除净损益和利润分配以外的所有者权益变动份额而调整长期股权投资账面余额对净资产的影响。本行“权益法调整”项目应当根据“权益法调整”科目本年发生额填列；若本年净发生额为借方时，以“-”号填列。

“本年年末余额”行，反映单位本年各净资产项目的年末余额。本行“累计盈余”“专用基金”“权益法调整”项目应当根据其各自在“本年年初余额”“本年变动金额”行对应项目金额的合计数填列。

净资产变动表各行“净资产合计”项目，应当根据所在行“累计盈余”“专用基金”“权益法调整”项目金额的合计数填列。

8.4.3 案例分析

【例 8-3】某单位 2×18 年运营增加的累计盈余为 106 000 元，政府下拨的专用基金为 200 000 元，按购买的长期股权投资除净损益和利润分配以外的所有者权益变动份额而调整长期股权投资账面余额 22 000 元。据此编制该单位的净资产变动表，如表 8-5 所示。已知累计盈余、专用基金、权益法调整上年年余额分别为 1 000 000，800 000，6 000 元；累计盈余、本年盈余、无偿调拨净资产分别为 100 000 和 6 000 元。

表 8-5　　净资产变动表

会政财 03 表

编制单位：×××　　2×18 年　　单位：元

项目	本年数				上年数（略）			
	累计盈余	专用基金	权益法调整	净资产合计	累计盈余	专用基金	权益法调整	净资产合计
一、上年年余额	1 000 000	800 000	6 000	1 806 000				
二、以前年度盈余调整（减少以“-”号填列）	0	—	—	0		—	—	
三、本年年初余额	1 000 000	800 000	6 000	1 806 000				
四、本年变动金额（减少以“-”号填列）	106 000	200 000	22 000	328 000				
（一）本年盈余	100 000	—	—	100 000		—	—	
（二）无偿调拨净资产	6 000	—	—	6 000		—	—	

续表

项目	本年数				上年数（略）			
	累计盈余	专用基金	权益法调整	净资产合计	累计盈余	专用基金	权益法调整	净资产合计
（三）归集调整预算结转结余	0	—	—	0		—	—	
（四）提取或设置专用基金	0	200 000	—	200 000			—	
其中：从预算收入中提取	—	0	—	0	—		—	
从预算结余中提取	0	0	—	0			—	
设置的专用基金	—	200 000	—	200 000	—		—	
（五）使用专用基金	0	0	—	0			—	
（六）权益法调整	—	—	22 000	22 000	—	—		
五、本年年末余额	1 106 000	1 000 000	28 000	2 134 000				

8.5　现金流量表

8.5.1　概述

现金流量表是反映单位在某一会计年度内现金流入和流出情况的报表。

现金流量表是单位会计报表的重要组成部分，可以提供一定时期内单位现金流入、流出情况和会计信息。单位应当定期编制现金流量表，披露单位在一定会计期间的现金流入、流出情况。

单位的现金流量表由表首标题和报表主体构成。报表主体部分包括编报项目、栏目及金额。

1. 表首标题

现金流量表的表首标题包括报表名称、编号（会政财 04 表）、编制单位、编表时间和金额单位等内容。由于现金流量表反映单位在某一时期的现金流入、流出情况，属于动态报表，因此需要注明报表所属的期间，如××××年度。

2. 报表主体

（1）编报项目。

现金流量表应当按照本年日常活动、投资活动和筹资活动情况分别列示，按日常活动产生现金流量、投资活动产生现金流量和筹资活动产生现金流量等项目分层次排列。

（2）栏目及金额。

现金流量表的各栏数额，应当根据相关账户的“上年金额”和“本年金额”的发生额填列，或经过计算、分析后填列。

8.5.2 填列说明

现金流量表反映单位在某一会计年度内现金流入和流出的信息。

现金流量表所指的现金，是指单位的库存现金以及其他可以随时用于支付的款项，包括库存现金、可以随时用于支付的银行存款、其他货币资金、零余额账户用款额度、财政应返还额度，以及通过财政直接支付方式支付的款项。

现金流量表应当按照日常活动、投资活动、筹资活动的现金流量分别列示。现金流量表所指的现金流量，是指现金的流入和流出。

现金流量表“本年金额”栏反映各项目的本年实际发生数。现金流量表“上年金额”栏反映各项目的上年实际发生数，应当根据上年现金流量表中“本年金额”栏内所列数字填列。

单位应当采用直接法编制现金流量表。

1. 日常活动产生的现金流量

“财政基本支出拨款收到的现金”项目，反映单位本年接受财政基本支出拨款取得的现金。本项目应当根据“零余额账户用款额度”“财政拨款收入”“银行存款”等科目及其所属明细科目的记录分析填列。

“财政非资本性项目拨款收到的现金”项目，反映单位本年接受除用于购建固定资产、无形资产、公共基础设施等资本性项目以外的财政项目拨款取得的现金。本项目应当根据“银行存款”“零余额账户用款额度”“财政拨款收入”等科目及其所属明细科目的记录分析填列。

“事业活动收到的除财政拨款以外的现金”项目，反映事业单位本年开展专业业务活动及其辅助活动取得的除财政拨款以外的现金。本项目应当根据“库存现金”“银行存款”“其他货币资金”“应收账款”“应收票据”“预收账款”“事业收入”等科目及其所属明细科目的记录分析填列。

“收到的其他与日常活动有关的现金”项目，反映单位本年收到的除以上项目之外的与日常活动有关的现金。本项目应当根据“库存现金”“银行存款”“其他货币资金”“上级补助收入”“附属单位上缴收入”“经营收入”“非同级财政拨款收入”“捐赠收入”“利息收入”“租金收入”“其他收入”等科目及其所属明细科目的记录分析填列。

“日常活动的现金流入小计”项目，反映单位本年日常活动产生的现金流入的合计数。本项目应当根据现金流量表中“财政基本支出拨款收到的现金”“财政非资本性项目拨款收到的现金”“事业活动收到的除财政拨款以外的现金”“收到的其他与日常活动有关的现金”项目金额的合计数填列。

“购买商品、接受劳务支付的现金”项目，反映单位本年在日常活动中用于购买商品、接受劳务支付的现金。本项目应当根据“库存现金”“银行存款”“财政拨款收入”“零余额账户用款额度”“预付账款”“在途物品”“库存物品”“应付账款”“应付票据”“业务活动费用”“单位管理费用”“经营费用”等科目及其所属明细科目的记录分析填列。

“支付给职工以及为职工支付的现金”项目，反映单位本年支付给职工以及为职工支付的现金。本项目应当根据“库存现金”“银行存款”“零余额账户用款额度”“财政拨款收入”“应付职工薪酬”“业务活动费用”“单位管理费用”“经营费用”等科目及其所属明细科目的记录分析填列。

“支付的各项税费”项目，反映单位本年用于缴纳日常活动相关税费而支付的现金。本项目应当根据“库存现金”“银行存款”“零余额账户用款额度”“应交增值税”“其他应交税费”“业务活动费用”“单位管理费用”“经营费用”“所得税费用”等科目及其所属明细科目的记录分析填列。

“支付的其他与日常活动有关的现金”项目，反映单位本年支付的除上述项目之外与日常活动有关的现金。本项目应当根据“库存现金”“银行存款”“零余额账户用款额度”“财政拨款收入”“其他应付款”“业务活动费用”“单位管理费用”“经营费用”“其他费用”等科目及其所属明细科目的记录分析填列。

“日常活动的现金流出小计”项目，反映单位本年日常活动产生的现金流出的合计数。本项目应当根据现金流量表中“购买商品、接受劳务支付的现金”“支付给职工以及为职工支付的现金”“支付的各项税费”“支付的其他与日常活动有关的现金”项目金额的合计数填列。

“日常活动产生的现金流量净额”项目，应当按照现金流量表中“日常活动的现金流入小计”项目金额减去“日常活动的现金流出小计”项目金额后的金额填列；如为负数，则以“-”号填列。

2. 投资活动产生的现金流量

“收回投资收到的现金”项目，反映单位本年出售、转让或者收回投资收到的现金。本项目应该根据“库存现金”“银行存款”“短期投资”“长期股权投资”“长期债券投资”等科目的记录分析填列。

“取得投资收益收到的现金”项目，反映单位本年因对外投资而收到被投资单位分配的股利或利润，以及收到投资利息而取得的现金。本项目应当根据“库存现金”“银行存款”“应收股利”“应收利息”“投资收益”等科目的记录分析填列。

“处置固定资产、无形资产、公共基础设施等收回的现金净额”项目，反映单位本年处置固定资产、无形资产、公共基础设施等非流动资产所取得的现金，减去为处置这些资产而支付的有关费用之后的净额。自然灾害所造成的固定资产等长期资产损失而收到的保险赔款收入，也在本项目反映。本项目应当根据“库存现金”“银行存款”“待处理财产损溢”等科目的记录分析填列。

“收到的其他与投资活动有关的现金”项目，反映单位本年收到的除上述项目之外与投资活动有关的现金。对于金额较大的现金流入，应当单列项目反映。本项目应当根据“库存现金”“银行存款”等有关科目的记录分析填列。

“投资活动的现金流入小计”项目，反映单位本年投资活动产生的现金流入的合计数。本项目应当根据现金流量表中“收回投资收到的现金”“取得投资收益收到的现金”“处置固定资产、无形资产、公共基础设施等收回的现金净额”“收到的其他与投资活动有关的现金”项目金额的合计数填列。

“购建固定资产、无形资产、公共基础设施等支付的现金”项目，反映单位本年购买和建造固定资产、无形资产、公共基础设施等非流动资产所支付的现金；融资租入固定资产支付的租赁费不在本项目反映，在筹资活动的现金流量中反映。本项目应当根据“库存现金”“银行存款”“固定资产”“工程物资”“在建工程”“无形资产”“研发支出”“公共基础设施”“保障性住房”等科目的记录分析填列。

“对外投资支付的现金”项目，反映单位本年为取得短期投资、长期股权投资、长期债券投资而支付的现金。本项目应当根据“库存现金”“银行存款”“短期投资”“长期股权投资”“长期债券投资”等科目的记录分析填列。

“上缴处置固定资产、无形资产、公共基础设施等净收入支付的现金”项目，反映本年单位将处置固定资产、无形资产、公共基础设施等非流动资产所收回的现金净额予以上缴财政所支付的现金。本项目应当根据“库存现金”“银行存款”“应缴财政款”等科目的记录分析填列。

“支付的其他与投资活动有关的现金”项目，反映单位本年支付的除上述项目之外与投资活动有关的现金。对于金额较大的现金流出，应当单列项目反映。本项目应当根据“库存现金”“银行存款”等有关科目的记录分析填列。

“投资活动的现金流出小计”项目，反映单位本年投资活动产生的现金流出的合计数。本项目应当根据现金流量表中“购建固定资产、无形资产、公共基础设施等支付的现金”“对外投资支付的现金”“上缴处置固定资产、无形资产、公共基础设施等净收入支付的现金”“支付的其他与投资活动有关的现金”项目金额的合计数填列。

“投资活动产生的现金流量净额”项目，应当按照现金流量表中“投资活动的现金流入小计”项目金额减去“投资活动的现金流出小计”项目金额后的金额填列；如为负数，则以“-”号填列。

3. 筹资活动产生的现金流量

“财政资本性项目拨款收到的现金”项目，反映单位本年接受用于购建固定资产、无形资产、公共基础设施等资本性项目的财政项目拨款取得的现金。本项目应当根据“银行存款”“零余额账户用款额度”“财政拨款收入”等科目及其所属明细科目的记录分析填列。

“取得借款收到的现金”项目，反映事业单位本年举借短期、长期借款所收到的现金。本项目应当根据“库存现金”“银行存款”“短期借款”“长期借款”等科目记录分析填列。

“收到的其他与筹资活动有关的现金”项目，反映单位本年收到的除上述项目之外与筹资活动有关的现金。对于金额较大的现金流入，应当单列项目反映。本项目应当根据“库存现金”“银行存款”等有关科目的记录分析填列。

“筹资活动的现金流入小计”项目，反映单位本年筹资活动产生的现金流入的合计数。本项目应当根据现金流量表中“财政资本性项目拨款收到的现金”“取得借款收到的现金”“收到的其他与筹资活动有关的现金”项目金额的合计数填列。

“偿还借款支付的现金”项目，反映事业单位本年偿还借款本金所支付的现金。本项目应当根据“库存现金”“银行存款”“短期借款”“长期借款”等科目的记录分析填列。

“偿付利息支付的现金”项目，反映事业单位本年支付的借款利息等。本项目应当根据“库存现金”“银行存款”“应付利息”“长期借款”等科目的记录分析填列。

“支付的其他与筹资活动有关的现金”项目，反映单位本年支付的除上述项目之外与筹资活动有关的现金，如融资租入固定资产所支付的租赁费。本项目应当根据“库存现金”“银行存款”“长期应付款”等科目的记录分析填列。

“筹资活动的现金流出小计”项目，反映单位本年筹资活动产生的现金流出的合计数。本项目应当根据现金流量表中“偿还借款支付的现金”“偿付利息支付的现金”“支付的其他与筹资活动有关的现金”项目金额的合计数填列。

“筹资活动产生的现金流量净额”项目，应当按照现金流量表中“筹资活动的现金流入小计”项目金额减去“筹资活动的现金流出小计”项目金额后的金额填列；如为负数，则以“-”号填列。

4.“汇率变动对现金的影响额”项目

“汇率变动对现金的影响额”项目反映单位本年外币现金流量折算为人民币时，所采用的现金流量发生日的汇率折算的人民币金额与外币现金流量净额按期末汇率折算的人民币金额之间的差额。

5.“现金净增加额”项目

“现金净增加额”项目反映单位本年现金变动的净额。本项目应当根据现金流量表中“日常活动产生的现金流量净额”“投资活动产生的现金流量净额”“筹资活动产生的现金流量净额”“汇率变动对现金的影响额”项目金额的合计数填列；如为负数，则以“-”号填列。

8.5.3 案例分析

【例 8-4】某事业单位2×18年与日常活动、投资活动、筹资活动相关的科目的发生额如表 8-6 所示。该事业单位无企业所得税缴纳义务，无汇率变动影响。

表 8–6 与日常活动、投资活动、筹资活动相关的科目发生额

2×18 年 单位：元

日期	摘要	借	贷	现金流入	现金流出
2 月 1 日	支付工资		11 000		支付给职工以及为职工支付的现金
2 月 3 日	提现		800		
3 月 4 日	财政基本拨款	100 000		财政基本支出拨款收到的现金	
3 月 4 日	购买固定资产		3 000		购建固定资产、无形资产、公共基础设施等支付的现金
3 月 7 日	财政非资本性项目拨款	200 000		财政非资本性项目拨款收到的现金	
3 月 10 日	购买商品		10 600		购买商品、接受劳务支付的现金
4 月 1 日	支付工资		11 000		支付给职工以及为职工支付的现金
4 月 3 日	事业活动收到现金	3 000		事业活动收到的除财政拨款以外的现金	
4 月 5 日	收到 3 月应收款项	1 030		收到的其他与日常活动有关的现金	
4 月 6 日	支付税金		420		支付的各项税费
4 月 8 日	进行公共基础设施投资		5 000		购建固定资产、无形资产、公共基础设施等支付的现金
4 月 10 日	取得投资收益	120		取得投资收益收到的现金	
4 月 30 日	收回投资	22 000		收回投资收到的现金	
5 月 1 日	支付工资		11 000		支付给职工以及为职工支付的现金
5 月 2 日	为职工购买计算机		2 600		支付给职工以及为职工支付的现金

续表

日期	摘要	借	贷	现金流入	现金流出
5月3日	处置专利权	30 000		处置固定资产、无形资产、公共基础设施等收回的现金净额	
5月5日	投资股票		1 000		对外投资支付的现金
5月10日	上缴处置专利权净收入		3 000		上缴处置固定资产、无形资产、公共基础设施等净收入支付的现金
5月15日	收到财政资本性项目拨款	10 000		财政资本性项目拨款收到的现金	
5月18日	取得借款	2 000		取得借款收到的现金	
5月28日	偿还借款		1 000		偿还借款支付的现金
5月28日	偿还利息		120		偿还利息支付的现金

编制该事业单位的2×18年度现金流量表时，省略了“上年金额”栏数字。“本年金额”栏主要项目的填列说明如下。

1. 日常活动现金流入

本年日常活动现金流入=100 000+200 000+3 000+1 030=304 030（元）。

2. 日常活动现金流出

本年日常活动现金流出=11 000+10 600+11 000+420+11 000+2 600=46 620（元）。

3. 日常活动现金流量净额

本年日常活动现金净额= 304 030- 46 620 =257 410（元）。

4. 投资活动现金流入

本年投资活动现金流入=120+22 000+30 000=52 120（元）。

5. 投资活动现金流出

本年投资活动现金流出=3 000+5 000+1 000+3 000=12 000（元）。

6. 投资活动现金流量净额

本年投资活动现金净额 = 52 120−12 000 =40 120（元）。

7. 筹资活动现金流入

本年筹资活动现金流入 =10 000+2 000=12 000（元）。

8. 筹资活动现金流出

本年筹资活动现金流出 =1 000+120=1 120（元）。

9. 筹资活动现金流量净额

本年筹资活动现金净额 = 12 000− 1 120 =10 880（元）。

编制完成的事业单位 2×18 年度现金流量表见表 8−7。

表 8−7　　　　现金流量表

会政财 04 表

编制单位：××××　　　　2×18 年度　　　　单位：元

项目	本年金额	上年金额（略）
一、日常活动产生的现金流量：		
财政基本支出拨款收到的现金	100 000	
财政非资本性项目拨款收到的现金	200 000	
事业活动收到的除财政拨款以外的现金	3 000	
收到的其他与日常活动有关的现金	1 030	
日常活动的现金流入小计	304 030	
购买商品、接受劳务支付的现金	10 600	
支付给职工以及为职工支付的现金	35 600	
支付的各项税费	420	
支付的其他与日常活动有关的现金	0	
日常活动的现金流出小计	46 620	
日常活动产生的现金流量净额	257 410	
二、投资活动产生的现金流量：		
收回投资收到的现金	22 000	
取得投资收益收到的现金	120	
处置固定资产、无形资产、公共基础设施等收回的现金净额	30 000	
收到的其他与投资活动有关的现金	0	

续表

项目	本年金额	上年金额（略）
投资活动的现金流入小计	52 120	
购建固定资产、无形资产、公共基础设施等支付的现金	8 000	
对外投资支付的现金	1 000	
上缴处置固定资产、无形资产、公共基础设施等净收入支付的现金	3 000	
支付的其他与投资活动有关的现金	0	
投资活动的现金流出小计	12 000	
投资活动产生的现金流量净额	40 120	
三、筹资活动产生的现金流量：		
财政资本性项目拨款收到的现金	10 000	
取得借款收到的现金	2 000	
收到的其他与筹资活动有关的现金	0	
筹资活动的现金流入小计	12 000	
偿还借款支付的现金	1 000	
偿还利息支付的现金	120	
支付的其他与筹资活动有关的现金	0	
筹资活动的现金流出小计	1 120	
筹资活动产生的现金流量净额	10 880	
四、汇率变动对现金的影响额	0	
五、现金净增加额	308 410	

8.6 附注

8.6.1 概述

附注是对在会计报表中列示的项目所进行的进一步说明，以及对未能在会计报表中列示项目的说明。附注是会计报表的重要组成部分。凡对报表使用者的决策有重要影响的会计信息，不论《政府会计制度》是否有明确规定，单位均应当充分披露。

附注主要包括下列内容。

1. 单位的基本情况。

单位应当简要披露其基本情况，包括单位主要职能、主要业务活动、所在地、预算管理关系等。

2. 会计报表编制基础。

3. 遵循政府会计准则、制度的声明。

4. 重要会计政策和会计估计。

单位应当采用与其业务特点相适应的具体会计政策，并充分披露报告期内采用的重要会计政策和会计估计。主要包括以下内容。

（1）会计期间。

（2）记账本位币，外币折算汇率。

（3）坏账准备的计提方法。

（4）存货类别、发出存货的计价方法、存货的盘存制度，以及低值易耗品和包装物的摊销方法。

（5）长期股权投资的核算方法。

（6）固定资产分类、折旧方法、折旧年限和年折旧率；融资租入固定资产的计价和折旧方法。

（7）无形资产的计价方法；使用寿命有限的无形资产，其使用寿命估计情况；使用寿命不确定的无形资产，其使用寿命不确定的判断依据；单位内部研究开发项目划分研究阶段和开发阶段的具体标准。

（8）公共基础设施的分类、折旧（摊销）方法、折旧（摊销）年限，以及其确定依据。

（9）政府储备物资分类，以及确定其发出成本所采用的方法。

（10）保障性住房的分类、折旧方法、折旧年限。

（11）其他重要的会计政策和会计估计。

（12）本期发生重要会计政策和会计估计变更的，变更的内容和原因、受其重要影响的报表项目名称和金额、相关审批程序，以及会计估计变更开始适用的时点。

8.6.2 会计报表重要项目的说明

单位应当按照资产负债表和收入费用表项目列示顺序，采用文字和数据描述相结合的方式披露重要项目的明细信息。报表重要项目的明细金额合计，应当与报表项目金额相衔接。报表重要项目说明应包括但不限于下列内容。

（1）货币资金。货币资金的披露格式如表 8-8 所示。

表 8-8　货币资金的披露格式

项目	期末余额	年初余额
库存现金		
银行存款		
其他货币资金		
合计		

（2）应收账款。

应收账款按照债务人类别披露的格式如表 8-9 所示。

表 8-9　应收账款按债务人类别的披露格式

债务人类别	期末余额	年初余额
政府会计主体：		
部门内部单位		
单位 1		
……		
部门外部单位		
单位 1		
……		
其他：		
单位 1		
……		
合计		

注 1：“部门内部单位”是指纳入单位所属部门财务报告合并范围的单位（下同）。

注 2：有应收票据、预付账款、其他应收款的，可比照应收账款进行披露。

（3）存货。存货的披露格式如表 8-10 所示。

表 8-10　存货的披露格式

存货种类	期末余额	年初余额
1.		
……		
合计		

（4）其他流动资产。其他流动资产的披露格式如表 8-11 所示。

表 8-11　其他流动资产的披露格式

项目	期末余额	年初余额
1.		
……		
合计		

注：有长期待摊费用、其他非流动资产的，可比照其他流动资产进行披露。

（5）长期投资。

①长期债券投资。长期债券投资的披露格式如表 8-12 所示。

表 8-12　长期债券投资的披露格式

债券发行主体	年初余额	本期增加额	本期减少额	期末余额
1.				
……				
合计				

注：有短期投资的，可比照长期债券投资进行披露。

②长期股权投资。长期股权投资的披露格式如表 8-13 所示。

表 8-13　长期股权投资的披露格式

被投资单位	核算方法	年初余额	本期增加额	本期减少额	期末余额
1.					
……					
合计					

③当期发生的重大投资净损益项目、金额及原因。

（6）固定资产。

①固定资产的披露格式如表 8-14 所示。

表 8-14　　　　固定资产的披露格式

项目	年初余额	本期增加额	本期减少额	期末余额
一、原值合计				
其中：房屋及构筑物				
通用设备				
专用设备				
文物和陈列品				
图书、档案				
家具、用具、装具及动植物				
二、累计折旧合计				
其中：房屋及构筑物				
通用设备				
专用设备				
家具、用具、装具				
三、账面价值合计				
其中：房屋及构筑物				
通用设备				
专用设备				
文物和陈列品				
图书、档案				
家具、用具、装具及动植物				

②已提足折旧的固定资产名称、数量等情况。

③出租、出借固定资产以及固定资产对外投资等情况。

（7）在建工程。在建工程的披露格式如表 8-15 所示。

表 8-15　在建工程的披露格式

项目	年初余额	本期增加额	本期减少额	期末余额
1.				
……				
合计				

（8）无形资产。

①各类无形资产的披露格式如表 8-16 所示。

表 8-16　无形资产的披露格式

项目	年初余额	本期增加额	本期减少额	期末余额
一、原值合计				
1.				
……				
二、累计摊销合计				
1.				
……				
三、账面价值合计				
1.				
……				

②计入当期损益的研发支出金额、确认为无形资产的研发支出金额。

③无形资产出售、对外投资等处置情况。

（9）公共基础设施。

①公共基础设施的披露格式如表 8-17 所示。

表 8-17　公共基础设施的披露格式

项目	年初余额	本期增加额	本期减少额	期末余额
一、原值合计				
市政基础设施				
1.				
……				
交通基础设施				

续表

项目	年初余额	本期增加额	本期减少额	期末余额
1.				
……				
水利基础设施				
1.				
……				
其他				
……				
二、累计折旧合计				
市政基础设施				
1.				
……				
交通基础设施				
1.				
……				
水利基础设施				
1.				
……				
其他				
……				
三、账面价值合计				
市政基础设施				
1.				
……				
交通基础设施				
1.				
……				
水利基础设施				

续表

项目	年初余额	本期增加额	本期减少额	期末余额
1.				
……				
其他				
……				

②确认为公共基础设施的单独计价入账的土地使用权的账面余额、累计摊销额及变动情况。

③已提取折旧继续使用的公共基础设施的名称、数量等。

（10）政府储备物资。政府储备物资的披露格式如表 8-18 所示。

表 8-18　政府储备物资的披露格式

物资类别	年初余额	本期增加额	本期减少额	期末余额
1.				
……				
合计				

注：如单位有因动用而发出需要收回或者预期可能收回，但期末尚未收回的政府储备物资，则应当单独披露其期末账面余额。

（11）受托代理资产。受托代理资产的披露格式如表 8-19 所示。

表 8-19　受托代理资产的披露格式

资产类别	年初余额	本期增加额	本期减少额	期末余额
货币资金				
受托转赠物资				
受托储存保管物资				
罚没物资				
其他				
合计				

（12）应付账款。其按照债权人类别披露的格式如表 8-20 所示。

表 8-20　　应付账款按照债权人类别披露的格式

债权人类别	期末余额	年初余额
政府会计主体：		
部门内部单位		
单位 1		
……		
部门外部单位		
单位 1		
……		
其他：		
单位 1		
……		
合计		

注：有应付票据、预收账款、其他应付款、长期应付款的，可比照应付账款进行披露。

（13）其他流动负债。其他流动负债的披露格式如表 8-21 所示。

表 8-21　　其他流动负债的披露格式

项目	期末余额	年初余额
1.		
……		
合计		

注：有预计负债、其他非流动负债的，可以比照其他流动负债进行披露。

（14）长期借款。

①长期借款按照债权人披露的格式如表 8-22 所示。

表 8-22　　长期借款按照债权人披露的格式

债权人	期末余额	年初余额
1.		
……		
合计		

注：有短期借款的，可比照长期借款进行披露。

②单位有基建借款的，应当分基建项目披露长期借款年初数、本年变动数、年末数及到期期限。

（15）事业收入。事业收入按照收入来源的披露格式如表 8-23 所示。

表 8-23　事业收入按照收入来源的披露格式

收入来源	本期发生额	上期发生额
来自财政专户管理资金		
本部门内部单位		
单位 1		
……		
本部门以外同级政府单位		
单位 1		
……		
其他		
单位 1		
……		
合计		

（16）非同级财政拨款收入。其按收入来源的披露格式如表 8-24 所示。

表 8-24　非同级财政拨款收入按收入来源的披露格式

收入来源	本期发生额	上期发生额
本部门以外同级政府单位		
单位 1		
……		
本部门以外非同级政府单位		
单位 1		
……		
合计		

（17）其他收入。其他收入按照收入来源的披露格式如表 8-25 所示。

表 8-25　　其他收入按照收入来源的披露格式

收入来源	本期发生额	上期发生额
本部门内部单位		
单位 1		
……		
本部门以外同级政府单位		
单位 1		
……		
本部门以外非同级政府单位		
单位 1		
……		
其他		
单位 1		
……		
合计		

（18）业务活动费用。

①业务活动费用按经济分类的披露格式如表 8-26 所示。

表 8-26　　业务活动费用按经济分类的披露格式

项目	本期发生额	上期发生额
工资福利费用		
商品和服务费用		
对个人和家庭的补助费用		
对企业补助费用		
固定资产折旧费		
无形资产摊销费		
公共基础设施折旧（摊销）费		
保障性住房折旧费		
计提专用基金		

续表

项目	本期发生额	上期发生额
……		
合计		

注：有单位管理费用、经营费用的，可比照此表进行披露。

②业务活动费用按支付对象的披露格式如表 8-27 所示。

表 8-27　　业务活动费用按支付对象的披露格式

支付对象	本期发生额	上期发生额
本部门内部单位		
单位 1		
……		
本部门以外同级政府单位		
单位 1		
……		
其他		
单位 1		
……		
合计		

注：有单位管理费用、经营费用的，可比照此表进行披露。

（19）其他费用。其他费用按照类别的披露格式如表 8-28 所示。

表 8-28　　其他费用按照类别的披露格式

费用类别	本期发生额	上期发生额
利息费用		
坏账损失		
罚没支出		
……		
合计		

（20）本期费用。本期费用按照经济分类的披露格式如表 8-29 所示。

表 8-29　　本期费用按照经济分类的披露格式

项目	本期发生额	上期发生额
工资福利费用		
商品和服务费用		
对个人和家庭的补助费用		
对企业补助费用		
固定资产折旧费		
无形资产摊销费		
公共基础设施折旧（摊销）费		
保障性住房折旧费		
计提专用基金		
所得税费用		
资产处置费用		
上缴上级费用		
对附属单位补助费用		
其他费用		
本期费用合计		

注：单位在按照《政府会计制度》的规定编制收入费用表的基础上，可以根据需要按照此表披露的内容编制收入费用表。

8.6.3　本年盈余与预算结余的差异情况说明

为了反映单位财务会计和预算会计因核算基础和核算范围不同所产生的本年盈余数与本年预算结余数之间的差异，单位应当按照重要性原则，对本年度发生的各类影响收入（预算收入）和费用（预算支出）的业务进行适度归并和分析，披露将年度预算收入支出表中的“本年预算收支差额”调节为年度收入费用表中的“本期盈余”的信息。有关披露格式如表 8-30 所示。

表 8-30　　本年盈余与预算结余的差异情况披露格式

项目	金额
一、本年预算结余（本年预算收支差额）	
二、差异调节	
（一）重要事项的差异	
加：1. 当期确认为收入但没有确认为预算收入	
（1）应收款项、预收账款确认的收入	
（2）接受非货币性资产捐赠确认的收入	
2. 当期确认为预算支出但没有确认为费用	
（1）支付应付款项、预付账款的支出	
（2）为取得存货、政府储备物资等计入物资成本的支出	
（3）为购建固定资产等的资本性支出	
（4）偿还借款本息支出	
减：1. 当期确认为预算收入但没有确认为收入	
（1）收到应收款项、预收账款确认的预算收入	
（2）取得借款确认的预算收入	
2. 当期确认为费用但没有确认为预算支出	
（1）发出存货、政府储备物资等确认的费用	
（2）计提的折旧费用和摊销费用	
（3）确认的资产处置费用（处置资产价值）	
（4）应付款项、预付账款确认的费用	
（二）其他事项差异	
三、本年盈余（本年收入与费用的差额）	

8.6.4　其他重要事项说明

（1）资产负债表日存在的重要或有事项说明。没有重要或有事项的，也应说明。

（2）以名义金额计量的资产名称、数量等情况，以及以名义金额计量理由的说明。

（3）通过债务资金形成的固定资产、公共基础设施、保障性住房等资产的账面价值、使用情况、收益情况及与此相关的债务偿还情况等的说明。

（4）重要资产置换、无偿调入（出）、捐入（出）、报废、重大毁损等情况的说明。

（5）事业单位将单位内部独立核算单位的会计信息纳入本单位财务报表情况的说明。

（6）政府会计具体准则中要求附注披露的其他内容。

（7）有助于理解和分析单位财务报表需要说明的其他事项。

8.7 预算收入支出表

8.7.1 概述

预算收入支出表反映了单位在某一会计年度内各项预算收入、预算支出和预算收支差额的情况。

预算收入支出表是单位会计报表的重要组成部分，可以提供一定时期内单位预算收入总额及构成情况、预算支出总额及构成情况，以及预算收支差额的会计信息。单位应当定期编制预算收入支出表，披露单位在一定会计期间的预算情况。

单位的预算收入支出表由表首标题和报表主体构成。报表主体部分包括编报项目、栏目及金额。

1. 表首标题

预算收入支出表的表首标题包括报表名称、编号（会政预 01 表）、编制单位、编表时间和金额单位等内容。由于预算收入支出表反映单位在某一时期的预算收支情况，属于动态报表，因此需要注明报表所属的期间，如 ×××× 年度。

2. 报表主体

（1）编报项目。

预算收入支出表应当按照本年预算收入、本年预算支出的构成和本年预算收支差额情况分项列示，按本年预算收入、本年预算支出和本年预算收支差额等项目分层次排列。

（2）栏目及金额。

年报的预算收入支出表由“本年数”“上年数”“项目”三栏组成。预算收入支出表的各栏数额，应当根据相关收支账户的“上年预算数”和“本年预算数”的发生额填列，或经过计算、分析后填列。

8.7.2　填列说明

预算收入支出表“本年数”栏反映各项目的本年实际发生数。预算收入支出表“上年数”栏反映各项目上年度的实际发生数，应当根据上年度预算收入支出表中的“本年数”栏内所列数字填列。如果本年度预算收入支出表规定的项目的名称和内容同上年度的不一致，应当对上年度预算收入支出表项目的名称和数字按照本年度的规定进行调整，将调整后金额填入本年度预算收入支出表的“上年数”栏。

1．本年预算收入

“本年预算收入”项目，反映单位本年预算收入总额。本项目应当根据预算收入支出表中“财政拨款预算收入”“事业预算收入”“上级补助预算收入”“附属单位上缴预算收入”“经营预算收入”“债务预算收入”“非同级财政拨款预算收入”“投资预算收益”“其他预算收入”项目金额的合计数填列。

“财政拨款预算收入”项目，反映单位本年从同级政府财政部门取得的各类财政拨款。本项目应当根据“财政拨款预算收入”科目的本年发生额填列。

“政府性基金收入”项目，反映单位本年取得的财政拨款收入中属于政府性基金预算拨款的金额。本项目应当根据“财政拨款预算收入”相关明细科目的本年发生额填列。

“事业预算收入”项目，反映事业单位本年开展专业业务活动及其辅助活动取得的预算收入。本项目应当根据“事业预算收入”科目的本年发生额填列。

“上级补助预算收入”项目，反映事业单位本年从主管部门和上级单位取得的非财政补助预算收入。本项目应当根据“上级补助预算收入”科目的本年发生额填列。

“附属单位上缴预算收入”项目，反映事业单位本年收到的独立核算的附属单位按照有关规定上缴的预算收入。本项目应当根据“附属单位上缴预算收入”科目的本年发生额填列。

“经营预算收入”项目，反映事业单位本年在专业业务活动及其辅助活动之外开展非独立核算经营活动取得的预算收入。本项目应当根据“经营预算收入”科目的本年发生额填列。

“债务预算收入”项目，反映事业单位本年按照规定从金融机构等借入的、纳入部门预算管理的债务预算收入。本项目应当根据“债务预算收入”的本年发生额填列。

“非同级财政拨款预算收入”项目，反映单位本年从非同级政府财政部门取得的财政拨款。本项目应当根据“非同级财政拨款预算收入”科目的本年发生额填列。

“投资预算收益”项目，反映事业单位本年取得的按规定纳入单位预算管理的投资收益。本项目应当根据“投资预算收益”科目的本年发生额填列。

“其他预算收入”项目，反映单位本年取得的除上述收入以外的纳入单位预算管理的各项预算收入。本项目应当根据“其他预算收入”科目的本年发生额填列。

“利息预算收入”项目，反映单位本年取得的利息预算收入。本项目应当根据“其他预算收入”科目的明细记录分析填列。单位单设“利息预算收入”科目的，应当根据“利息预算收入”科目的本年发生额填列。

“捐赠预算收入”项目，反映单位本年取得的捐赠预算收入。本项目应当根据“其他预算收入”科目明细账记录分析填列。单位单设“捐赠预算收入”科目的，应当根据“捐赠预算收入”科目的本年发生额填列。

“租金预算收入”项目，反映单位本年取得的租金预算收入。本项目应当根据“其他预算收入”科目明细账记录分析填列。单位单设“租金预算收入”科目的，应当根据“租金预算收入”科目的本年发生额填列。

2. 本年预算支出

“本年预算支出”项目，反映单位本年预算支出总额。本项目应当根据预算收入支出表中“事业支出”“经营支出”“上缴上级支出”“对附属单位补助支出”“投资支出”“债务还本支出”“其他支出”项目金额的合计数填列。

“事业支出”项目，反映事业单位本年开展专业业务活动及其辅助活动发生的支出。本项目应当根据“事业支出”科目的本年发生额填列。

“经营支出”项目，反映事业单位本年在专业业务活动及其辅助活动之外开展非独立核算经营活动发生的支出。本项目应当根据“经营支出”科目的本年发生额填列。

“上缴上级支出”项目，反映事业单位本年按照财政部门和主管部门的规定上缴上级单位的支出。本项目应当根据“上缴上级支出”科目的本年发生额填列。

“对附属单位补助支出”项目，反映事业单位本年用财政拨款收入之外的收入对附属单位补助发生的支出。本项目应当根据“对附属单位补助支出”科目的本年发生额填列。

“投资支出”项目，反映事业单位本年以货币资金对外投资发生的支出。本项目应当根据“投资支出”科目的本年发生额填列。

“债务还本支出”项目，反映事业单位本年偿还自身承担的纳入预算管理的从金融机构举借的债务本金的支出。本项目应当根据“债务还本支出”科目的本年发生额填列。

“其他支出”项目，反映单位本年除以上支出以外的各项支出。本项目应当根据“其他支出”科目的本年发生额填列。

“利息支出”项目，反映单位本年发生的利息支出。本项目应当根据“其他支出”科目明细账记录分析填列。单位单设“利息支出”科目的，应当根据“利息支出”科目的本年发生额填列。

“捐赠支出”项目，反映单位本年发生的捐赠支出。本项目应当根据“其他支出”科目明细账记录分析填列。单位单设“捐赠支出”科目的，应当根据“捐赠支出”科目的本年发生额填列。

3. 本年预算收支差额

“本年预算收支差额”项目，反映单位本年各项预算收支相抵后的差额。本项目应当根据预算收入支出表中“本期预算收入”项目金额减去“本期预算支出”项目金额后的金额填列；如相减后金额为负数，则以“-”号填列。

8.7.3 案例分析

【例 8-5】某事业单位 2×18 年的预算收入、支出类科目的发生额见表 8-31。该事业单位无企业所得税缴纳义务。

表 8-31　　预算收入、支出类科目发生额

2×18 年　　单位：元

支出类	本年数	收入类	本年数
事业支出	1 500 000	财政拨款预算收入	10 000 000
经营支出	200 000	其中：政府性基金收入	1 500 000
上缴上级支出	1 000 000	事业预算收入	6 000 000
对附属单位补助支出	1 000 000	上级补助预算收入	1 000 000
投资支出	50 000	附属单位上缴预算收入	300 000
债务还本支出	60 000	经营预算收入	250 000
其他支出	30 000	债务预算收入	200 000
其中：利息支出	13 000	非同级财政拨款预算收入	70 000
捐赠支出	17 000	投资预算收益	65 000
		其他预算收入	70 000
		其中：利息预算收入	20 000
		捐赠预算收入	30 000
		租金预算收入	20 000
支出合计	3 840 000	收入合计	17 955 000

编制该事业单位的2×18年度预算收入支出表时，省略了“上年数”栏数字。“本年数”栏主要项目的填列说明如下。

1. 本年预算收入

本年预算收入=10 000 000+6 000 000+1 000 000+300 000+250 000+200 000+70 000+65 000+70 000=17 955 000（元）。

2. 本年预算支出

本年预算支出=1 500 000+200 000+1 000 000+1 000 000+50 000+60 000+30 000=3 840 000（元）。

3. 本年预算收支差额

本年预算收支差额=17 955 000−3 840 000=14 115 000（元）。

编制完成的事业单位2×18年度预算收入支出表见表8-32。

表 8-32　**预算收入支出表**

会政预 01 表

编制单位：××××　　2×18 年度　　单位：元

项目	本年数	上年数
一、本年预算收入	17 955 000	
（一）财政拨款预算收入	10 000 000	
其中：政府性基金收入	1 500 000	
（二）事业预算收入	6 000 000	
（三）上级补助预算收入	1 000 000	
（四）附属单位上缴预算收入	300 000	
（五）经营预算收入	250 000	
（六）债务预算收入	200 000	
（七）非同级财政拨款预算收入	70 000	
（八）投资预算收益	65 000	
（九）其他预算收入	70 000	
其中：利息预算收入	20 000	
捐赠预算收入	30 000	
租金预算收入	20 000	
二、本年预算支出	3 840 000	
（一）事业支出	1 500 000	
（二）经营支出	200 000	
（三）上缴上级支出	1 000 000	
（四）对附属单位补助支出	1 000 000	
（五）投资支出	50 000	
（六）债务还本支出	60 000	
（七）其他支出	30 000	
其中：利息支出	13 000	
捐赠支出	17 000	
三、本年预算收支差额	14 115 000	

8.8 预算结转结余变动表

8.8.1 概述

预算结转结余变动表是反映单位在某一会计年度内预算结转、结余的变动情况的报表。

预算结转结余变动表是单位会计报表的重要组成部分，可以提供一定时期内单位预算结转结余各个组成项目金额的变动情况。单位应当定期编制预算结转结余变动表，披露单位在一定会计期间的预算结转结余状况。

事业单位的预算结转结余变动表由表首标题和报表主体构成。报表主体部分包括编报项目、栏目及金额。

1. 表首标题

预算结转结余变动表的表首标题包括报表名称、编号（会政预 02 表）、编制单位、编表时间和金额单位等内容。由于预算结转结余变动表反映单位在某一时期的资产情况，属于动态报表，因此需要注明报表所属的期间，如××××年度。

2. 报表主体

（1）编报项目。

预算结转结余变动表应当将本年数、上年数等情况分项列示，按年初预算结转结余、年初余额调整、本年变动金额、年末预算结转结余等项目分层次排列。

（2）栏目及金额。

预算结转结余变动表由“本年数”“上年数”“项目”三栏组成。预算结转结余变动表的各栏数额，应当根据相关账户的“上年数”和“本年数”的发生额填列，或经过计算、分析后填列。

8.8.2 填列说明

预算结转结余变动表“本年数”栏反映各项目的本年实际发生数。预算结转结余变动表“上年数”栏反映各项目的上年实际发生数，应当根据上年度预算结转结余变动表中“本年数”栏内所列数字填列。

如果本年度预算结转结余变动表规定的项目的名称和内容同上年度的不一

致，应当对上年度预算结转结余变动表项目的名称和数字按照本年度的规定进行调整，将调整后金额填入本年度预算结转结余变动表的“上年数”栏。预算结转结余变动表中“年末预算结转结余”项目金额等于“年初预算结转结余”“年初余额调整”“本年变动金额”三个项目的合计数。

（1）“年初预算结转结余”项目，反映单位本年预算结转结余的年初余额。本项目应当根据本项目下“财政拨款结转结余”“其他资金结转结余”项目金额的合计数填列。

①“财政拨款结转结余”项目，反映单位本年财政拨款结转结余资金的年初余额。本项目应当根据“财政拨款结转”“财政拨款结余”科目本年初余额合计数填列。

②“其他资金结转结余”项目，反映单位本年其他资金结转结余的年初余额。本项目应当根据“非财政拨款结转”“非财政拨款结余”“专用结余”“经营结余”科目本年初余额的合计数填列。

（2）“年初余额调整”项目，反映单位本年预算结转结余年初余额调整的金额。本项目应当根据本项目下“财政拨款结转结余”“其他资金结转结余”项目金额的合计数填列。

①“财政拨款结转结余”项目，反映单位本年财政拨款结转结余资金的年初余额调整金额。本项目应当根据“财政拨款结转”“财政拨款结余”科目下“年初余额调整”明细科目的本年发生额的合计数填列；如调整减少年初财政拨款结转结余，则以“-”号填列。

②“其他资金结转结余”项目，反映单位本年其他资金结转结余的年初余额调整金额。本项目应当根据“非财政拨款结转”“非财政拨款结余”科目下“年初余额调整”明细科目的本年发生额的合计数填列；如调整减少年初其他资金结转结余，则以“-”号填列。

（3）“本年变动金额”项目，反映单位本年预算结转结余变动的金额。本项目应当根据本项目下“财政拨款结转结余”“其他资金结转结余”项目金额的合计数填列。

①“财政拨款结转结余”项目，反映单位本年财政拨款结转结余资金的变动。本项目应当根据本项目下“本年收支差额”“归集调入”“归集上缴或调出”项目金额的合计数填列。

a.“本年收支差额”项目，反映单位本年财政拨款资金收支相抵后的差额。

本项目应当根据“财政拨款结转”科目下“本年收支结转”明细科目本年转入的预算收入与预算支出的差额填列；差额为负数的，以“-”号填列。

b.“归集调入”项目，反映单位本年按照规定从其他单位归集调入的财政拨款结转资金。本项目应当根据“财政拨款结转”科目下“归集调入”明细科目的本年发生额填列。

c.“归集上缴或调出”项目，反映单位本年按照规定上缴的财政拨款结转结余资金及按照规定向其他单位调出的财政拨款结转资金。本项目应当根据“财政拨款结转”“财政拨款结余”科目下“归集上缴”明细科目，以及“财政拨款结转”科目下“归集调出”明细科目本年发生额的合计数填列，以“-”号填列。

②“其他资金结转结余”项目，反映单位本年其他资金结转结余的变动。本项目应当根据本项目下“本年收支差额”“缴回资金”“使用专用结余”“支付所得税”项目金额的合计数填列。

a.“本年收支差额”项目，反映单位本年除财政拨款外的其他资金收支相抵后的差额。本项目应当根据“非财政拨款结转”科目下的“本年收支结转”明细科目、“其他结余”科目、“经营结余”科目本年转入的预算收入与预算支出的差额的合计数填列；如为负数，则以“-”号填列。

b.“缴回资金”项目，反映单位本年按照规定缴回的非财政拨款结转资金。本项目应当根据“非财政拨款结转”科目下“缴回资金”明细科目本年发生额的合计数填列，以“-”号填列。

c.“使用专用结余”项目，反映本年事业单位根据规定使用从非财政拨款结余或经营结余中提取的专用基金的金额。本项目应当根据“专用结余”科目明细账中本年使用专用结余业务的发生额填列，以“-”号填列。

d.“支付所得税”项目，反映有企业所得税缴纳义务的事业单位本年实际缴纳的企业所得税金额。本项目应当根据“非财政拨款结余”明细账中本年实际缴纳企业所得税业务的发生额填列，以“-”号填列。

（4）“年末预算结转结余”项目，反映单位本年预算结转结余的年末余额。本项目应当根据本项目下“财政拨款结转结余”“其他资金结转结余”项目金额的合计数填列。

①“财政拨款结转结余”项目，反映单位本年财政拨款结转结余的年末余额。本项目应当根据本项目下“财政拨款结转”“财政拨款结余”项目金额的

合计数填列。本项目下“财政拨款结转”“财政拨款结余”项目，应当分别根据“财政拨款结转”“财政拨款结余”科目的本年末余额填列。

②“其他资金结转结余”项目，反映单位本年其他资金结转结余的年末余额。本项目应当根据本项目下“非财政拨款结转”“非财政拨款结余”“专用结余”“经营结余”项目金额的合计数填列。本项目下“非财政拨款结转”“非财政拨款结余”“专用结余”“经营结余”项目，应当分别根据“非财政拨款结转”“非财政拨款结余”“专用结余”“经营结余”科目的本年末余额填列。

8.8.3 案例分析

【例 8-6】2×18 年 12 月 31 日，结账后，某事业单位的会计科目余额表见表 8-33。据此编制该单位的预算结转结余变动表。

表 8-33　　会计科目余额表

2×18 年 12 月 31 日　　单位：元

会计科目	年初数	年末数	本年变动数（依据本年明细科目发生数）
财政拨款结转	600 000	1 100 000	500 000
——年初余额调整	0	0	0
——归集调入	0	0	550 000
——归集调出	0	0	20 000
——归集上缴	0	0	30 000
——单位内部调剂	0	0	0
——本年收支结转	0	0	0
——累计结转	600 000	1 100 000	500 000
财政拨款结余	800 000	1 000 000	200 000
——年初余额调整	0	0	200 000
——归集上缴	0	0	0
——单位内部调剂	0	0	0
——结转转入	0	0	0
——累计结转	800 000	1 000 000	200 000

续表

会计科目	年初数	年末数	本年变动数（依据本年明细科目发生数）
非财政拨款结转	100 000	150 000	50 000
——年初余额调整	0	0	10 000
——缴回资金	0	0	10 000
——项目间接费用或管理费	0	0	0
——本年收支结转	0	0	50 000
——累计结转	100 000	150 000	50 000
非财政拨款结余	250 000	380 000	130 000
——年初余额调整	0	0	130 000
——项目间接费用或管理费	0	0	0
——结转转入	0	0	0
——累计结转	250 000	380 000	130 000
专用结余	110 000	120 000	10 000
经营结余	400 000	200 000	200 000
其他结余	100 000	110 000	10 000

在表 8-33 中“专用结余”“经营结余”“其他结余”科目的本年变动额均未涉及转入预算收入与预算支出的差额，各项目均可根据各账户的期末余额、发生分析填列。编制完成的 2×18 年度预算结转结余变动表见表 8-34。

表 8-34　　　　预算结转结余变动表

会政预 02 表

编制单位：×××　　　　2×18 年　　　　单位：元

项目	本年数	上年数（略）
一、年初预算结转结余	1 750 000	—
（一）财政拨款结转结余	1 400 000	—
（二）其他资金结转结余	350 000	—
二、年初余额调整（减少以“-”号填列）	340 000	—

续表

项目	本年数	上年数（略）
（一）财政拨款结转结余	200 000	—
（二）其他资金结转结余	140 000	—
三、本年变动金额（减少以“-”号填列）	540 000	—
（一）财政拨款结转结余	500 000	—
1. 本年收支差额	0	—
2. 归集调入	550 000	—
3. 归集上缴或调出	-50 000	—
（二）其他资金结转结余	40 000	—
1. 本年收支差额	50 000	—
2. 缴回资金	-10 000	—
3. 使用专用结余	0	—
4. 支付所得税	0	—
四、年末预算结转结余	2 630 000	—
（一）财政拨款结转结余	2 100 000	—
1. 财政拨款结转	1 100 000	—
2. 财政拨款结余	1 000 000	—
（二）其他资金结转结余	530 000	—
1. 非财政拨款结转	150 000	—
2. 非财政拨款结余	380 000	—
3. 专用结余	0	—
4. 经营结余（如有余额，以“-”号填列）	0	—

8.9　财政拨款预算收入支出表

8.9.1　概述

财政拨款预算收入支出表是反映单位本年财政拨款预算资金收入、支出及相关变动的具体情况的报表。

财政拨款预算收入支出表是单位会计报表的重要组成部分，可以提供一定时期内单位财政拨款收入支出各个组成项目金额的变动情况。单位应当定期编制财政拨款预算收入支出表，披露单位在一定会计期间的财政拨款预算收入支出的变动状况。

单位的财政拨款预算收入支出表由表首标题和报表主体构成。报表主体部分包括编报项目、栏目及金额。

1. 表首标题

财政拨款预算收入支出表的表首标题包括报表名称、编号(会政预03表)、编制单位、编表时间和金额单位等内容。由于财政拨款预算收入支出表反映单位在某一时期的资产情况，属于动态报表，因此需要注明报表所属的期间，如××××年度。

2. 报表主体

（1）编报项目。

财政拨款预算收入支出表应当按年初财政拨款结转结余、本年归集调入等情况分项列示，按一般公共预算财政拨款、政府性基金预算财政拨款等项目分层次排列。

（2）栏目及金额。

财政拨款预算收入支出表由“本年数”和“上年数”两栏组成。财政拨款预算收入支出表的各栏数额，应当根据相关账户的“上年数”和“本年数”的发生额填列，或经过计算、分析后填列。

8.9.2 填列说明

财政拨款预算收入支出表中的“项目”栏内各项目，应当根据单位取得的财政拨款种类分项设置。其中，“项目支出”项目下，根据每个项目设置；单位取得除一般公共财政预算拨款和政府性基金预算拨款以外的其他财政拨款的，应当按照财政拨款种类增加相应的资金项目及其明细项目。

（1）“年初财政拨款结转结余”栏中各项目，反映单位年初各项财政拨款结转结余的金额。各项目应当根据“财政拨款结转”“财政拨款结余”及其明细科目的年初余额填列。本栏中各项目的数额应当与上年度财政拨款预算收入支出表中“年末财政拨款结转结余”栏中各项目的数额相等。

（2）“调整年初财政拨款结转结余”栏中各项目，反映单位对年初财政拨款结转结余的调整金额。各项目应当根据“财政拨款结转”“财政拨款结余”科目下“年初余额调整”明细科目及其所属明细科目的本年发生额填列；如调整减少年初财政拨款结转结余，以“-”号填列。

（3）“本年归集调入”栏中各项目，反映单位本年按规定从其他单位调入的财政拨款结转资金。各项目应当根据“财政拨款结转”科目下“归集调入”明细科目及其所属明细科目的本年发生额填列。

（4）“本年归集上缴或调出”栏中各项目，反映单位本年按规定实际上缴的财政拨款结转结余资金，及按照规定向其他单位调出的财政拨款结转资金。各项目应当根据“财政拨款结转”“财政拨款结余”科目下“归集上缴”科目和“财政拨款结转”科目下“归集调出”明细科目，及其所属明细科目的本年发生额填列，以“-”号填列。

（5）“单位内部调剂”栏中各项目，反映单位本年财政拨款结转结余资金在单位内部不同项目等之间的调剂金额。各项目应当根据“财政拨款结转”和“财政拨款结余”科目下的“单位内部调剂”明细科目及其所属明细科目的本年发生额填列；对单位内部调剂减少的财政拨款结余金额，以“-”号填列。

（6）“本年财政拨款收入”栏中各项目，反映单位本年从同级财政部门取得的各类财政预算拨款金额。各项目应当根据“财政拨款预算收入”科目及其所属明细科目的本年发生额填列。

（7）“本年财政拨款支出”栏中各项目，反映单位本年发生的财政拨款支出金额。各项目应当根据“事业支出”等科目及其所属明细科目本年发生额中的财政拨款支出数的合计数填列。

（8）“年末财政拨款结转结余”栏中各项目，反映单位年末财政拨款结转结余的金额。各项目应当根据“财政拨款结转”“财政拨款结余”科目及其所属明细科目的年末余额填列。